# Baviera Tropical

# Betina Anton

# Baviera Tropical

A história de Josef Mengele,
o médico nazista mais procurado
do mundo, que viveu quase vinte
anos no Brasil sem nunca ser pego

**todavia**

*Para Pablo e Helena*

Prólogo: Minha ligação pessoal com o caso Mengele ou As ameaças que recebi ao investigar um caso "perigoso" 9

1. Morte na praia ou Como enterrar um corpo com nome falso 23
2. Reunindo os gêmeos de Mengele ou Como chamar a atenção mundial para capturar um criminoso 33
3. Em busca de justiça ou O julgamento que nunca existiu 39
4. Mantendo segredo depois da morte ou Você entregaria seu pai? 51
5. Um cientista em ascensão na Alemanha nazista ou Como Mengele foi parar em Auschwitz 61
6. Mengele em Auschwitz ou O "tio bonzinho" 77
7. Um ano em Auschwitz ou O massacre dentro do massacre 93
8. A liquidação do campo cigano ou A promoção de Mengele 115
9. A liberação de Auschwitz ou O começo da vida em fuga 133
10. Justiça só para uns ou Fuga da Europa 147

11. Nazistas em Buenos Aires ou A nova vida de Mengele **159**
12. Operação Eichmann ou Como desentocar nazistas **191**
13. Como Mengele foi parar no Brasil ou
A lealdade dos amigos nazistas **209**
14. Sem descanso em Serra Negra ou Paranoia constante **219**
15. Amizade com os Bossert ou
O círculo íntimo de Mengele **233**
16. Sozinho em Eldorado ou Fim da vida na periferia **252**
17. A maior caçada a um nazista desde a Segunda
Guerra ou A descoberta da morte de Mengele **276**
18. A exumação do corpo de Mengele ou
A dúvida mundial: Será ele mesmo? **308**

Epílogo: Colocando um ponto-final ou
Um acordo improvável **337**

Agradecimentos **345**
Fontes e referências bibliográficas **349**
Índice remissivo **361**
Créditos das imagens **380**

## Prólogo

# Minha ligação pessoal com o caso Mengele

ou

# As ameaças que recebi ao investigar um caso "perigoso"

Uma das minhas primeiras memórias de infância é de uma professora. Não era uma professora qualquer, talvez só na aparência. Tante Liselotte tinha uma fisionomia europeia, era magra e usava o cabelo enrolado com permanente, como a maioria das mulheres na década de 1980. Nenhuma criança a chamava de tia, apenas de Tante. Era um dos costumes daquela escola, uma ilha germânica no coração de Santo Amaro, em São Paulo. Ela falava comigo misturando português e alemão, o que me trazia uma sensação familiar, porque era como eu estava acostumada em casa. Nas manhãs frias, minha mãe me mandava para a aula com uma calça de pijama por baixo da roupa. Era Tante Liselotte que tirava meu excesso de camadas, conforme o sol ia saindo e as brincadeiras iam esquentando. Lembro de me esconder debaixo da mesa dela quando não queria participar de alguma atividade. Nossa sala tinha janelas enormes por onde dava para ver um jardim... Também me lembro de como corríamos soltos pela grama e como eu gostava de apertar as florezinhas vermelhas, que dizíamos ter mel dentro. Um portão de madeira baixo e arbustos de azaleia cor-de-rosa nos separavam do resto do colégio e dos alunos "grandes". Nesse pequeno universo, eu me sentia segura.

Um dia, porém, as coisas mudaram. Alguém avisou que Tante Liselotte não viria mais. Não teve despedida. Foi uma ruptura sem mais nem menos no meio de um semestre letivo. Outra mulher, que não lembro bem quem era, iria substitui-la e pronto. Eu tinha apenas seis anos de idade e estranhei perder a minha professora de uma hora para outra. Por que ela não viria mais? O que aconteceu? Eu sentia que o zum-zum-zum dos adultos em torno desse assunto guardava um ar de gravidade. Não sabia exatamente o que era, mas na minha percepção infantil entendi que havia algo errado.

Tante Liselotte, a quem nossos pais nos confiavam todas as manhãs, tinha dado proteção ao criminoso nazista mais procurado do mundo naquele momento: Josef Mengele. Por uma década, minha professora recebeu o fugitivo em sua própria casa no bairro do Brooklin, não muito longe da escola na Zona Sul de São Paulo. Nos fins de semana, viajava com ele e a família para um sítio em Itapecerica da Serra e, nas férias, para a praia de Bertioga. Chegou a levá-lo à porta da escola numa festa junina, sem que ninguém desconfiasse da identidade daquele velho nazista, vestido com um belo sobretudo de estilo europeu e chapéu de feltro. Liselotte o apresentou ao diretor do colégio como um amigo da família. (Nada que pudesse levantar suspeitas numa escola que reunia a comunidade germânica. Praticamente todo mundo tinha um parente da Alemanha, da Áustria ou da Suíça.) Foi também ela quem enterrou Mengele com um nome falso no cemitério do Embu, em 1979, para que ninguém descobrisse sua identidade nem mesmo depois de morto. Com essa artimanha, despistou as autoridades, os caçadores de nazistas e as vítimas que buscavam justiça.

Durante mais de seis anos, Liselotte achou que essa história tinha ficado para trás, literalmente enterrada. Seguiu sua rotina normalmente, dando aulas para as crianças pequenas no colégio alemão. No entanto, em junho de 1985, o segredo veio à tona inesperadamente e sua vida virou de cabeça para baixo. A professora não só teve de sair da escola de forma abrupta como ficou malvista na comunidade, passou a receber ameaças anônimas por telefone e precisou comparecer diversas vezes à Superintendência da Polícia Federal para dar explicações. Acabou indiciada por três crimes: esconder um clandestino, inserir declaração falsa em documento público e usar documento falso. Dos 34 anos em que Mengele viveu escondido depois da Segunda Guerra Mundial, pelo menos dezoito foram no Brasil e os últimos dez, sob proteção dela e do marido.

Durante todo esse tempo, Liselotte nunca pensou seriamente em entregá-lo para a polícia. É claro que se confessasse isso para o delegado da Polícia Federal, teria problemas com a Justiça. Por isso, preferiu adotar uma postura de vítima e disse que ficou com medo de avisar as autoridades sobre a presença de Mengele no Brasil porque tinha recebido ameaças. Pessoas ligadas ao médico nazista teriam dito que ela não deveria abrir a boca se quisesse proteger seus filhos. Essa versão até pode ser verdadeira, mas não estava completa. No íntimo, Liselotte acreditava não ter feito nada de errado ao acolher um criminoso nazista procurado em toda parte. No seu raciocínio (e usando suas próprias palavras), ela queria ajudar "de bom coração" uma pessoa "em apuros", um amigo.

Entretanto Mengele, definitivamente, não era um simples "amigo". Era um foragido da justiça alemã, responsável por incontáveis assassinatos, segundo a ordem de prisão expedida pelo Tribunal de Justiça de Frankfurt. É verdade que Mengele entrou na vida de Liselotte usando nome falso, e por isso ela não tinha como saber, no início, quem ele era. Quando descobriu a verdadeira identidade dele já era tarde: tinha feito amizade e a família toda estava afeiçoada a ele. A revelação bombástica de que aquele homem era, na realidade, um criminoso não estremeceu o relacionamento entre eles. Muito pelo contrário. Liselotte manteve-se fiel ao amigo até o fim.

O marido dela, Wolfram, contou à polícia que Mengele sabia que estava sendo procurado no mundo todo pelos crimes que tinha cometido entre maio de 1943 e janeiro de 1945, período de quase um ano e oito meses em que foi médico no campo de concentração de Auschwitz. Ao contrário do que muita gente pensa, ele nunca foi o médico-chefe de todo aquele enorme complexo de extermínio. Esse cargo pertencia ao dr. Eduard Wirths, responsável por todas as atividades médicas do maior campo de concentração nazista. De tão grande, o complexo foi dividido em três subcampos: Auschwitz I (campo principal ou *Stammlager*), Auschwitz II (Birkenau) e Auschwitz III (Monowitz). O dr. Mengele começou respondendo pelo "acampamento cigano". Quando todo o bloco dos ciganos foi liquidado, com o envio de quase 3 mil homens, mulheres e crianças para as câmaras de gás, ele foi promovido a médico-chefe de Birkenau.

Uma das principais atribuições de Mengele como *Lagerarzt*, médico de campo de concentração, era selecionar os prisioneiros que deveriam morrer nas câmaras de gás e os que ainda poderiam servir para trabalhar. Essa tarefa era chamada de "seleção" e contrariava totalmente o pressuposto básico da profissão, que é salvar vidas e não tirar. Hermann Langbein, um prisioneiro austríaco que trabalhava como secretário do dr. Wirths, notou que essa completa inversão de valores provocava conflitos de consciência em alguns médicos, principalmente naqueles que levavam a formação a sério e não tinham entusiasmo pelo nazismo. Definitivamente esse não era o caso de Mengele. Ele aparecia para o trabalho até nas horas de folga e não tinha remorso em mandar pessoas indefesas para as câmaras de gás. Seu maior objetivo era encontrar, entre os recém-chegados, gêmeos, pessoas com nanismo e outras condições para usá-las como cobaias humanas em suas experiências. Talvez por causa da sua participação constante nas seleções, Mengele tenha recebido o apelido de "Anjo da Morte". Quando aparecia nos barracões dos prisioneiros, todos tremiam de medo porque sabiam o que sua presença significava: alguém seria escolhido para morrer.

Mais do que as seleções e o apelido impactante, foi a divulgação dos experimentos perversos com seres humanos o que tornou Mengele conhecido em todo o planeta. Isso só aconteceu na década de 1960, depois que vítimas do médico prestaram depoimento em público em dois julgamentos famosos: o do nazista Adolf Eichmann, em Jerusalém, e o dos chamados "processos de Auschwitz", em Frankfurt. A partir daí, as experiências de Mengele ficaram mais conhecidas e foi surgindo no imaginário popular o retrato de um pseudocientista, capaz de tudo para aprimorar a "raça ariana", que dominaria o mundo.

Essa imagem se refletiu de diversas formas na indústria cultural americana. Mengele virou personagem de ficção no livro do escritor Ira Levin, *Os meninos do Brasil*, em 1976. Dois anos mais tarde, a obra foi adaptada para o cinema num filme de mesmo nome que recebeu três indicações ao Oscar e contava com um elenco estrelado: Gregory Peck interpretou o personagem Josef Mengele e Laurence Olivier, um caçador de nazistas. Mais tarde, em 1986, a banda americana Slayer transformou o "Anjo da Morte" em letra de música de *thrash metal*. Pode-se dizer que décadas depois da liberação de Auschwitz, Mengele passou de carrasco para símbolo sinistro na cultura popular.

Ao contrário da ficção e da crença geral, o nazista não era um pseudocientista maluco e solitário. Na realidade, ele tinha o aval de uma instituição de pesquisa de ponta e com enorme prestígio no Terceiro Reich: o Instituto Kaiser Wilhelm, em Berlim. Para lá ele mandava amostras de sangue e órgãos arrancados de prisioneiros de Auschwitz, inclusive de crianças. O grande sonho do jovem médico era construir uma espécie de império da pesquisa e, assim, galgar uma carreira brilhante depois da guerra. Determinado a alcançar seu objetivo, ele se aproveitava ao máximo da liberdade que tinha no campo de concentração para cometer atrocidades em nome da sua curiosidade científica, protegido pela ideologia racista e antissemita do nazismo e pela ideia de que todos os prisioneiros iam morrer mais cedo ou mais tarde. Para Mengele, Auschwitz era um grande depósito de material humano a ser usado em suas pesquisas particulares.

A lista de tópicos que ele queria investigar era extensíssima: transtornos de crescimento (como nanismo), métodos de esterilização, transplante de medula óssea, tifo, malária, noma (uma doença que afeta principalmente crianças malnutridas), anomalias do corpo (como corcunda e pé torto congênito) e heterocromia (condição em que a cor da íris de um olho é diferente da do outro). Isso sem contar as pesquisas com gêmeos, que estavam em alta desde os anos 1920. Parece difícil que um único cientista consiga entender de assuntos tão diferentes. Como escreveu a historiadora alemã Carole Sachse, foi uma orgia cientificamente sem sentido de uma pessoa com arrogância excessiva. Não bastassem as várias linhas de pesquisa, ele ainda colecionava esqueletos de judeus, embriões humanos e corpos de recém-nascidos mortos.

As histórias das experiências cruéis e esdrúxulas de Mengele sempre me assombraram, ainda mais sabendo que, ao se esconder da Justiça, ele recebeu proteção da minha professora de infância. Durante anos, fiquei intrigada com o que ele tinha feito e, principalmente, por quê. O que estava por trás de tanta maldade? Lembro de ver reportagens longas nos programas de TV aos domingos que falavam dos experimentos humanos. Eram sempre chocantes. Era chocante também que um homem assim tenha vivido e circulado impunemente por lugares tão próximos de onde eu vivo e que uma professora minha tenha convivido com ele tão intimamente. Sempre me perguntei por que Tante Liselotte teria protegido Mengele e o que mais haveria por trás disso.

Existem vários livros sobre Mengele na Europa e nos Estados Unidos, mas nenhum escrito com profundidade no Brasil, o lugar onde ele passou mais tempo escondido. Como jornalista há mais de vinte anos, achei que estava na hora de ir atrás dessa história. Comecei a desvendar a vida de Mengele a partir dos livros estrangeiros e, depois, buscando documentos e pessoas que foram próximas a ele. Uma personagem fundamental, sem dúvida, era a Tante Liselotte. Ela era a pessoa mais habilitada para me contar o que tinha acontecido durante os anos em que Mengele se escondeu no Brasil. Mas onde eu poderia encontrá-la mais de trinta anos depois daquele jardim de infância? Na internet, o nome dela aparecia em diversas reportagens de 1985, ano em que o esqueleto de Mengele foi encontrado no cemitério do Embu e o caso virou um escândalo de dimensão mundial, com uma cobertura pela imprensa estrangeira maior que a da morte do presidente Tancredo Neves, dois meses antes. Depois dessa data, não havia mais nada. Ela desapareceu do radar.

Resolvi, então, ir atrás de antigos funcionários da escola que a conheciam. Uma ex-professora, normalmente muito prestativa e querida comigo, nem chegou a responder minha mensagem, provavelmente porque notou qual era o assunto. Eu não achava nenhuma informação sobre Tante Liselotte e já nem sabia dizer se estava viva. Consegui o contato do então diretor do colégio alemão e nos sentamos para uma conversa. "Pelo que me consta, ela ainda está viva, sim. Eu vi a Liselotte talvez umas três ou quatro vezes na Câmara dos Vereadores de

São Paulo. Ela, em geral, aparece na sessão especial em homenagem aos imigrantes de língua alemã", ele contou. O único jeito de falar com ela seria ir até sua casa.

O endereço em que a professora morava na época do caso Mengele estava disponível em vários lugares: revistas, jornais, documentos oficiais e até livros estrangeiros. Restava saber se ainda era o mesmo. Decidi ir até lá. Cheguei à sua casa num domingo, um pouco antes das onze da manhã. Tinha um carro na frente do portão. Da calçada, dava para ver pela janela alguém na sala lendo o jornal. Toquei a campainha. A pessoa no sofá nem se mexeu. Eu estava prestes a tocar de novo, quando uma senhora apareceu na janela do primeiro andar do sobrado. Meu Deus, era ela!

Foi como ver em carne e osso uma personagem da ficção. Comecei me apresentando como ex-aluna e jornalista. Ela me perguntou o que eu queria. Disse que contaria, se ela descesse até o portão, onde eu estava. Resistiu um pouco ao meu pedido, mas acabou cedendo. Certamente, ser chamada de "Tante Liselotte" a deixou curiosa, ou talvez lisonjeada. Lá embaixo, sorriu e estendeu a mão. Os dedos estavam um pouco retorcidos, denunciando a idade avançada. Ficamos em pé, uma de frente para a outra, com um portão na altura da cintura entre nós. Expliquei que queria escrever um livro sobre Mengele. Ela disse que não falava sobre o assunto com ninguém, nem com os próprios filhos. "Já me ofereceram bastante dinheiro para dar entrevista, mas eu não dou", afirmou com convicção. "Por quê?", questionei. "Porque não adianta. Uns acham que foi assim, outros acham que não foi", ela respondeu. Continuamos a conversar falando de banalidades.

De repente, ela deixou escapar uma confissão meio confusa: "Muitas vezes eles acham que com a idade sai tudo. Não sai. Fica tudo certinho". Terminou a frase sem explicar o que quis dizer, riu e continuou a falar com aquele sotaque carregado e um português, por vezes, sofrível. "Olha, é assim, nós combinamos, se *eu fica quietinho*, os judeus deixam-me em paz. Então, eu fiquei *quietinho*. Porque eu tinha família, então eu não *fala* sobre esse assunto", disse. "Mas que judeus falaram isso para a senhora?", perguntei. Silêncio. "Foi o Menachem Russak. Ele foi o *Nazijäger*." (Em português, *Nazijäger* quer dizer "caçador de nazistas".) Menachem Russak realmente existiu e esteve em São Paulo na época em que a ossada de Mengele foi exumada. Ele era o chefe da unidade especial israelense encarregada de caçar criminosos de guerra nazistas.

Depois de uma pequena pausa, ela citou outro nome ininteligível, disse que era de um cônsul. "Que cônsul seria?", pensei. "Eles chegaram a ameaçar a senhora?", perguntei. "Não, eles não fazem isso. Como pode falar uma coisa assim? Não pode", respondeu num tom debochado e irônico. Perguntei se ela nunca tinha se arrependido de ter ajudado o "amigo", tomando o cuidado de nunca citar o nome Mengele diretamente, porque percebi que era uma espécie de tabu para ela. "Essa é outra coisa, porque eu tenho duas crianças, né?", respondeu. "Mas o que tem a ver se arrepender com seus filhos?", tentei entender. "Você conhece os *Gesetze* do Talmud?", ela me indagou, mais uma vez embaralhando português e alemão. "Pelas leis do Talmud, eles vão até a sétima criança da família. Não é medo, mas eu não posso", completou. Liselotte não explicou o que quis dizer.

No Talmud, a coletânea de livros judaicos que registra as discussões dos rabinos e é a principal fonte para a lei judaica, há uma citação sobre vingança na sétima geração. Ela remete a uma interpretação do Gênesis da Bíblia: a punição para o crime de Caim chega na sétima geração, com seu descendente Lameque, que o assassina. Será que ela acreditava que seria punida nas gerações futuras?

A conversa foi ficando cada vez mais misteriosa. E minha professora de infância estava me dando medo. A rua estava vazia. A pessoa no sofá continuava lá dentro. Quem seria? Ao mesmo tempo que Liselotte disse que não falaria sobre o caso Mengele, ela não parava de me contar coisas. Muitas respostas se restringiam a um balançar de cabeça ou a sorrisos sinistros. Aos trancos e barrancos, a conversa se desenrolou. De repente, ela perguntou: "Quer saber uma coisa?". "Quero", respondi com medo. "Só de amiga para amiga, deixa esse caso." Meus olhos se arregalaram. Por que ela estava falando isso? Era uma ameaça? Logo percebi que sim. "É melhor para você", continuou. "Muita, muita coisa ainda que ninguém sabe. Eu sei", ela disse e riu. "Então, a senhora tem que me contar", insisti. "Não", ela respondeu, séria. "Nenhuma coisa, porque o trato que eu tenho com eles é sério. Quando alguém fala para você 'olha, você tem filhos....'", dando a entender que foi seriamente ameaçada pelos homens que tinha mencionado antes.

Mais um grande silêncio instalou-se entre nós. E o meu medo foi aumentando. Aonde ela queria chegar com aquilo? Estava me ameaçando? "É melhor ficar *quietinho* sobre esse assunto. É muito dinheiro que rolou. Muito dinheiro", repetiu, enigmática. Eu estava atônita e sem respostas. Apesar do clima de intimidação, continuamos conversando. Ela perguntou se eu tinha marido, filhos. Procurei fazer parecer que eram perguntas normais de uma velha conhecida, mas, imediatamente, me senti investigada. Eu estava ficando cada vez mais tensa. Ela fazia ameaças veladas e diretas, uma atrás da outra. "Procura outra coisa para descobrir que não *é* tão *perigoso*. Porque esse caso é perigoso, pode acreditar", afirmou. "Mas a senhora acha que eu corro perigo por causa de quem?", perguntei, fazendo-me de boba. Outro silêncio. "Não vou falar", ela disse. Eu fiquei atordoada. Tentei fingir normalidade. Fiz uma última pergunta, leve e trivial para tentar desanuviar a conversa: "Você tem saudade da escola?". Ela respondeu: "Saudade não. Mas estou satisfeita com a minha vida. Tem muita gente que me detesta, mas o que eu vou fazer? Eu tenho a certeza que não fiz nada *errada*, pronto". Desejei a ela um bom domingo e disse que a avisaria da publicação do livro. Saí andando, virei a esquina, fora do alcance de visão daquela senhora, acelerei o passo.

Naquele momento, tive a certeza de que não queria nunca mais falar desse assunto. Estava com medo. Ao chegar em casa, contei as ameaças que sofri para as minhas irmãs. Elas riram de mim por temer uma velhinha de noventa anos. Tentei ficar calma e só respondi: "Uma velhinha de noventa anos que foi capaz de abrigar Josef Mengele. Com quem será que ela está conectada?". Depois de me fazer essa pergunta muitas vezes, cheguei à conclusão de que ninguém sobrevive por mais de três décadas sendo caçado pelo Mossad, o serviço secreto israelense, com uma ordem de prisão do governo alemão e meia dúzia de caçadores de nazistas no seu encalço, se não tiver uma rede muito bem conectada.

Essa rede não tinha uma estrutura grandiosa, como a Odessa — a mítica organização para proteger oficiais da ss depois da Segunda Guerra Mundial. A existência dela, aliás, nunca foi comprovada e o próprio Wolfram disse que jamais recebeu apoio de qualquer entidade nazista. O que Mengele encontrou no Brasil, especialmente no estado de São Paulo, foi uma rede de apoiadores fiéis, imigrantes europeus que, de uma maneira ou de outra, tiveram a vida entrelaçada com a dele. Aqui, Mengele criou sua *Baviera Tropical*: um lugar onde podia falar alemão, manter seus costumes, crenças, amigos e sua conexão com a terra natal. E o melhor: num clima mais agradável que o da Alemanha. Ele podia até se sentir "em apuros", como disse Liselotte, mas nunca chegou perto de enfrentar a punição merecida para quem comete crimes de guerra e contra a humanidade.

Este livro não é um romance. Escrevi esta história com base em anos de pesquisa em documentos oficiais, como o inquérito policial do caso e o dossiê da Polícia Federal. Também encontrei quase cem cartas escritas por Mengele ou enviadas para ele, que foram originalmente apreendidas na casa da família de Liselotte e Wolfram Bossert e, mais tarde, esquecidas num quarto bagunçado do Museu da Academia Nacional de Polícia, em Brasília. Pesquisei em revistas, jornais e telejornais da época para entender como as testemunhas e outras personagens dessa história se expressavam. Realizei inúmeras entrevistas com pessoas que conheceram Mengele no Brasil, médicos da equipe que identificou seu esqueleto, sobreviventes de Auschwitz, pesquisadores nos Estados Unidos e na Europa, e até o agente secreto do Mossad Rafi Eitan, que, aos noventa anos, deu uma das últimas entrevistas de sua vida justamente para este livro.

Em seu escritório em Tel Aviv, onde conversamos pessoalmente numa tarde ensolarada, Eitan contou como chegou muito perto de Mengele no Brasil e como o Mossad cooptou um agente brasileiro para essa missão. Perguntei como ninguém nunca tinha falado sobre isso. Com seu jeito simpático, ele ergueu os ombros e disse apenas: *"That's not my fault"*. Em outras palavras, não era culpa dele que nenhum jornalista tivesse levantado essa história ainda. Assim como Rafi Eitan, outros entrevistados eram idosos e morreram antes de o livro ficar pronto. Foi o caso de Eva Mozes Kor, uma das maiores ativistas entre os gêmeos que foram vítimas de Mengele. Ela respondeu minhas perguntas por e-mail direto do estado americano de Indiana, onde morava e mantinha um centro de educação sobre o Holocausto. Morreu pouco tempo depois, aos 85 anos, enquanto guiava um grupo numa viagem a Auschwitz, como gostava de fazer todo verão.

O resultado desse intenso trabalho de pesquisa não é uma biografia de Mengele. Já existem algumas delas no exterior e eu não queria dar palanque a um criminoso, esmiuçando detalhes de sua vida pessoal que não importam a ninguém. Meu objetivo é trazer à tona uma história surpreendente, um thriller de fatos reais, utilizando as mesmas palavras que foram ditas e registradas em entrevistas e documentos.

Grande parte das citações tem notas de rodapé para o leitor identificar de onde as informações foram tiradas, um recurso que preferi não utilizar neste prólogo, não porque ele também não seja calcado em fatos, mas porque quis garantir uma escrita mais livre para apresentar o livro. O fio condutor são os crimes que Mengele cometeu, suas vítimas, a medicina no Terceiro Reich, as punições que outros médicos nazistas receberam e as pessoas que apoiaram sua fuga. Por fim, a grande pergunta deste livro é: como um criminoso dessa magnitude e seus apoiadores puderam ficar totalmente impunes no Brasil?

# I.
# Morte na praia
ou
# Como enterrar um corpo
# com nome falso

Bertioga, fevereiro de 1979

A tarde estava bonita e ele ainda não tinha saído de casa naquele dia. As portas e janelas ficavam fechadas quase o tempo todo, mesmo com o ar abafado do verão.[1] Os vizinhos mal sabiam quem estava lá dentro. Ele era muito reservado, não gostava de estranhos. Tinha chegado sozinho de São Paulo no dia anterior, depois de uma viagem cansativa de ônibus por estradas tortuosas e uma travessia demorada de balsa. O casal de amigos, Wolfram e Liselotte Bossert, e seus filhos, já o estavam esperando. O velho adorava aqueles garotos: Andreas tinha doze anos e Sabine, catorze. Mesmo assim, resistiu um pouco antes de aceitar o convite para passar um tempo com eles em Bertioga. Dizia que estava cansado. Só concordou em ir porque acreditava que sua vida já estava no fim.[2] Nos últimos tempos, andava irritado, nervoso, e antes de viajar, tinha brigado com Elsa, sua ex-empregada. A questão é que ele gostava dela e não era correspondido. Mais um motivo para espairecer

1 "Filho pode ter ido a Bertioga". *O Estado de S. Paulo*, 8 jun. 1985, p. 15.
2 "A exumação do enigma". *Veja*, 12 jun. 1985.

naquela tarde quente. Decidiu sair da casa de veraneio para tomar um banho de mar. A família toda lhe fez companhia até a praia. A intimidade era tão grande que parecia que tinham laços de sangue. Ele conhecia os meninos desde que se entendiam por gente, e todos, mesmo os adultos, só o chamavam de "titio Peter" ou apenas "tio".

Os cinco sabiam falar português fluentemente, mas prefeririam sempre conversar em alemão, o idioma materno. Tio Peter era da Baviera, no sul da Alemanha. Wolfram e Liselotte eram austríacos. Os dois já eram casados quando decidiram vir para o Brasil em 1952, atraídos pela botânica, especialmente ela, que sempre amou a beleza das plantas e se aventurar na natureza. Eles sabiam também que aqui havia uma grande comunidade de falantes de língua alemã, o que os ajudaria a abrir as portas num país desconhecido. Deixaram a Europa durante a Guerra Fria porque temiam outro conflito armado no continente. Naquela época, pairava um clima de incerteza na Áustria, ainda ocupada pelos militares das Forças Aliadas. Isso sem contar que o país estava encostado na Cortina de Ferro, a linha imaginária que separava o mundo capitalista do comunista. Toda essa tensão se somava ao fato de que Liselotte e Wolfram tinham enfrentado a Segunda Guerra Mundial poucos anos antes e acreditavam não suportar uma experiência dessas de novo.

Os bombardeios noturnos dos Aliados em Graz, a cidade onde Liselotte morava, a segunda maior da Áustria, deixaram seu coração irregular, como dizia. Desde aquela época até o fim da vida, achou que seus batimentos cardíacos nunca tinham voltado ao normal. Quando Adolf Hitler invadiu a Polônia e deu início à guerra, ela era uma menina de onze anos e frequentava a escola. O conflito abalou seu mundo. Seus tios morreram lutando pelo Terceiro Reich.[3] Wolfram

---

3 Entrevista pessoal com Liselotte Bossert realizada em novembro de 2017.

também combateu pelo Exército alemão, sem nunca passar de *Scharführer*, o equivalente a cabo na hierarquia militar. Tio Peter tinha ido muito mais longe e, por isso, Wolfram o admirava. Chegou a *Hauptsturmführer*, uma patente que corresponde a capitão. E fazia parte da temida SS — ou Schutzstaffel —, uma força especial que surgiu para fazer a segurança dos líderes do partido nazista e acabou se tornando um grupo de elite, com um exército próprio.

No entanto, não foi a atuação de tio Peter na SS ou no front que anos mais tarde o deixou mundialmente famoso e, sim, o seu trabalho como médico no campo de extermínio de Auschwitz. Josef Mengele era seu nome verdadeiro, algo que agora ninguém podia saber. Isso não era assunto para ser falado na frente de outras pessoas, principalmente dos meninos, que não faziam ideia do passado sombrio do tio Peter. O que interessava, naquele momento, era chegar no mar. A praia ficava a cerca de trezentos metros da casa que a família Bossert alugava todo verão de outra austríaca, Erica Vicek, que se declarava uma "antinazista convicta". Mal sabia ela quem era o convidado especial que seus inquilinos costumavam hospedar.

No fim dos anos 1970, Bertioga era um lugar isolado do resto do mundo e chegar lá exigia paciência. O acesso era pela ilha de Santo Amaro, no Guarujá. De lá se pegava um ferryboat para atravessar o canal. O viajante não podia ter pressa, porque o pequeno trajeto podia demorar horas, a depender dos horários da balsa. Isso não desanimava muitos europeus que moravam no Brasil e se esbaldavam no litoral nas férias. Além dos austríacos, alguns alemães, suíços, italianos, húngaros e franceses tinham casa de veraneio ali. Era a oportunidade de descansar num lugar agradável e pacato. Os carros ficavam destrancados, as janelas e portas das casas, abertas, não havia preocupação. Diferentemente da vida em

São Paulo ou no Guarujá, ali do lado, com suas praias badaladas e imóveis bem mais caros. Muitos veranistas gostavam de aproveitar o sossego para passar horas pescando tainha, que havia aos montes em Bertioga, como já tinha descrito Hans Staden mais de quatrocentos anos antes. O aventureiro alemão foi a primeira pessoa a publicar um livro sobre as belezas e os perigos daquela região cheia de indígenas no século XVI. Outro dos passatempos favoritos naquelas longas temporadas de verão era o carteado. Pelo menos uma vez por semana, um grupo de europeus de diferentes nacionalidades costumava se reunir para jogar, e já naquela época, nas rodas de conversa, havia um burburinho de que nazistas se escondiam naquele lugar.[4]

A praia principal de Bertioga, da Enseada, não era exatamente a Côte d'Azur. A cor do mar era quase marrom, um efeito causado pela decomposição da rica vegetação da Mata Atlântica, que cobre todo o entorno. Os turistas não se importavam com a tonalidade da água, que de longe até parece suja. O encanto daquele lugar parecia outro: o mar era bom para nadar, diferente de tantas praias de tombo no litoral de São Paulo. Com um pouco de sorte, formava-se uma piscina perfeita para as crianças em alguns dias. Em outros, o mar podia ficar mais agitado e, nos períodos de férias, não era raro os salva-vidas registrarem afogamentos. A praia extensa, de doze quilômetros de ponta a ponta, com uma faixa larga de areia, era ideal para jogar futebol, como alguns homens faziam naquela tarde de quarta-feira.

Enquanto a pelada rolava na areia, os Bossert e tio Peter entravam na água. O mar logo começou a puxar e Liselotte preferiu

---

**4** Entrevista com uma descendente de alemães que passava os verões em Bertioga e presenciou o afogamento de Mengele na praia da Enseada. Ela não quis ser identificada por medo de represálias.

ir com os filhos para o raso. O tio nadava muito bem, mas naquele dia Andreas viu que ele levantava o braço, pedindo ajuda. Parecia estar se afogando. Liselotte achou que o amigo tinha sofrido um derrame e Wolfram foi logo socorrê-lo. Quando o agarrou, o velho já estava ofegante de tanto lutar contra as ondas. Andreas correu até a areia para pegar uma boia de isopor que queria lançar ao tio. Outras pessoas também tentaram ajudar. Dois salva-vidas, que estavam no único posto da praia, a cerca de quinhentos metros dali, viram a movimentação e vieram correndo. Wolfram já tinha conseguido puxar o tio e estava com a água na altura da cintura, mesmo assim penava para sair do mar. Os socorristas tiveram que arrastar os dois para fora. Fizeram uma massagem cardíaca para tentar reanimar o desfalecido, porém, era tarde demais. Ele já estava morto.

Alguém ligou para o pronto-socorro. De lá, informaram o óbvio: não havia mais nada a fazer.[5] O desespero abateu-se sobre Liselotte. Ela abraçou-se ao corpo e não queria mais soltá-lo.[6] Seu marido estava passando mal por ter quase se afogado na tentativa de salvar o amigo. Uma ambulância levou Wolfram ao hospital, enquanto Liselotte ficou na praia com o morto. Os salva-vidas fizeram um relatório e chamaram a Polícia Militar (PM). O cabo Espedito Dias Romão, um negro alto e forte, era o responsável pelo posto policial de Bertioga naquela tarde — é uma ironia do destino ter sido justamente ele a autoridade a registrar a morte de Mengele, que dizia ter pavor de negros e costumava declarar que "a escravidão nunca deveria ter terminado".[7]

Chegando à praia, o cabo Dias Romão encontrou Liselotte nervosa. Ela contou que o tio havia morrido. O policial pediu

---

**5** Depoimento de Andreas Bossert à Polícia Federal (PF). **6** Depoimento de Walter Silva, salva-vidas em Bertioga, à PF. **7** "Antes da morte, a depressão". *O Estado de S.* Paulo, 11 jun. 1985.

os documentos do falecido, ela respondeu que tinha que buscar em casa. Foi até lá e pegou uma carteira de estrangeiro, em que constava o nome de Wolfgang Gerhard, nascido em Leibnitz, na Áustria, no dia 3 de setembro de 1925. Numa conta rápida, dava para notar que era o documento de um homem de 53 anos. A idade do corpo estendido na praia era, na realidade, 67 anos, catorze a mais do que estava na carteira. Uma diferença que o jovem policial não notou. Ao receber o documento, ele fez o boletim de ocorrência sem desconfiar de nada. A única coisa que lhe chamou a atenção foi a nacionalidade: austríaca.[8] Liselotte passou o endereço da própria casa em São Paulo, como se o tio morasse com ela. O cabo Dias, que até então não tinha ouvido falar muita coisa sobre nazismo ou Holocausto, simplesmente anotou os dados, que depois passaria à Polícia Civil e aos bombeiros. Para ele, era só um procedimento burocrático para relatar um acidente, que descreveu como um "mal súbito seguido de afogamento". O policial solicitou um carro funerário para levar o corpo ao Instituto Médico Legal do Guarujá. Enquanto o transporte não chegava, o defunto ficou o tempo todo estendido na areia, seminu, só de calção. Uma senhora apareceu com uma vela e acendeu ao lado do morto. As mães que ainda estavam na praia levaram as crianças embora para não verem a cena. Já era fim de tarde e o carro funerário estava demorando.

O cabo Dias Romão fez companhia a Liselotte. Ela manteve a cabeça baixa quase o tempo todo, sem desviar os olhos do amigo. Só falava o necessário com o policial. Para quem observava a cena, parecia um comportamento normal de uma pessoa que perdeu alguém próximo. No caso de Liselotte, no entanto, não era só a tristeza que dominava seus pensamentos,

8 Entrevista pessoal com Espedito Dias Romão, realizada em 27 de janeiro de 2018.

muitas questões práticas estavam em jogo. Precisava raciocinar rapidamente sobre o que iria fazer. Estava aflita porque os filhos tinham ido dormir na casa de uma vizinha que mal conhecia e o marido estava hospitalizado. Não fosse só isso, estava diante de um dos criminosos de guerra mais procurados do mundo. Revelaria agora a identidade que tinha ajudado a esconder tão bem por tanto tempo? Quais seriam as consequências disso para ela e para os filhos? Tinha que lidar com todas essas questões e dúvidas sozinha, sem levantar suspeitas.

A primeira decisão foi manter a versão de que o homem morto era Wolfgang Gerhard, como constava no documento. Mesmo que decidisse revelar a verdade, não teria como provar o que estava falando porque o nome e os dados na carteira de estrangeiro eram autênticos. A única coisa falsa era a foto. A original de Wolfgang tinha sido cuidadosamente retirada e no lugar dela foi colocada uma 3×4 de Mengele, àquela altura um idoso de bigode vasto.[9] Seu nome já era muito conhecido e não poderia aparecer numa carteira de identidade sem chamar a atenção. Em termos de documentação brasileira, nem Josef Mengele nem tio Peter existiam, apenas Wolfgang Gerhard, o amigo austríaco que apresentou o velho nazista à família Bossert. Antes de voltar para a Áustria, ele cedeu todos os documentos que havia tirado aqui no Brasil. Calculou que não precisaria mais deles na Europa e seriam de grande utilidade para Mengele se manter às sombras sem ser descoberto. Diante desse emaranhado, Liselotte decidiu ser prática. Queria acabar logo com aquilo e optou por "seguir o curso normal dos acontecimentos", como disse à PF anos mais tarde.

Já era madrugada quando o cadáver começou a ser analisado no Instituto Médico Legal (IML). O médico de plantão, o legista Jaime Edson Andrade de Mendonça, constatou que

---

**9** Depoimento de Liselotte Bossert à PF.

a causa mortis foi "asfixia por submersão na água", ou seja, afogamento. Ele não achou necessário fazer uma necropsia nem questionar a identidade ou idade do morto. Para um legista, catorze anos não fazem tanta diferença ao examinar um corpo nessa faixa etária. O que importa é o estado de conservação de cada um, como o morto cuidou da própria saúde durante a vida. Além disso, a água faz os tecidos enrugarem, mais um motivo para a diferença de idade passar despercebida. Dr. Jaime não fez referência a nada disso. Apenas confiou na identificação apresentada por Liselotte e assinou a certidão de óbito.

Exausta, aquela mulher de meia-idade foi cuidando de cada detalhe, como se fosse mesmo alguém da família que tivesse morrido. Arranjou roupas para vestir o morto: calça, cinto, camisa e meias. E insistiu para que o agente funerário deixasse os braços do defunto esticados ao lado do corpo. Esse era um pedido que o próprio Mengele tinha feito a ela. Ele afirmava que se sentia como um soldado e o seu último desejo era ser enterrado em posição de sentido. Uma solicitação estranha, porque o costume no Brasil era enterrar os mortos com as mãos cruzadas sobre o peito. O funcionário foi discreto, concordou em satisfazer a vontade sem fazer perguntas.[10]

E qual seria o destino final do corpo? Sem ter com quem trocar ideias, Liselotte pensou, inicialmente, em cremá-lo. Seria conveniente, porque acabaria de vez com qualquer vestígio que pudesse revelar a verdadeira identidade do falecido. Mas não era possível porque um parente próximo precisaria autorizar o procedimento. Lembrou-se, então, que o verdadeiro Wolfgang Gerhard passou instruções a ela e ao marido para que o tio fosse enterrado em Embu, nos arredores de São Paulo, caso morresse no Brasil. Wolfgang tinha comprado um

10 Id.

túmulo para a mãe dele no Cemitério do Rosário, onde vários alemães estavam sepultados, e ainda havia uma vaga lá. Ele próprio não usaria o túmulo, porque voltaria para a Áustria. Além de deixar seus documentos para Mengele, Wolfgang quis também garantir o sepultamento, porque sempre se sentiu responsável por todos os cuidados com o amigo. Liselotte se recordou disso e não teve dúvidas que esse seria o destino final dessa história.

Na manhã seguinte, o corpo foi liberado. Uma mulher que trabalhava na funerária foi buscar o caixão para levá-lo até o cemitério, que ficava a mais de cem quilômetros dali. Liselotte foi junto, e apesar de ser verão, vestia uma blusa escura de veludo cotelê. Durante a viagem, reclamou da estrada, que tinha alguns trechos intransitáveis.[11] Quando finalmente chegaram ao Cemitério do Rosário, Liselotte procurou o administrador e perguntou sobre o túmulo comprado por Wolfgang Gerhard.

Gino Carita, um afetuoso imigrante italiano, indicou o local e pediu para ver a certidão de óbito. Ao ler que o morto era o próprio Wolfgang, quis abrir o caixão para se despedir. É que Gino conheceu o austríaco alguns anos antes porque foi contratado para fazer um serviço: construir uma mureta e fabricar uma placa de bronze com as datas de nascimento e morte da mãe dele, Friederika. Wolfgang voltou algumas vezes para visitar o túmulo e, na última, avisou ao administrador que iria viajar, mas não falou para onde e nunca mais foi visto. Antes de partir, avisou que "um parente mais velho" talvez fosse sepultado ao lado de sua mãe. Gino não acreditou que Wolf, como o chamava, retornava agora num caixão. O italiano tentou abri-lo e, na mesma hora, Liselotte simulou um ataque histérico. Começou a chorar e disse que ele não podia fazer aquilo, pois

---

11 Depoimento de Maria Helena Costa Guerra, funcionária da Funerária Nova (ou Noa, conforme consta do inquérito), à PF.

o homem tinha morrido afogado e estava desfigurado. Essa encenação foi a única maneira que ela encontrou para impedi--lo. Se tivesse aberto o caixão, o administrador teria percebido imediatamente a troca de identidade e ela estaria encrencada.

Passada a pequena confusão, dois coveiros cavaram a sepultura. Do que um deles se lembra daquele dia, apenas Liselotte acompanhou o enterro. Terminado o ato rápido, simples e solitário, enfim, ela podia voltar para casa e rever os filhos. O principal, para ela, é que o segredo que guardava fazia dez anos estava enterrado junto com tio Peter.

Liselotte tinha certeza de estar fazendo a coisa certa. Achava que os filhos não aguentariam o peso que cairia sobre os ombros de todos os membros da família se a identidade de tio Peter fosse revelada. "Ficar quietinho é sempre melhor", pensava. Católica, acreditava que Deus iria ajudá-la sempre, porque, na sua consciência, seu único crime tinha sido ajudar um amigo que ela via como um cientista, e não como um médico degenerado que mandou milhares para a morte nas câmaras de gás de Auschwitz e que torturou mulheres e crianças inocentes com seus experimentos, sem demonstrar nenhum remorso. Um assassino que terminou a vida se divertindo na praia numa tarde de verão, sem nunca ter sido julgado pelos crimes que cometeu.

# 2.
## Reunindo os gêmeos de Mengele
ou
## Como chamar a atenção mundial para capturar um criminoso

Jerusalém, outubro de 1984

Josef Mengele já estava morto e enterrado havia mais de cinco anos. Mas ninguém sabia disso. Ou melhor, pouquíssimas pessoas conheciam esse fato: apenas os amigos no Brasil e os parentes na Alemanha, que o ajudaram a viver escondido depois da Segunda Guerra. Enquanto o defunto já tinha virado um monte de ossos no remoto e insuspeito cemitério do Embu, vítimas e caçadores de nazistas continuavam, ingenuamente, a busca pelo criminoso, como se ele ainda estivesse vivo. O paradeiro de Mengele era um grande mistério que alimentava as teorias conspiratórias mais absurdas. A principal suspeita era de que ele vivia no Paraguai. Também havia quem dizia tê-lo visto nas Bahamas, na Patagônia e no Uruguai. O famoso caçador de nazistas Simon Wiesenthal garantiu, com uma estranha exatidão, que o ex-capitão da SS estava numa base militar na minúscula cidade paraguaia de Laureles, onde nem a polícia local teria autorização para entrar. Tuviah Friedman, outro caçador de nazistas, afirmou que Mengele era médico pessoal do ditador paraguaio Alfredo Stroessner.[1]

1 "Mistério, mito. Onde está Mengele?". *O Estado de S. Paulo*, 10 mar. 1985.

De onde tiravam tantas certezas, não se sabe. O fato é que, pelos palpites totalmente furados que chegavam à imprensa, estava claro que ninguém fazia a menor ideia da localização de Mengele, a não ser seu círculo íntimo e fiel de protetores.

Mesmo sem nenhuma pista concreta, uma mulher estava determinada a encontrá-lo. Eva Mozes Kor, de 51 anos, uma romena que nasceu na Transilvânia e agora vivia nos Estados Unidos, sonhava em entregar à Justiça o homem que a usou como cobaia quando era criança. "Precisamos localizar Mengele, antes que ele morra na própria cama", ela disse com seu sotaque carregado durante uma coletiva de imprensa em Jerusalém, em outubro de 1984. Eva tinha acabado de criar a associação Children of Auschwitz Nazi Deadly Lab Experiments Survivors (Candles) [Crianças de Auschwitz Sobreviventes de Experiências Mortais em Laboratórios Nazistas], que representava os gêmeos sobreviventes das experiências de Mengele. Além de fundadora, era porta-voz da recém-criada instituição. Ela reuniu jornalistas para anunciar que alguns sobreviventes fariam uma caminhada de três quilômetros em Auschwitz no dia 27 de janeiro do ano seguinte para marcar os quarenta anos de liberação do campo. Aquele seria apenas um evento de uma campanha muito maior: chamar a atenção do mundo para encontrar Mengele. O comunicado que a associação Candles divulgou para a imprensa trazia um dado assustador: 3 mil gêmeos foram usados por Mengele em experiências médicas em Auschwitz e, desse total, apenas 183 saíram de lá com vida. "O criminoso que fez isso com a gente ainda está solto", ela disse. "A menos que a gente faça algo a respeito, nada vai acontecer", completou. Eva estava convencida de que quanto mais publicidade sua causa tivesse, melhor seria. E ela pensava grande. Mandou telegramas para o presidente Ronald Reagan, dos Estados Unidos, e para o presidente Konstantin Tchernenko, da União das Repúblicas Socialistas Soviéticas (URSS), convidando os líderes das duas maiores potências da época para participar da marcha simbólica que estava organizando.[2]

No íntimo, ainda mais do que levá-lo a julgamento, Eva queria encontrar Mengele para descobrir que substâncias ele tinha injetado nela e na irmã gêmea Miriam quando eram crianças. Quatro décadas depois dos experimentos, ela ainda tinha problemas de saúde causados por aquelas injeções, mas preferia não falar sobre isso.[3] Estava mais preocupada com a irmã. Por causa das experiências em Auschwitz, Miriam desenvolveu sérias infecções nos rins que não respondiam a antibióticos. Os médicos constataram que os órgãos estavam atrofiados, eram do tamanho dos de uma menina de dez anos, exatamente a idade que as irmãs tinham quando serviram de cobaia no laboratório nazista. Inconformados, os médicos que analisaram Miriam imploraram pelos arquivos dela no campo de concentração para tentar descobrir o que poderia ter provocado aquilo e, quem sabe, poder curá-la. As irmãs nunca encontraram nada, nenhum documento nem ninguém que explicasse o que aconteceu com elas naquele laboratório.

Miriam morava em Israel e Eva no estado americano de Indiana, onde se casou, teve dois filhos e fez carreira como corretora de imóveis. Durante muito tempo, Eva não conseguia falar com ninguém sobre as experiências terríveis que viveu. Seus vizinhos a achavam estranha e sua "esquisitice" era motivo de piada no bairro desde que enxotara um bando de meninos que foi fazer travessuras na porta de sua casa no Halloween. O que parecia só uma brincadeira inocente, para ela lembrava os grupos de jovens nazistas que apavoravam os judeus em Porţ, na Romênia, quando era pequena.[4]

---

**2** Survivors Appeal for Information on Nazi Fugitive (UPI) [Apelo de Sobreviventes por Informações sobre Fugitivos Nazistas], em 13 out. 1984.
**3** Entrevista com Eva Mozes Kor por e-mail, realizada em 1º de agosto de 2017.
**4** Eva Mozes Kor e Lisa Rojany Buccieri, *Surviving the Angel of Death: The True Story of a Mengele Twin in Auschwitz*. Vancouver: Tanglewood, 2009.

A relação de Eva com o passado só começou a mudar quando ela assistiu a uma série de TV chamada *Holocausto*, em 1978, mais de trinta anos depois de ter deixado Auschwitz. Foi um sucesso estrondoso de audiência, 120 milhões de telespectadores nos Estados Unidos acompanharam o programa, que tinha a então novata Meryl Streep no elenco. A minissérie tocava num assunto pouco discutido em público naquela época: o assassinato em massa de judeus na Europa. Em quatro capítulos, *Holocausto* contava a história de uma família judaica de Berlim — os Weiss — que eram prósperos e felizes. Com a ascensão do nazismo, foram perdendo seus direitos pelas políticas antissemitas do Terceiro Reich e acabaram perseguidos e destruídos. Muitos sobreviventes não gostaram da obra, porque acharam que o enredo simplificava demais questões muito complexas, diziam que era uma novela para tratar de um assunto sério. Apesar das críticas, a minissérie teve o mérito de dar rosto e nome para o sofrimento dos judeus e de sensibilizar o grande público, não só nos Estados Unidos como na Alemanha, onde a série também foi um sucesso.

A própria palavra "holocausto", que até então só era empregada em círculos restritos, ganhou popularidade. O primeiro uso conhecido do termo "holocausto" data do século XIII. A origem é do grego, *holokauston*, que, por sua vez é uma tradução da palavra hebraica *"olah"*. Em tempos bíblicos, *olah* era uma oferenda que devia ser totalmente consumida pelo fogo. O uso do termo, portanto, remete a um significado religioso: os judeus assassinados, cujos corpos eram queimados por inteiro nos crematórios, são considerados um sacrifício a Deus. Com o passar do tempo, a palavra começou a se referir a assassinato em larga escala ou destruição.[5] Ainda hoje existe uma discussão sobre o uso do termo

---

**5** "Holocaust", em *Merriam-Webster Dictionary*. Disponível em: <www.merriam--webster.com/dictionary/holocaust>. Acesso em: 3 jun. 2020; "What Is the Origin of the Term Holocaust?", *Encyclopaedia Britannica*. Disponível em: <www.britannica.com/story/what-is-the-origin-of-the-term-holocaust>. Acesso em: 3 jun. 2020.

"holocausto". Não se chegou a um acordo universal sobre seu significado, por exemplo, se faz referência exclusivamente ao extermínio de judeus ou se pode ser usado também em relação ao massacre de outros povos.[6] Em Israel, há uma preferência pela palavra "*Shoah*", que quer dizer "catástrofe" em hebraico.

Depois do sucesso da série, Eva percebeu que muita gente passou a entender por que ela era diferente. Algumas pessoas até pediram desculpas pela maneira como a tinham tratado antes. Foi um divisor de águas na sua vida, na de outros sobreviventes e também na vida cultural americana. A partir daí, o Holocausto passou a ganhar espaço de destaque em livros e filmes populares, como *A escolha de Sofia*, de 1982, baseado no best-seller de mesmo nome e também estrelado por Meryl Streep, que dessa vez ganhou um Oscar de melhor atriz. Em paralelo, começava uma corrida para registrar em detalhes os relatos dos sobreviventes dos campos de concentração, o que se chamou mais tarde de "a era das testemunhas". Para guardar tais registros, foram criados arquivos públicos e privados em diversos países.[7]

Eva, que até aquele momento não tocava no assunto, se tornou palestrante e o público perguntava detalhes sobre os experimentos médicos dos nazistas. O problema é que muitas questões ela não sabia responder. Lembrou, então, que quando Auschwitz foi liberado pelo Exército Vermelho, ela e a irmã não saíram sozinhas daquele inferno, havia outras crianças. Esses outros gêmeos libertados poderiam fornecer alguma pista útil, então decidiu ir atrás dos ex-companheiros da infância que apareciam nas fotografias e nos vídeos feitos pelos soviéticos. Era uma tarefa difícil: eles tinham as mais diferentes nacionalidades, falavam línguas diversas e estavam espalhados pelo mundo inteiro. Contatá-los,

**6** Laurence Rees, *The Holocaust: A New History*. Londres: Penguin, 2017.
**7** Frank McDonough e John Cochrane, *The Holocaust*. Londres: Bloomsbury, 2008, p. 91; "O poder das séries contra a violência institucionalizada". *Folha de S.Paulo*, 21 jul. 2019.

numa época em que não havia internet e muito menos redes sociais, exigia uma força de vontade hercúlea. E essa força Eva tinha desde criança. O que a motivou nessa busca foi pensar que poderia entender melhor o que tinha acontecido com ela e com a irmã se colhesse o relato de cada um que passou pela mesma experiência que as duas. Era uma maneira de tentar juntar as peças daquele quebra-cabeça sem sentido. Foi a partir desse pensamento que Eva e Miriam criaram a associação Candles em 1984. Juntas, elas conseguiram localizar 122 gêmeos sobreviventes das experiências de Mengele, em dez países diferentes, em quatro continentes.[8]

Em janeiro de 1985, fizeram o primeiro evento internacional da associação. Os presidentes americano e soviético não compareceram, o que era de se esperar. No entanto, Eva e Miriam estavam firmes em seu propósito. As duas conseguiram levar mais quatro gêmeos para uma marcha simbólica dos quarenta anos da liberação de Auschwitz, como tinham anunciado meses antes na coletiva de imprensa. Era um pequeno passo na divulgação da causa. Da Polônia, o grupo viajou para Jerusalém.[9] Lá estava marcado o maior evento da campanha para atrair a atenção mundial para o caso Mengele. A Candles conseguiu reunir oitenta gêmeos, além de pessoas com nanismo e testemunhas que poderiam falar sobre os crimes do médico nazista. Não seria um julgamento formal porque, até aquela data, nenhum governo tinha conseguido prender Mengele, mesmo sendo um dos criminosos de guerra mais procurados do mundo. A falta desse aval jurídico não era um impedimento para a empreitada de Eva e Miriam. Mengele seria "julgado" in absentia, numa audiência pública. E se aquele evento não tinha valor legal, ao menos serviria para divulgar aos quatro ventos os crimes que ele cometeu.

8 Eva Mozes Kor e Lisa Rojany Buccieri, op. cit., p. 130.    9 "Read about Eva's Road to Forgiveness". Candles Holocaust Museum and Education Center. Disponível em: <candlesholocaustmuseum.org/our-survivors/eva-kor/her-story/her-story.html/title/read-about-eva-s-road-to-forgiveness>. Acesso em: 8 jun. 2020.

# 3.
# Em busca de justiça
ou
# O julgamento que nunca existiu

### Fevereiro de 1985

O lugar escolhido para a audiência era simbólico: o Yad Vashem, centro mundial de recordação do Holocausto, em Jerusalém. Também era simbólico o nome do evento que se faria ali: J'Accuse [Eu acuso], em referência ao título da famosa carta que o escritor Émile Zola publicou na imprensa francesa, em 1898. O autor direcionou o texto ao presidente da França, e defendeu com a força de suas palavras o oficial judeu Alfred Dreyfus, que tinha sido condenado injustamente à prisão perpétua na inóspita ilha do Diabo, na Guiana Francesa. O crime atribuído a ele foi espionar o Exército francês para os alemães, algo que Dreyfus não fizera, como se comprovou mais tarde. A campanha iniciada por Zola para provar a inocência do militar de origem judaica escancarou as motivações antissemitas por trás da acusação de espionagem. O caso Dreyfus provocou grande alvoroço no país e se tornou um marco na história do antissemitismo no século XIX. O J'Accuse do século XX também fazia parte de uma campanha para reparar uma injustiça cometida contra os judeus: a impunidade de Josef Mengele.

Para ouvir o relato das histórias escabrosas sobre o trabalho do médico em Auschwitz, as organizadoras do evento convocaram um painel de seis renomados especialistas em crimes nazistas. Nessa lista destacava-se Gideon Hausner, que tinha sido o chefe da promotoria no julgamento de Adolf Eichmann, em Israel. Esse caso ganhou enorme atenção em todo o mundo nos anos 1960 e colocou no banco dos réus o homem que, durante a Segunda Guerra, organizou e coordenou a deportação de judeus para os campos de concentração no Leste Europeu.[1] (Um criminoso, aliás, que teve contato com Mengele na época em que os dois viviam escondidos em Buenos Aires.) Outro destaque era Telford Taylor, que trazia a experiência de ter sido promotor-chefe dos Estados Unidos no Tribunal Militar de Nuremberg durante os julgamentos dos colaboradores do regime nazista. Com a escolha desses e outros nomes de peso, a audiência organizada pelas irmãs Eva e Miriam conquistou credibilidade e reconhecimento internacional. Trinta testemunhas concordaram em prestar depoimento. Diante de um auditório lotado, as vítimas se revezaram durante três dias para falar das suas experiências, que foram gravadas e transmitidas pela TV, inclusive aqui no Brasil. Algumas histórias nunca tinham sido reveladas e chegavam a parecer irreais de tanta crueldade.

Joseph Kleinmann foi um dos primeiros sobreviventes a dar seu testemunho. Lembrou de uma noite de Yom Kippur, em Auschwitz, em 1944. Para os judeus, essa data, o Dia do Perdão, é tão importante quanto o Natal para os cristãos. Nos cálculos dele, 1200 adolescentes foram mandados para um campo de futebol onde, de repente, uma sensação de "corrente elétrica" passou por eles. Era Mengele, que apareceu em sua bicicleta. Segundo Joseph, o médico olhou para todos aqueles garotos assustados e fixou o olhar em um de treze anos. Perguntou sua idade. O menino respondeu "dezoito", porque certamente

---

1 Hannah Arendt, *Eichmann em Jerusalém: Um relato sobre a banalidade do mal.* São Paulo: Companhia das Letras, 1999, p. 176.

sabia que os menores e menos aptos a trabalhar eram mandados para a câmara de gás. Percebendo a mentira, o capitão da SS ficou furioso e pediu para trazerem um martelo, pregos e uma tábua. Prendeu o pedaço de madeira a um poste na altura de um rapaz mais alto ali presente. Então, ordenou que todos fizessem uma fila e passassem pela tábua. Quem conseguisse atravessar por baixo dela não era alto o suficiente. Todos sabiam o que isso significava e começaram a se esticar. O próprio Joseph, que tinha apenas catorze anos na época, contou que o pai estava ao seu lado e disse: "Se você quiser viver, coloque algumas pedras debaixo do seu calcanhar dentro do sapato". Foi o que ele fez, no entanto, não conseguia ficar de pé por muito tempo desse jeito. Para ficar um pouco mais alto pegou o chapéu do irmão, rasgou e pôs dentro dos calçados, que eram maiores que seus pés. Dessa forma, ele conseguia andar. Os adolescentes menores corriam para se juntar aos mais altos, até que um dos nazistas denunciou: "Sabotagem!".[2] Joseph se salvou naquela noite. Mas cerca de mil meninos que não atingiram a altura desejada foram mandados para a câmara de gás.[3]

A médica austríaca Ella Lingens, que trabalhou com Mengele em Auschwitz, lembrou de conversas que teve com ele. Apesar de não ser judia, foi parar no campo de concentração porque ela e o marido esconderam amigos judeus em Viena. Um informante entregou os dois à Gestapo, a polícia secreta nazista.[4] Como prisioneira, tinha uma posição privilegiada

---

**2** Michael A. Grodin, Eva Mozes Kor e Susan Benedict, "The Trial That Never Happened: Josef Mengele and the Twins of Auschwitz". *War Crimes, Genocide & Crimes against Humanity*, v. 5, pp. 10-1, 2011. Disponível em: <heinonline.org/HOL/LandingPage?handle=hein.journals/warcrim5&div=4&id=&page=>. Acesso em: 6 jul. 2023. **3** Ordem de prisão de Josef Mengele, Frankfurt am Main, 19 jan. 1981, p. 18. **4** "The Stories of Six Righteous among the Nations in Auschwitz ". Yah Vashem. Disponível em: <yadvashem.org/yv/en/exhibitions/righteous-auschwitz/lingens.asp>. Acesso em: 6 jul. 2023.

em comparação aos outros por causa da sua origem e profissão. Ela trabalhou com vários médicos da SS em Auschwitz. Naquela época, a jovem chamava a atenção com sua cabeleira loira. Agora, quarenta anos depois, com os cabelos brancos presos num coque e uma voz mansa, porém, firme, Ella relatava aos membros do painel como Mengele se considerou muito "eficiente" no combate a uma epidemia de tifo.

A médica explicou que até havia desinfetantes para combater os piolhos que causavam a doença. O problema era que nunca conseguiam desinfetar tudo da forma adequada porque as pessoas escondiam os poucos pertences com medo que alguém fosse pegá-los. Era justamente nessas peças de roupa que os bichos se multiplicavam.[5] Então era como secar gelo, os lugares que já tinham sido desinfetados voltavam a ficar infestados de piolhos algumas semanas mais tarde. Mengele concluiu que a desinfecção tinha que ser conduzida de outra maneira e decidiu implementar um novo método de "limpeza", mais radical. Lingens contou que ele esvaziou completamente um dos blocos de Birkenau, que abrigava entre seiscentas e setecentas prisioneiras. Mandou todas para a câmara de gás e, desse modo, conseguiu desinfetar o espaço da forma como queria. Em seguida, chamou as prisioneiras de outro bloco, mandou que ficassem nuas e se banhassem antes de entrar no local desinfetado. Mengele continuou fazendo isso, de bloco em bloco, até que todos estivessem limpos. O tifo praticamente desapareceu, é verdade. Às custas de centenas de vidas.

A testemunha Stephanie Heller tem uma gêmea idêntica e, quando jovem, foi uma das cobaias humanas de Mengele. Ela se mudou para Melbourne, na Austrália, depois da guerra, mas concordou em ir até Jerusalém para prestar depoimento naquele evento de repercussão mundial. Stephanie contou que

---

**5** Michael A. Grodin, Eva Mozes Kor e Susan Benedict, op. cit.

chegou a Auschwitz, com a irmã Anetta, quando tinha dezenove anos e já era uma mulher casada. Porque eram gêmeas, as duas irmãs foram escolhidas para frequentar o laboratório do dr. Mengele e tinham que participar de experimentos, como medições de partes do corpo e radiografias. Um dia, sem nenhuma explicação, cada uma recebeu uma transfusão de sangue de um outro par de gêmeos, mais ou menos da mesma idade delas. As duas não conheciam os rapazes e adivinharam que eram poloneses. Não tinham certeza, porque não falavam a língua deles, só tcheco, o que dificultou a comunicação. Após as transfusões, Stephanie contou que ela e a irmã tiveram reações graves: passaram dois dias no hospital do campo de concentração sofrendo com fortes dores de cabeça, febre e náuseas. Não sabiam o que tinha acontecido a elas. "Podemos ter recebido o tipo sanguíneo errado", ela suspeitava. Quando recuperaram as forças, foram levadas de volta ao bloco das demais prisioneiras. Alguém lhes disse que sabia dos planos de Mengele com aquela experiência. Ele queria descobrir se gêmeas idênticas fertilizadas por gêmeos idênticos engravidariam de gêmeos. As duas irmãs ficaram muito assustadas com a perspectiva de fazer parte desse experimento. Stephanie tomou coragem e pediu diretamente a Mengele para não participar mais. O médico respondeu que ela era apenas um número ali e não tinha vontades. Para sorte dela, pouco tempo depois, os prisioneiros foram forçados a abandonar Auschwitz por causa da chegada iminente do Exército Vermelho e esse experimento nunca pôde ser realizado.[6]

Um dos relatos mais impactantes foi o de Vera Alexander. Ela também era uma jovem de dezenove anos ao chegar em

---

6 Michael A. Grodin, Eva Mozes Kor e Susan Benedict, op. cit.; "Jewish Survivor Stephanie Heller Testimony". USC Shoah Foundation. Disponível em: <youtube.com/watch?v=oqRp5- Doroc>. Acesso em: 6 jul. 2023.

Auschwitz em 1942. Vera contou que um oficial nazista a levou de moto até o acampamento cigano, onde ela ficou responsável por supervisionar crianças pequenas, entre três e cinco anos de idade. Logo percebeu que todas eram gêmeas. Mengele inspecionava o barracão e tinha uma preocupação especial com as crianças usadas nos experimentos, queria que elas estivessem bem. Chegou a levar roupas limpas, brinquedos, chocolates e até penicos para não terem que ir até o banheiro nas noites geladas. Vera disse que essas crianças recebiam mais comida que o resto dos prisioneiros e que o bloco em que viviam era limpo. Um dia, porém, alguém levou embora um par de gêmeos: Tito e Nina. Alguns dias depois, os pequenos irmãos voltaram com as veias da cabeça e das costas costuradas umas às outras porque passaram por uma tentativa absurda de criar gêmeos siameses. As cicatrizes se encheram de pus e as crianças choravam dia e noite. Vera foi transferida para outro local dentro do próprio campo. Quando voltou ao acampamento cigano, não havia mais nenhuma criança. Ela acha que todas foram mortas, apesar de não ter presenciado nenhuma execução nas seis semanas em que supervisionou aquelas crianças.[7]

Ephraim Reichenbeg, de 58 anos, comoveu a plateia ao dar seu testemunho por meio de um microfone especial posicionado abaixo do queixo que fazia sua voz sair metalizada, como se viesse de um computador. As suas cordas vocais tiveram que ser removidas por causa das injeções que Mengele aplicou no seu pescoço. Ephraim não era gêmeo, mas parecia muito com o irmão. No desembarque em Auschwitz, um prisioneiro lhes disse para se passarem por gêmeos para escaparem da câmara de gás. Só que seu irmão tinha uma voz linda e chegou a cantar para os alemães uma vez. A voz de Ephraim, porém, não tinha a mesma graciosidade e Mengele queria entender

---

7 Michael A. Grodin, Eva Mozes Kor e Susan Benedict, op. cit.

como era possível um "gêmeo" ter uma voz boa e o outro, não. Movido por essa curiosidade, o médico da SS conduziu experimentos nas cordas vocais de Ephraim. As experiências afetaram sua fala durante a vida toda, até que, em 1967, suas cordas vocais cresceram a tal ponto que tiveram que ser removidas totalmente. "Desde aquele ano até cinco meses atrás, eu não conseguia mais falar. Daí comprei esse aparelho maravilhoso", disse com certa ironia, referindo-se a seu microfone. "Pena que também foi criado pelos alemães."[8]

Outra testemunha foi identificada apenas pelas iniciais: O.C. Ele não queria que vissem seu rosto e prestou depoimento atrás de uma cortina. Provavelmente era por vergonha do que tinha ocorrido com ele. O sobrevivente contou que lhe deram uma injeção na coluna que o fez apagar. Um tempo depois, acordou numa sala de recuperação. Os colegas, que também passaram por uma cirurgia, perguntaram o que tinha acontecido com ele. O.C. respondeu que não sabia por que ainda estava sob efeito da anestesia. Os rapazes contaram, então, que um de seus testículos tinha sido removido. Uma hora mais tarde, quando o efeito da anestesia diminuiu, O.C. constatou que tinham feito a mesma coisa com ele.[9]

O relato da tcheca Ruth Elias encheu de lágrimas os olhos de muitas pessoas presentes no evento. Por um capricho de Mengele, ela viveu a pior dor que uma mãe pode imaginar. Ruth chegou ao campo de concentração já grávida. Gravidez em Auschwitz significava morte certa, mas ela conseguiu dissimular seu estado. A magreza extrema, um pouco de astúcia e alguns golpes de sorte ajudaram a jovem a esconder a gestação até as últimas semanas. No entanto, correu o campo a notícia de que havia duas grávidas em estágio avançado: além de

---

**8** Thomas L. Friedman, "Jerusalem Listens to the Victims of Mengele". *The New York Times*, 7 fev. 1985. **9** Ibid.

Ruth, Berta. Mengele ficou sabendo e mandou chamá-las. Fez inúmeras perguntas e não entendia como podia ter deixado passar pelas seleções duas grávidas. Pelos critérios dele e de Auschwitz, elas deveriam ter entrado na fila da câmara de gás imediatamente. Já que não tinham, e estavam agora prestes a dar à luz, ele decidiu poupá-las: elas poderiam ganhar os bebês.[10] O que não havia dito às futuras mães é que já tinha em mente um experimento com os recém-nascidos.

Mengele visitava todos os dias as duas grávidas na enfermaria. Não ia lá só para vê-las. A enfermaria era seu território, havia muitas cobaias humanas entre os doentes. Ruth presenciou várias mulheres jovens em sofrimento depois de terem sido submetidas a operações extremamente cruéis, sem que ninguém soubesse exatamente o que tinha acontecido com elas, muito menos por quê. Por muito tempo, essas mulheres não conseguiam nem falar.[11] Quando, finalmente, chegou o dia do parto que Ruth tanto temia, uma parteira polonesa, que também era prisioneira no campo, veio ajudá-la. Em meio às contrações cada vez mais fortes, a mulher pediu que ela deitasse.[12]

Em Jerusalém, diante de uma plateia cada vez mais calada, Ruth relembrou aquele momento com expressão triste e voz inabalável: "Eu deitei naquelas pedras, sem nada. E eu dei à luz uma menina linda. Sem sabonete. Sem água quente. Sem algodão". Ela fez uma pausa como quem quer tomar coragem e continuou: "Nada. Na minha própria imundície, com meu bebê, eu fui para minha cama sem colchão, só com uma coberta. Nós duas nos cobrimos".[13] As condições eram tão precárias que a parteira não conseguiu nem mesmo esterilizar a tesoura com que cortou o cordão umbilical. Também não

---

**10** Ruth Elias, *The Triumph of Hope: From Theresienstadt and Auschwitz to Israel*. Nova York: Willey, 1999. **11** Ibid. **12** Ibid. **13** "Judeus fazem julgamento simulado de Josef Mengele". *Jornal Nacional*, 6 fev. 1985.

havia fraldas.[14] No dia seguinte, Mengele chegou para a visita diária e viu que Ruth tinha dado à luz. Ele olhou a bebê por um longo tempo e, em seguida, mandou uma médica amarrar os seios da mãe com bandagem apertada para que ela não pudesse amamentar. Ele queria saber quanto tempo um recém-nascido conseguia sobreviver sem mamar.[15] Logo Ruth sentiu seus seios se encherem de leite. O bebê estava faminto e chorava sem parar. Mengele passava todos os dias para verificar a bandagem e olhar a criança.[16] Depois de sete dias de agonia e desespero, Maca Steinberg, outra prisioneira tcheca, ofereceu ajuda. Ela arrumou uma injeção de morfina e entregou a Ruth. Disse para aplicar na criança. Maca explicou que ela não poderia fazer isso porque era médica e tinha feito o juramento de Hipócrates. Argumentou que essa era a única maneira de Ruth sobreviver, porque Mengele já tinha avisado que levaria mãe e filha para a câmara de gás no dia seguinte. De qualquer maneira, a criança, só pele e osso, não tinha mais chance nenhuma. Mais de quarenta anos depois, ao auditório atento, Ruth declarou: "Eu matei minha própria filha". Fez mais uma pausa, passou a língua nos lábios e continuou. "De manhã, Mengele chegou, eu estava preparada para ir (para a câmara de gás). Mas ele não queria a mim, queria minha bebê. Ele não encontrou o corpo na pilha de cadáveres em frente ao nosso bloco", disse com uma expressão triste e resignada. Foi assim que ela escapou do crematório, sem conseguir escapar da dor dilacerante de perder a filha.

Ao final dos três dias de audiência do J'Accuse, estava claro para todos os especialistas ali reunidos que havia provas suficientes para a condenação de Mengele num tribunal de verdade. "Todas as evidências existentes justificam a necessidade de levar a julgamento o médico da SS *Hauptsturmführer* Josef

14 Ruth Elias, op. cit. 15 Ibid. 16 Ibid

Mengele por crimes de guerra e crimes contra a humanidade", concluiu Telford Taylor, o promotor americano. O fundamental agora era achar o acusado.

Logo no dia seguinte a essa conclusão, o procurador-geral dos Estados Unidos, William French Smith, anunciou que o Departamento de Justiça abriria uma investigação para localizar Mengele. Também seriam investigados relatos de que o médico nazista tinha sido capturado e solto pelos americanos, logo após a Segunda Guerra. O Escritório de Investigações Especiais (OSI, na sigla em inglês) ficaria a cargo da caçada sem precedentes. A CIA e o Pentágono dariam todo o suporte necessário.[17] Jornalistas ficaram ávidos pelo caso Mengele. Os canais de TV americanos exibiram dezenas de reportagens sobre sua fuga e os crimes que ele cometeu. O interesse pelo assunto cresceu por causa do testemunho das vítimas e de uma dúvida que pairava sobre a conduta americana. O fato de os Estados Unidos terem recrutado, no pós-guerra, centenas de cientistas nazistas para trabalhar em projetos militares e espaciais levou à suspeita de que os americanos tinham simpatia por fugitivos do Terceiro Reich.

O maior exemplo era Wernher von Braun, criador dos foguetes V2, que foram lançados sobre Londres e a Antuérpia no final do conflito. O "V" era de vingança em alemão: *Vergeltung*. E o "2" dizia respeito ao avanço tecnológico em relação ao V1. O V2 foi o primeiro míssil balístico da história, uma arma com tecnologia sofisticada e caríssima para uma Alemanha perto da derrota. Foi construído com mão de obra escrava em campos de concentração, sob condições tão precárias que mais gente morreu durante

---

**17** *In the Matter of Josef Mengele: A Report to the Attorney General of the United States: Exhibits*, relatório do Escritório de Investigações Especiais do Departamento de Justiça dos Estados Unidos (OSI), out. 1992, p. 44. Disponível em: <www.justice.gov/sites/default/files/criminal-hrsp/legacy/2011/06/06/10-30-92mengele-exhibits.pdf>. Acesso em: 20. jul. 2023.

a construção do que nos bombardeios sobre a capital britânica. Von Braun era engenheiro mecânico e oficial da SS, organização que foi considerada criminosa pelos próprios americanos no Tribunal de Nuremberg. Mas isso não foi um entrave para aproveitarem a expertise dele na Nasa, a agência espacial americana. Numa linha de evolução do V2, Von Braun e sua equipe de cientistas alemães criaram o foguete *Saturno V*, responsável pelo lançamento da *Apollo*, a nave que levou os primeiros astronautas à Lua em 1969, numa vitória americana na corrida espacial contra os soviéticos. Em plena Guerra Fria, a União Soviética gostava de usar sua máquina de propaganda para enfatizar que os Estados Unidos protegiam fugitivos nazistas.

Três meses depois da audiência em Jerusalém, o governo de Israel e a Organização Sionista Mundial ofereceram uma recompensa de 1 milhão de dólares para quem fornecesse informações que levassem à prisão de Mengele. Era mais uma montanha de dinheiro que governos, entidades e caçadores de nazistas estavam dispostos a desembolsar em troca de pistas sobre seu paradeiro. O Centro Simon Wiesenthal, em Los Angeles, e o jornal americano *Washington Times* já tinham colocado à disposição 1 milhão de dólares cada um. O governo da Alemanha Ocidental, 300 mil; o próprio Simon Wiesenthal, 50 mil; e Beate Klarsfeld, outra caçadora de nazistas, 25 mil. O total somava quase 3,4 milhões de dólares, a maior quantia oferecida até então para a captura de um criminoso.

Era muito dinheiro, e Liselotte, a grande protetora de Mengele no fim da vida, sabia disso. Os anúncios com o valor das recompensas rodavam os jornais e as principais revistas não só no Brasil como no mundo todo. Ela poderia ter ficado milionária. Mas preferiu continuar em silêncio e seguir a vida discretamente. Mantinha uma rotina pacata como professora na escola alemã em São Paulo, onde Mengele já tinha ido buscá-la, depois de uma festa junina, para irem juntos ao sítio.

Certamente, ela queria estar convencida de que Mengele tinha virado passado em sua vida. Mas esse passado ameaçava voltar à tona, despertado por um súbito interesse mundial pelo caso Mengele desde a conferência promovida por suas vítimas. Em maio de 1985, autoridades dos Estados Unidos, de Israel e da Alemanha encontraram-se em Frankfurt e anunciaram que estavam coordenando esforços para prender e processar o médico nazista. As peças estavam se juntando e, em menos de um mês, chegariam ao fugitivo, ou melhor, ao que sobrou dele.[18]

---

**18** Henry Kamm, "Wiesenthal Lists Mengele Sightings". *The New York Times*, 15 maio 1985.

# 4.
## Mantendo segredo depois da morte
ou
## Você entregaria seu pai?

São Paulo, fevereiro de 1979

Pouco tempo depois da morte de tio Peter, Liselotte e Wolfram levaram os filhos para uma visita discreta ao cemitério do Embu.[1] Não se sabe como explicaram aos dois adolescentes o detalhe de que a placa do túmulo não levava o nome do morto, o fato é que todos eles sabiam que quem jazia ali era mesmo o titio. Essa foi a despedida final daquele homem que tinha sido tão presente na vida da família Bossert. E como em toda família, quando alguém morre, várias questões práticas tinham que ser resolvidas com urgência. O segredo permaneceria guardado, isso já estava decidido desde o momento em que Liselotte entregou os documentos falsos para o policial na praia. Ela queria enterrar essa história e seguir a vida, como se nada tivesse acontecido. Mas não dava para manter o silêncio absoluto sobre o assunto, e algumas poucas pessoas tinham que ser avisadas logo, principalmente Gitta e Geza Stammer. Esse casal de imigrantes húngaros foi o primeiro a dar proteção a Mengele no Brasil.

O velho nazista viveu com a família Stammer por treze anos, praticamente um casamento. Devido a desentendimentos, acabaram

---

1 Depoimento de Andreas Bossert à PF.

se separando no começo de 1975, quando Mengele se mudou sozinho para uma casa que estava registrada no nome de Gitta.[2] A propriedade ficava na estrada do Alvarenga, em Eldorado, no limite entre São Paulo e Diadema. Foi nessa periferia, entre chácaras e pessoas humildes, que Mengele passou os últimos anos da velhice. Com sua morte, a casa ficou subitamente vazia. Apesar de os Bossert não manterem um relacionamento próximo com os Stammer, precisavam dar a notícia a eles, afinal, as duas famílias eram cúmplices, além de serem as poucas pessoas no Brasil que conheciam a verdadeira identidade de Peter, Pedro ou Wolfgang.[3]

Dois dias depois do enterro, Liselotte telefonou para Geza e contou o que tinha acontecido em Bertioga. Sem se importar muito, o húngaro deixou para os Bossert todos os móveis e objetos pessoais de Mengele. No ano seguinte, vendeu também a casa para eles.[4] O irônico é que, décadas mais tarde, ficou claro que os pertences pessoais de Mengele tinham valor financeiro muito maior que o do próprio imóvel. (Em 2009, Liselotte vendeu a casa por 51 mil reais, o equivalente na época a pouco mais de 25 mil dólares. Dois anos depois, em 2011, um judeu americano ultraortodoxo arrematou num leilão os diários escritos por Mengele no Brasil por 245 mil dólares. Ou seja, os diários renderam quase dez vezes mais que a casa onde Mengele morou.)[5]

Na lista de pessoas que precisavam ser avisadas, faltavam ainda os empregados. Afinal, "seu Pedro" comentou que iria viajar para a praia e nunca mais voltou. Wolfram se encarregou de dizer a Frau Mehlich que ela estava dispensada. Inês — esse

2 Matrícula n. 2762 do 11º Cartório de Registro de Imóveis da cidade de São Paulo.    3 Depoimento de Gitta Stammer à PF.    4 Depoimento de Liselotte Bossert à PF; Auto de qualificação e interrogatório da PF.
5 Ofer Aderet, "Ultra-Orthodox Man Buys Diaries of Nazi Doctor Mengele for $ 245,000". *Haaretz*, 22 jul. 2011. Disponível em: <www.haaretz.com/jewish/1.5032917>. Acesso em: 6 jul. 2023.

era o primeiro nome dela — era viúva de um alemão e trabalhava como faz-tudo na casa de Mengele nos últimos meses. Liselotte garantiu que ela não sabia nada sobre o passado do patrão. Ele chegou a ir algumas vezes à casa de Frau Mehlich, no Jardim Consórcio, porque gostava muito de ouvir a filha dela tocar piano. Mengele lhe disse que achava que o Brasil era "um país bom", mas lamentava a corrupção no governo.[6] Logo depois de ser avisada, Frau Mehlich comunicou ao jardineiro que o patrão deles tinha morrido. Luís Rodrigues tinha só quinze anos quando começou a trabalhar na casa da Alvarenga. Ficou lá por quase três anos e virou amigo do "seu Pedro", com quem sempre conversava. Luís Rodrigues, por sua vez, falou da morte para Elsa Gulpian, a empregada anterior e paixão não correspondida de Mengele. E assim a notícia de que "seu Pedro" tinha morrido correu o bairro de boca em boca. Àquela altura, no entanto, dificilmente alguém sabia que ele e Josef Mengele eram a mesma pessoa. Só o pequeno círculo de protetores conhecia esse fato e, para eles, ninguém mais no Brasil precisava saber da identidade real do falecido.

Os Bossert tinham ainda outra missão: mandar notícias para a Alemanha. Não haveria telefonemas, a comunicação com a família Mengele em Günzburg, na Baviera, sempre aconteceu por meio de cartas. Usando um tom dramático, Wolfram escreveu para o homem que servia como intermediário, Hans Sedlmeier: "É com profunda tristeza que cumpro o doloroso dever de informar você e os parentes da morte de nosso amigo em comum. Até o último suspiro, ele lutou heroicamente, exatamente como havia feito durante sua vida turbulenta".[7] Sedlmeier era ex-colega de escola de Mengele e se tornou um funcionário

---

**6** Pedro Stanbei, "A última empregada: Ele gostava do Brasil". *O Estado de S. Paulo*, 8 jun. 1985. **7** Gerald Posner e John Ware, *Mengele: The Complete Story*. Nova York: Cooper Square, 2000, p. 290.

fiel da empresa de máquinas agrícolas da família. Foi uma figura central para o sucesso da fuga para a América do Sul. Como se diz na linguagem policial, ele era o "pombo-correio" que atravessava o Atlântico para levar dinheiro em mãos e resolver qualquer tipo de impasse, como quando os Stammer não aguentavam mais Mengele e quiseram se ver livres dele.[8] Durante todo o tempo em que esteve escondido, os familiares na Alemanha sempre souberam onde Josef estava. E agora que ele tinha morrido, Wolfram era a favor de manter o segredo, como registrou na carta para Sedlmeier: "Não apenas para evitar um inconveniente pessoal, mas também para manter o lado oposto gastando dinheiro em algo que é antiquado". Com "lado oposto" ele queria dizer os caçadores de nazistas ou, em outras palavras, aqueles que queriam justiça para as vítimas de Mengele.

Faltava ainda o filho Rolf, que tinha relações estremecidas com o resto da família Mengele. Wolfram também escreveu para ele e pediu que viesse novamente a São Paulo, pois havia um baú que o pai dele tinha deixado, cheio de documentos, condecorações e diários.[9] Esses cadernos tinham páginas e mais páginas de uma autobiografia que Mengele escreveu à mão durante os anos em que morou no Brasil. Os textos eram focados em um personagem chamado Andreas, que obviamente era ele mesmo, o que mostra que nem na intimidade do próprio diário tinha coragem de usar seu nome verdadeiro. Com esse pseudônimo, Mengele relatou seu nascimento, sua infância, seus estudos nos anos 1930, o esconderijo na Baviera logo depois da guerra e a fuga para a Itália, em 1949. Todos esses registros foram feitos para o filho com a intenção de que ele não acreditasse na imagem pública que tinha sido construída em

---

**8** Depoimento de Gitta Stammer à PF.  **9** "Assustado, agressivo, vivia com medo". *O Estado de S. Paulo*, 7 jun. 1985, p. 26. Disponível em: <acervo. estadao.com.br/pagina/#!/19850607-33823-nac-0026-999-26-not>. Acesso em: 20 jul. 2023.

torno dele e que achava mentirosa. Escreveu "bons conselhos" para os jovens que nos anos 1960 teriam que terminar o colégio e optar por uma carreira, como era o caso de Rolf. Os escritos deixavam evidente que o velho nazista era egocêntrico. Só para o dia do nascimento e batismo de "Andreas" dedicou 74 páginas. Não falou nada, porém, sobre o que mais interessava: o que ele fez durante a Segunda Guerra.

Rolf aceitou voltar a São Paulo para pegar as coisas guardadas no baú, mas chegou só em dezembro, dez meses após a morte do pai. Para não chamar a atenção das autoridades por causa do sobrenome, usou o passaporte de um amigo. Ficou poucos dias na cidade e passou o Natal com os Bossert. Eles pediram para Rolf não contar a ninguém que Mengele estava morto. Disseram que isso arruinaria a vida deles. Rolf entrou em conflito em relação ao que deveria fazer.[10] Antes de voltar para a Alemanha, disse que jamais esqueceria o que o casal tinha feito por seu pai e insistiu em continuar trocando cartas.[11] Proteger os Bossert foi um dos motivos que o levaram a ficar quieto naquele momento: não queria expor quem tinha se arriscado para ajudar seu pai. Claro que havia ainda a preocupação com sua própria família e carreira. Rolf era advogado, casado e também era pai. Não se sentia confortável com o que poderia acontecer diante da enorme exposição que receberia na imprensa, caso revelasse que Mengele morreu no Brasil, o que inevitavelmente traria à tona toda história da fuga e os nomes de quem o tinha acobertado.

Na Alemanha, não era ilegal ajudar um parente que cometeu um crime. No Brasil, a legislação era diferente e, além do mais, as famílias que protegeram Mengele aqui não eram do mesmo sangue dele. Lidar com essas questões não era fácil para Rolf, que considerava isso tudo um "conflito insolúvel". Garante que

10 "Rolf Mengele", *The Today Show*. NBC, 16 jun. 1986.    11 "Pista revela: Filho de Mengele em SP". *O Estado de S. Paulo*, 8 jun. 1985.

não deu apoio ao pai durante os anos em que o velho viveu foragido, por outro lado não queria trai-lo e entregá-lo à Justiça.[12] Rolf acreditava que Mengele conseguiu escapar por tanto tempo porque levou uma vida simples, bem diferente do estereótipo de oficial nazista, que, no imaginário popular, estaria vivendo numa mansão à beira-mar cercado de pastores-alemães. Para Rolf, as condições reais do pai nos últimos anos foram lamentáveis, as acomodações miseráveis, os carros velhos e as roupas tão carcomidas que ninguém suspeitava que aquele era o todo-poderoso Anjo da Morte de Auschwitz, onde costumava usar um uniforme impecável da SS e decidia o destino de milhares de pessoas com um simples movimento da mão. No fim da vida, parecia mais um velho abandonado, o melhor dos disfarces, na visão de Rolf.[13]

Apesar de ser o único filho, ele viu o pai apenas duas vezes na vida, descontando a fase em que era um bebê. A primeira foi quando tinha doze anos, durante uma viagem de férias em março de 1956. Rolf viajou para os Alpes suíços com o primo Karl Heinz e a tia Martha. Ela era viúva de Karl Jr., um dos irmãos de Mengele. Rolf foi apresentado ao "tio Fritz" e ficou fascinado por aquele homem que contava histórias de aventura dos gaúchos argentinos e também da luta contra os partisans na Segunda Guerra Mundial, numa época em que nenhum alemão adulto ousava tocar no assunto "guerra". O "tio" também deu um dinheirinho, a primeira mesada de sua vida. Só três anos depois, descobriu que aquele tio legal era, na verdade, seu pai. O nome dele não era Fritz e a intenção de Mengele naquela viagem era se aproximar de Martha, a viúva do próprio irmão, com quem ele acabou se casando. Um plano arquitetado pelo patriarca Karl Mengele para não perder o patrimônio da família.

---

12 "Inge Byham, "So entkam mein Vater. Die Geheimnisse des Josef Mengele: Seine Flucht. Seine Verstecke. Seine Jahre im Untergrund". *Bunte Illustrierte*, 20 jun. 1986. 13 Gerald Posner e John Ware, op. cit., p. III.

Por anos, os recém-conhecidos pai e filho trocaram correspondência. No começo, enquanto era adolescente e morava com a mãe Irene na Alemanha, Rolf se sentia obrigado a responder as cartas do homem que lhe mandava selos da Argentina. Depois, respondia por pena, um gesto humanitário, como alguém que escreve para um prisioneiro, ele pensava. Rolf tentou muitas vezes esquecer que Mengele era o seu pai. Foi impossível. Em 1977, mais de vinte anos depois do primeiro encontro, decidiu vê-lo pela segunda vez. Tomou como um desafio pessoal ter uma oportunidade de tirar a limpo essa história, se tudo o que falavam sobre ele era verdade. Decidiu que iria passar duas semanas em São Paulo.

Não foi uma decisão fácil ir para a América do Sul sabendo que podia ser seguido.[14] Quando veio ao Brasil pela primeira vez, tinha apenas um endereço na cabeça: o da família Bossert. Decorou o nome da rua e o número, assim não precisava andar com anotações que poderiam ser comprometedoras, caso fosse abordado por uma autoridade, o Mossad ou um caçador de nazistas. Foi nessa primeira visita ao país que Rolf conheceu a família Bossert pessoalmente. Conversaram bastante e Wolfram se prontificou a levá-lo até a casa do pai. Saíram do Brooklin, um bairro de classe média, num Volkswagen velho e andaram pouco mais de dezesseis quilômetros até Eldorado. No caminho Rolf foi olhando a paisagem e ficou impressionado. Estava acostumado com as ruas, avenidas e calçadas perfeitas da Alemanha. Quanto mais andavam e entravam na periferia, mais pobres as casas iam ficando. A estrada do Alvarenga, onde Mengele morava, estava num estado terrível. Não havia pavimentação, era só terra batida, cheia de buracos. Segundo Rolf, à direita e à esquerda dava para ver favelas com quilômetros de extensão. Quando o carro finalmente parou em frente

14 "Rolf Mengele", *The Today Show*. NBC, 16 jun. 1986.

à casa do pai, a primeira impressão é que estava mais para uma choupana. Provavelmente foi um exagero. O terreno era grande: 937 metros quadrados e a área construída chegava a quase 120. No entorno, apesar das casas humildes, havia outras da classe média, que eram usadas nos fins de semana. O bairro do Eldorado já tinha vivido dias de esplendor, e seus moradores garantem que celebridades como Elis Regina e Roberto Leal tinham frequentado um condomínio a dois quilômetros de onde Mengele morava. O bairro ficava num lugar agradável ao lado da represa Billings, havia muitos resquícios de uma natureza exuberante, árvores enormes com bromélias penduradas nos galhos, coqueiros e alguns tipos de pinheiros.

A situação da região começou a se degradar poucos anos antes de Mengele chegar. Em 1968, cerca de cem famílias que moravam na favela do Vergueiro, a maior da cidade na época, se estabeleceram na região de Eldorado. Elas foram despejadas depois de uma longa batalha judicial com a família Klabin, uma das mais ricas da cidade. O patriarca Moishe Klabin escapara do antissemitismo na Europa antes de construir seu império no Brasil. Saiu da Lituânia no fim do século XIX para fugir da perseguição que o tsar Alexandre III fazia aos judeus. Pisou aqui com nove libras esterlinas e vinte quilos de tabaco, papel e ferramentas para fazer cigarros, e em pouco tempo virou um grande empresário do ramo do papel.[15] Quando morreu, em 1923, deixou de herança para os filhos vários terrenos em São Paulo, entre eles, aquele onde mais tarde se ergueu a favela do Vergueiro, uma das primeiras da cidade. Ficou famosa pelo tamanho e por uma letra de samba de Adoniran Barbosa.

---

15 Centro de Documentação e Memória de Klabin, 2010; Fernão Lopes Ginez de Lara, *Modernização e Desenvolvimentismo: Formação das primeiras favelas de São Paulo e a favela do Vergueiro*. São Paulo: FFLCH/USP, 2012. Dissertação (Mestrado em Geografia Humana).

Com a decisão do despejo, corretores começaram a circular na favela para vender lotes de terra na região de Eldorado. Parecia um bom negócio, em vez de arrendatários, os despejados se tornariam donos de seu próprio terreno. Dessa forma, a favela foi praticamente transplantada de um lugar para outro. Os próprios moradores montaram suas novas casas usando o material dos antigos barracos. O que nenhum corretor tinha contado é que o terreno ficava numa pirambeira, distante do centro e suas condições eram extremamente precárias. A água tinha que ser buscada numa pequena floresta, onde descobriram minas. Nas ruas, havia garotos descalços, muitos deles nus, andavam de um lado para outro. Não havia luz elétrica, a iluminação era por vela ou lampião. O único alento é que do alto do morro onde ficava o loteamento a vista era bonita e dava para ver a represa Billings.[16] Realmente, para um alemão como Rolf, não acostumado com as desigualdades dos países em desenvolvimento, esse caldo social era muito impactante. Em meio a esse cenário degradado, ele desceu do carro de Wolfram e viu o pai cara a cara pela primeira vez depois de adulto. A primeira sensação que teve foi de estranheza. O velho tinha lágrimas nos olhos e tremia de excitação. Ao entrar na casa, Rolf constatou que ela era tão pobre por dentro quanto por fora. Tinha poucos móveis — uma mesa, duas cadeiras, um armário e uma cama, que o pai cedeu ao filho e foi dormir no chão de pedra.

Nos primeiros dias, Rolf evitou falar sobre "assuntos problemáticos", como o trabalho no campo de concentração de Auschwitz. O velho estava entusiasmado com outra coisa, o diário que levou anos escrevendo para o filho. Leu algumas páginas para ele, que não deu muita bola. Mengele anotou em seu diário, no dia 17 de outubro de 1977: "Nublado, chuva,

16 "Centenas de pessoas deixam a favela da Vergueiro e começam outra em Eldorado". *Folha de S.Paulo*, 16 abr. 1968.

quente. Após o café da manhã, conversas sobre minha tarefa de escrever e provas de leitura. O juízo me é muito interessante e típico para um jovem moderno. Mais ação, mais acontecimentos que descrição, reflexão, mais tensão!".[17] As diferenças entre pai e filho eram enormes. O pensamento de Mengele tinha ficado congelado nos anos 1940 e ele não acompanhou as mudanças que ocorreram na Alemanha nas décadas seguintes. Os alemães da geração de Rolf tinham rompido completamente com as ideias da geração da guerra.

Era evidente que o filho não estava interessado nas elucubrações infindáveis do pai, mas, sim, queria ouvir sobre o que ele realmente tinha feito em Auschwitz. Só depois de mais alguns dias de convivência entre os dois Rolf teve coragem de tocar no assunto "campo de concentração". E, como já era esperado, o pai explodiu. "Como você pode imaginar que isso é possível para mim? Você não percebe que isso é uma mentira, uma propaganda?", perguntou Mengele ao filho. Rolf resolveu dar um passo atrás e ir com mais calma. "E as seleções?", perguntou. Mengele admitiu, claramente, que elas existiram, mas usou uma desculpa: "Como eu poderia ajudar centenas de milhares de pessoas, se existia uma organização terrível do próprio sistema? Eu ajudei muitos deles... alguns deles". Rolf tentou dizer ao pai que só o fato de estar em Auschwitz e não tentar todos os dias sair de lá era para ele algo horrível e impossível. Na verdade, ele nunca conseguiu entender que um ser humano fosse capaz de agir dessa forma. Esse pensamento não iria mudar, independente de ser seu pai ou não. Para Rolf, estar em Auschwitz e colaborar com aquela fábrica da morte era contra toda ética e moral, contra a compreensão e a natureza humana.[18]

17 Ulrich Völklein, *Josef Mengele: Der Artz von Auschwitz*. Göttingen: Steidl, 1999, p. 297. 18 *The Search for Mengele*. Direção: Brian Moser. Produção: Brian Moser, William Bemister, David Frost e Roger James, 1985. Disponível em: <youtube.com/watch?v=I8sNiAgEKGo>. Acesso em: 6 jul. 2023.

# 5.
## Um cientista em ascensão
## na Alemanha nazista
ou
## Como Mengele foi parar
## em Auschwitz

O barão Otmar von Verschuer era o mentor que todo jovem cientista sonhava em ter na Alemanha dos anos 1930. O título de nobreza chamava a atenção, mas aquele médico e profícuo pesquisador distinguia-se mesmo por ser um dos pioneiros no estudo com gêmeos, o método mais moderno da época para o avanço da genética. A partir da comparação entre irmãos univitelinos, Verschuer tentava descobrir quais características de um indivíduo eram hereditárias e quais eram determinadas pelo ambiente.[1] A mesma metodologia servia para analisar os traços genéticos de cada "raça" — escrita aqui entre aspas para enfatizar que esse era um conceito considerado puramente biológico naquele tempo. A questão racial, aliás, representava o pilar central da ideologia nazista e, consequentemente, o tema fervilhava nos meios acadêmicos alemães durante o Terceiro Reich. Novos centros de pesquisa pululavam pelo país. Em 1935, a Universidade de Frankfurt

---

1 Carola Sachse, *Die Verbindung nach Auschwitz: Biowissenschaften und Menschenversuche an Kaiser-Wilhelm-Instituten; Dokumentation eines Symposiums*. Göttingen: Wallstein, p. 150.

inaugurou o Instituto de Genética Humana e Higiene Racial e convidou Verschuer para ser o diretor. Dois anos depois de assumir o cargo, o renomado cientista recebeu o pedido de um colega da Universidade de Munique para orientar a tese de medicina de um jovem dedicado: Josef Mengele. O estudante queria fazer seu segundo doutorado naquela instituição de nome pomposo. "Genética humana" é uma expressão usada largamente até hoje, já "higiene racial" (ou *Rassenhygiene*) constitui um termo em alemão execrado atualmente por ser sinônimo de eugenia. Essa teoria explica, em grande parte, o caldo cultural daquele período e o ambiente em que Mengele se formou academicamente.

É importante destacar que não foram os nazistas que inventaram a eugenia moderna. Essa ideia começou a ser formulada ainda no século XIX pelo britânico Francis Galton, um primo de Charles Darwin. Enquanto Darwin criou a teoria da evolução das espécies a partir da observação do processo lento da natureza, Galton acreditava que era possível acelerar a evolução artificialmente, intervindo no mecanismo da seleção natural. Ele imaginou que o cruzamento seletivo dos seres humanos mais fortes, mais inteligentes e mais aptos poderia alcançar, em décadas, o que a natureza levaria séculos.[2] Em outras palavras, Galton acreditava que era possível aprimorar a espécie humana a partir da escolha das "linhagens" ou "raças" mais adequadas, que deveriam prevalecer sobre as menos adequadas.[3] Quando Galton defendeu essa tese diante da elite intelectual da sociedade vitoriana, numa noite de debates na prestigiosa London School of Economics and Political Science, ainda não tinha noção das terríveis implicações práticas que

2 Siddhartha Mukherjee, *O gene: Uma história íntima*. São Paulo: Companhia das Letras, 2016, p. 64 3 Philip K. Wilson, "Eugenics", *Encyclopædia Britannica*. Disponível em: <www.britannica.com/science/eugenics-genetics>. Acesso em: 5 fev. 2021.

ela teria no futuro. No começo do século XX a eugenia tornou-se um movimento mundial, com força especialmente nos Estados Unidos. Nos anos 1920, mais da metade dos estados americanos aprovaram leis que permitiam a "assexualização involuntária" das pessoas consideradas inadequadas, um eufemismo para esterilização ou castração forçada. O alvo preferencial eram pessoas pobres com deficiência intelectual, que não deveriam passar seus "males" para as futuras gerações, limpando-se assim a "raça" como um todo.[4] A eugenia ou higiene racial iria ainda mais longe nas décadas seguintes, atingindo o ápice do horror no nazismo.

Aos dezenove anos recém-completados, Mengele também não podia imaginar o que vinha pela frente. Deixou Günzburg, a cidadezinha onde nasceu, no interior da Baviera, e partiu rumo à capital do estado para fazer faculdade. Chegou à Universidade de Munique pensando em cursar odontologia, mas foi logo convencido pelos veteranos que a melhor opção era medicina — essa decisão mudaria o destino de milhares de pessoas no futuro. Também foram os veteranos que lhe abriram os olhos para o nazismo. Nas eleições de 1930, os estudantes de vinte anos ou mais votaram em peso no partido nazista, que se tornou o segundo maior no Reichstag, o parlamento alemão. Por causa da idade, Mengele ainda não podia votar e não tinha nenhuma filiação política. Ele se considerava nacionalista por influência da família, conservadora e muito católica, como quase toda a Baviera. Sua única convicção, quando calouro, era de que ninguém poderia ficar alheio naqueles tempos de grande agitação política ante o risco do marxismo-bolchevismo dominar o país.

4 Vivien Spitz, *Doctors From Hell: The Horrific Account of Nazi Experiments on Humans*. Boulder: Sentient, 2005.

Assim como ele, seu pai, o empresário Karl Mengele, não tinha grandes paixões pelo nazismo até aquele momento. No entanto, não titubeou em ceder o galpão da sua fábrica de máquinas agrícolas para o próprio Adolf Hitler fazer um discurso durante a campanha para as eleições de novembro de 1932. O maior lugar para eventos públicos em Günzburg era um ginásio com capacidade para 1200 pessoas e o local já tinha ficado apertado no primeiro discurso de Hitler na cidade, dois anos antes. Para esse novo evento precisariam de um lugar maior, porque o líder nazista estava ainda mais popular. Karl Mengele era pragmático e tentava manter boas relações com todos para os negócios fluírem bem. Foi essa a principal motivação para emprestar seu espaço a Hitler e não exatamente uma profunda admiração pelo líder. Naquele ponto, Karl nem era ainda filiado ao partido nazista, o que fez só mais tarde, também por causa dos negócios.[5] Não se sabe se Mengele voltou para casa para ver de perto o futuro Führer discursando na empresa da família. O que se sabe é que ele não queria seguir os passos do pai como empresário, apesar de ser o primogênito dos três filhos: Josef, Karl Jr. e Alois. Mengele queria ir atrás da sua vocação e trilhar seu próprio caminho.

A medicina teórica era de longe seu principal interesse, uma vez que as questões clínicas lhe pareciam pouco "científicas". Mengele começou, então, a se dedicar também à antropologia. Naquela época, a antropologia e a genética faziam parte das ciências médicas e, sob influência do positivismo, exigiam do pesquisador critérios exatos, levantados a partir de dados concretos. Era dessa precisão de engenheiro que Mengele mais

5 Sven Keller, *Günzburg und der Fall Josef Mengele: Die Heimatstadt und die Jagd nach dem NS-Verbrecher.* Munique: R. Oldenbourg, 2003, p. 75.

gostava.[6] Embora atualmente antropologia e medicina sejam áreas distintas, no passado, tiveram forte ligação. Mesmo antes do Terceiro Reich, a Alemanha desenvolveu um ramo chamado *Rassenanthropologie* ou "antropologia racial", que tentou estabelecer quais eram as características morfológicas de cada "raça": formato do crânio, cor dos olhos, dos cabelos, da pele etc. Com base em descrições da anatomia e comparações de amostras de sangue, a disciplina pretendia encontrar a prova genética da superioridade ou inferioridade de uma "raça" em relação a outra. Mengele seguiu essa linha em seu doutorado em antropologia na Universidade de Munique. A tese sobre a "morfologia da mandíbula inferior de quatro grupos raciais" concluiu ser possível identificar a "raça" analisando apenas a mandíbula.[7] O professor Theodor Mollison, então diretor do Instituto de Antropologia da Universidade de Munique, orientou o trabalho e gostou tanto do resultado que indicou seu aluno ao renomado colega Verschuer, em Frankfurt. Era uma grande oportunidade para a carreira de Mengele.

Àquela altura, o jovem médico, que, na verdade, estava mais inclinado a ser cientista do que a atender pacientes, já tinha passado temporadas acadêmicas em Munique, Bonn, Viena e Leipzig. Em janeiro de 1937 mudou-se para Frankfurt e, em maio, filiou-se ao partido nazista, com o qual desenvolveu uma profunda afinidade ideológica na questão racial. No ano seguinte, terminou seu segundo doutorado, dessa vez em medicina. Verschuer orientou a tese que investigou a influência hereditária no surgimento do lábio leporino. Mengele rastreou mais de quinhentos parentes de dezessete crianças que tinham essa condição e haviam sido operadas na clínica da Universidade de Frankfurt.[8] O trabalho foi citado em pu-

---

**6** Ibid., pp. 81-3.  **7** Gerald Posner e John Ware, op. cit., p. 10.  **8** Carola Sachse, op. cit., p. 209.

blicações científicas, foram seis citações só no *Handbuch der Erbbiologie des Menschen* [Manual de biologia genética humana], considerado o livro mais completo sobre o assunto na Alemanha nazista. Até a década de 1960, a tese de Mengele continuou sendo uma referência na área.

O futuro parecia promissor. Verschuer escolheu Mengele para ser um de seus assistentes e logo o pupilo tornou-se seu preferido, a ponto de o professor pedir para que ele o substituísse em palestras e congressos. Além do trabalho acadêmico, os dois eram responsáveis por elaborar avaliações para o Reichsippenamt, o escritório nazista que cuidava da genealogia, uma parte da política racial do regime. Mengele e Verschuer usavam seus conhecimentos técnicos como antropólogos raciais para ajudar a promotoria em casos de *"Rassenschande"* [vergonha para a raça], o relacionamento sexual entre um "alemão" e um "judeu".[9] Em um dos casos apresentados, o acusado tinha uma mãe não judia que era casada com um judeu. O acusado alegou não ser fruto dessa união, mas de uma escapada da mãe com outro homem, não judeu, e, portanto, não seria meio judeu, mas ariano. A promotoria usou a expertise de Mengele, que levantou dados "científicos", incluindo o histórico familiar e características físicas, como formato do nariz e das orelhas, para afirmar que o pai do acusado era, sim, judeu.

Desde que Hitler chegou ao poder, em 1933, os judeus foram excluídos da vida em sociedade por meio de ações do regime nazista e da conivência dos cidadãos comuns. Com as Leis de Nuremberg, promulgadas em 1935, ser judeu na Alemanha não significava apenas ser segregado, excluído do serviço público e

---

**9** As aspas são para destacar o pressuposto absurdo de que um judeu não poderia ser um alemão.

alvo constante de ataques aleatórios. Significava também perder os direitos políticos. Os judeus não eram mais considerados cidadãos alemães (*Reichsbürger*).[10] Outra lei de Nuremberg, a de "proteção do sangue alemão e da honra", proibiu as relações sexuais entre judeus e não judeus — sob a justificativa de que "a pureza do sangue era essencial para a contínua existência do povo alemão". O problema é que, cientificamente, nunca concluiu-se o que seria o "sangue alemão" ou o "sangue judeu". Por isso, a lei precisou de uma regulamentação para definir, afinal, o que era ser judeu. O critério utilizado, curiosamente, foi o religioso em vez do biológico. A regulamentação dizia que "um judeu era qualquer um que descendesse de pelo menos três avós que eram racialmente judeus completos". E para definir o que era um "judeu completo" a regulamentação dizia que era "um homem ou uma mulher que pertencesse à comunidade religiosa judaica". Dessa forma, os nazistas determinavam a "raça" de uma pessoa, o que para eles era um conceito biológico e científico, a partir da filiação religiosa dos avós dela.[11]

Embora os nazistas tenham se apegado ferrenhamente à definição biológica de raça, essa ideia não nasceu com o nazismo. Foi uma visão construída lentamente na Europa a partir do Iluminismo, quando os naturalistas passaram a classificar os seres humanos como se fazia até então só com os animais e as plantas. No século XVIII, o grande naturalista sueco Carlos Lineu criou o termo *Homo sapiens* para se referir à nossa espécie e a dividiu em quatro "variedades": *europaeus*, *americanus*, *asiaticus* e *africanus*. Foi um primeiro passo para categorizar a humanidade em termos biológicos. Um naturalista rival, o francês Georges-Louis Leclerc de Buffon, deu um passo a mais e, em vez de "variedades", passou a usar sistematicamente o

---

10 Hannah Arendt, op. cit., p. 51.    11 Laurence Rees, op. cit., p. 116.

termo "raça" para denominar os diferentes grupos entre os *Homo sapiens*. Esse novo conceito influenciou muitos autores que foram criando novas divisões para a humanidade, baseadas em análises da aparência física de determinados grupos.

Antes da construção do conceito biológico, o termo "raça" tinha outra conotação. Ele se referia apenas à linhagem de uma família ou às espécies de animais. Com a nova definição, o sentimento de superioridade europeu em relação a outras populações poderia se apoiar em algo aparentemente concreto e determinante: a biologia e a herança genética.[12] No século XIX, o imperialismo europeu reforçou ainda mais o novo conceito de racismo científico, na medida em que precisava justificar de uma forma convincente a exploração de outros povos, seja na partilha da África ou nas novas colônias na Ásia e Oceania. Os europeus se sentiam superiores aos nativos de outras regiões desde que as primeiras caravelas chegaram ao Novo Mundo. Esse sentimento de superioridade, no entanto, se devia à percepção de que a Europa havia atingido um nível de civilização mais alto do que os "selvagens", e não porque houvesse uma hierarquia de raças superiores e inferiores definida por características biológicas. Durante o nazismo, essa herança do imperialismo se juntou com um dos preconceitos mais antigos da história: o antissemitismo.

O ódio aos judeus é ainda mais velho que a definição biológica de raça. Remonta aos tempos bíblicos, quando os israelitas foram acusados de matar Jesus. Essa acusação teve a pior repercussão possível nos séculos seguintes, conforme o cristianismo dominava as almas europeias e o continente afundava

---

12 Nicholas Hudson, "From 'Nation' to 'Race': The Origin of Racial Classification in Eighteenth-Century Thought". *Eighteenth-Century Studies*, Johns Hopkins University Press, v. 29, n. 3, 1996.

na Idade Média. Nessa época essencialmente agrária, os judeus não podiam possuir terras, mas podiam praticar a usura, o que era proibido para os cristãos. Emprestar dinheiro e cobrar juros era uma das poucas ocupações que os judeus podiam ter na maioria dos lugares. Essa atividade, porém, agravou ainda mais a imagem negativa que tinham e os judeus passaram a ser vistos como agiotas cruéis, como William Shakespeare retratou na peça "O Mercador de Veneza".

Durante séculos, o povo escolhido por Deus foi indesejado pelos monarcas europeus. A Inglaterra expulsou os judeus no século XIII, e Espanha e Portugal, no século XV. Na vibrante Veneza do século XVI, os judeus não foram expulsos, no entanto, tiveram que viver apinhados e isolados no primeiro gueto da Europa, longe do resto da população. A situação só melhorou com o Iluminismo, quando o ideal de igualdade da Revolução Francesa finalmente proporcionou aos judeus o status de cidadãos. Dessa forma, puderam se integrar cada vez mais na vida das grandes cidades europeias, ocuparam espaços importantes na sociedade e revolucionaram o conhecimento humano em diversas áreas, como ficou evidente com Karl Marx, Sigmund Freud e Albert Einstein. Apesar da assimilação dos judeus, o antissemitismo sempre se manteve aceso na Europa como uma brasa. Nos rincões do Império Russo, no fim do século XIX, os judeus foram alvo de perseguições bárbaras e dos famosos pogroms, massacres normalmente apoiados pelas próprias autoridades.

Depois da Primeira Guerra Mundial, essa brasa se inflamou na Alemanha com a busca de bodes expiatórios para explicar a derrota do Império Alemão. Em *Mein Kampf*, livro que Hitler escreveu enquanto estava preso na Baviera por ter tentado dar um golpe dez anos antes de chegar ao poder, ele descreve em detalhes como seus olhos se abriram para o "perigo do judaísmo". Isso aconteceu no período em que morou em Viena e conviveu de perto com a pobreza. Na infância, o judaísmo não foi um assunto importante na sua vida ou em sua casa de classe média baixa. Entretanto, ao se mudar para Viena, a antiga capital cosmopolita do Império Habsburgo, onde pulsava riqueza, arte e conhecimento, os judeus pareciam para ele a fonte de todo o mal. Hitler escreveu que "a acusação contra o judaísmo se tornou grave no momento em que ele descobriu as atividades judaicas na imprensa, na arte, na literatura e no teatro". "Havia uma pestilência moral com a qual o público estava sendo infectado. Era pior que a peste negra."[13] Depois da morte dos pais, Hitler tentou uma carreira como artista, no entanto foi recusado na Academia de Belas Artes. O ódio aos judeus e o fato de que eles deveriam ser extirpados da sociedade dominam dezenas de páginas de *Mein Kampf*. Mais que isso, Hitler defendia ideias de eugenia, pressupondo que a "raça" ariana era superior a todas as outras e a "raça" judaica era parasita. "Os mais fortes devem dominar e não devem acasalar com os mais fracos, o que significaria o sacrifício da sua própria natureza superior",[14] ele defendeu no livro.

A maior fonte de inspiração para as absurdas ideias raciais que Hitler expôs em *Mein Kampf* foi o livro *Grundriss der menschlichen Erblichkeitslehre und Rassenhygiene* [A ciência da hereditariedade humana e higiene racial], que ele também leu na prisão. A obra lançada em 1921 por três cientistas importantes da época, Erwin Baur, Fritz Lenz e Eugen Fischer, consagrou-se como o grande clássico da eugenia. Fischer foi o mentor de Verschuer, que, por sua vez, foi orientador acadêmico de Mengele, compondo uma linha direta de influência, uma amostra clara de como o pensamento que inspirou

---

13 Adolf Hitler, *Mein Kampf*. Nova Delhi: Diamond, 2021, p. 78.
14 Ibid., p. 338.

Hitler era o mesmo que inspirava Mengele. Essas ideias estavam igualmente por trás de programas de higiene racial no Terceiro Reich, cujo alvo não eram apenas os judeus. O regime nazista criou uma lei de esterilização forçada para pessoas com doenças que se consideravam hereditárias, a maioria delas transtornos psiquiátricos e neurológicos.[15]

Em 1939, no início da Segunda Guerra, Hitler levou o conceito de eugenia ao extremo e autorizou a eliminação dos próprios cidadãos alemães considerados fracos, que tinham o que os nazistas chamavam de "uma vida indigna de ser vivida". As autoridades de saúde nazistas começaram a encorajar pais de bebês e crianças pequenas com deficiências físicas ou mentais a levarem seus filhos a clínicas pediátricas predeterminadas, que, na realidade, eram centros de extermínio onde médicos aplicavam uma injeção letal de medicamentos que provocava overdose. Mais tarde, o programa incluiu adolescentes e se estendeu a pacientes adultos que viviam em instituições de saúde e sofriam, por exemplo, de esquizofrenia, epilepsia ou demência.

Hitler assinou uma autorização para médicos e suas equipes participarem dos assassinatos sem risco de serem processados no futuro. O programa secreto recebeu o codinome de T4, uma referência à rua onde ficava o escritório central em Berlim, a Tiergartenstrasse 4. Mais tarde, foram criadas seis instalações com câmaras de gás, cinco na Alemanha e uma na Áustria. As vítimas, levadas de ônibus ou trem para esses lugares, logo eram encaminhadas para chuveiros, de onde saía monóxido de carbono em vez de água. Em questão de minutos morriam asfixiadas, então funcionários do programa de eutanásia queimavam os corpos e entregavam para

15 Heiner Fangerau e Irmgard Müller, "Das Standardwerk der Rassenhygiene von Erwin Baur, Eugen Fischer und Fritz Lenz im Urteil der Psychiatrie und Neurologie 1921-1940". *Der Nervenarzt*, v. 73, pp. 1039-46, nov. 2002. Disponível em: <www.academia.edu/25603311>. Acesso em: 18 abr. 2021.

os parentes as cinzas numa urna junto com uma certidão de óbito com uma causa mortis falsa. Segundo os próprios cálculos do programa de eutanásia, entre janeiro de 1940 e agosto de 1941, o T4 exterminou nas câmaras de gás mais de 70 mil alemães com deficiências físicas ou mentais para fazer a higiene racial da "raça ariana". Se os nazistas eram capazes de cometer essa atrocidade com os próprios alemães, estavam prontos para fazer coisas muito piores com quem consideravam de uma "raça inferior", como judeus e ciganos. Era o preâmbulo do Holocausto.

Quando a guerra estourou, Mengele ficou empolgado. Achava que seria a luta final da nação alemã por sua própria existência. Estava ansioso para ser convocado pelo Exército e não se importava em deixar para trás a mulher, mesmo tendo acabado de se casar. Irene Schönbein era loira, alta e seis anos e meio mais nova que ele. Os dois se conheceram em Leipzig, enquanto Mengele fazia sua primeira residência médica numa clínica infantil.[16] Apesar da empolgação com a guerra, ele teve que esperar quase um ano para ser convocado. Só em junho de 1940, Mengele foi chamado para o Batalhão de Reposição Médica da Wehrmacht, em Kassel, na região central da Alemanha. Não durou nem um mês na unidade porque um instrutor hostil parecia querer acabar com os subordinados e Mengele quis fugir dele de qualquer maneira. A melhor saída foi se voluntariar para a Waffen-SS, uma força militar paralela ao Exército alemão, o braço armado da SS, à qual Mengele já tinha se filiado um ano antes da guerra.[17] Da mesma forma que o antigo Exército alemão era leal ao Kaiser (o imperador), os homens da SS eram leais ao Führer.

16 Gerald Posner e John Ware, op. cit., pp. 11 e 16; Sven Keller, op. cit., p. 14.
17 Sven Keller, op. cit., p. 19.

Como especialista em genética, Mengele foi escalado para ser um examinador racial no escritório da Waffen-SS para a Consolidação da Etnia Alemã, na Polônia, uma função parecida com a que tinha exercido nos tempos em que trabalhou com Verschuer em Frankfurt. Seu trabalho era avaliar os proprietários de terras e fazendeiros de etnia alemã dos países do Báltico para saber se poderiam ser repatriados para o Reich, que se expandiu enormemente com as conquistas territoriais feitas durante a guerra. Os nazistas tinham expulsado milhares de lavradores poloneses, forçando-os a ir para o leste, e ofereceram suas terras para cidadãos de origem alemã, os chamados *Volksdeutsche*, que viviam em países ocupados pelos nazistas. Nesse esquema, 120 mil alemães étnicos da Letônia, Estônia e Lituânia foram convidados a "voltar para casa" e ocupar terras que antes eram dos poloneses, mas passaram a fazer parte do Reich.[18] Era Mengele um dos inspetores que definiam quem poderia ser considerado alemão étnico ou não.

O jovem inquieto não passaria a guerra toda fazendo esse trabalho burocrático na Polônia. Em pouco tempo, deixou o escritório da Consolidação da Etnia Alemã e se tornou médico das tropas da SS na divisão Viking. Foi nessa unidade que ele cometeu seu maior ato de bravura. Lutando no front oriental, na Rússia, Mengele salvou dois soldados de um tanque de guerra em chamas. A coragem foi reconhecida com uma medalha da Cruz de Ferro de Primeira Classe, a honraria mais importante que um militar alemão poderia receber em batalha. Foi a mesma medalha que Hitler ganhou quando lutou na Primeira Guerra. O comandante da divisão Viking, apoiado pelo médico responsável, lhe propôs uma promoção a *Hauptsturmführer*, o equivalente a um cargo de

---

**18** Tony Judt, *Pós-guerra: Uma história da Europa desde 1945*. São Paulo: Objetiva, 2008, p. 36.

capitão da SS. Mas Mengele ficou ferido e teve que ser transferido para Berlim, onde voltaria ao trabalho burocrático no Departamento de Polícia e SS do Reichsarzt. O Reichsarzt, em tradução literal, significa o médico do Reich. O cargo era ocupado pelo dr. Ernst-Robert Grawitz, que estava no topo da hierarquia médica da SS e respondia diretamente a Heinrich Himmler, o chefão da SS que, por sua vez, só devia explicações a Hitler. Grawitz tinha um papel central na maior parte dos crimes cometidos por médicos nos campos de concentração. Entre suas funções estava encontrar um meio rápido e indolor para matar os prisioneiros. Quinze funcionários, incluindo um time de médicos da SS, trabalhavam com ele. Não havia melhor lugar que aquele departamento para se manter informado sobre as pesquisas médicas conduzidas nos campos de concentração nazistas.[19]

Em Berlim, Mengele estava mais uma vez próximo do seu mentor, que tinha acabado de conquistar um cargo importante na capital alemã. Verschuer era o novo diretor do Instituto Kaiser Wilhelm de Antropologia, Hereditariedade Humana e Eugenia, em Dahlem, Berlim. Esse era um dos vários institutos da Sociedade Kaiser Wilhelm, criada ainda na época do imperador para promover diversas áreas da ciência na Alemanha, paralelamente às universidades. No início do século XX, ela tornou-se um símbolo da pesquisa de ponta no país e contou com cientistas reconhecidos mundialmente, como Albert Einstein, que inventou a teoria da relatividade, e Max Planck, considerado o pai da física quântica.

O Instituto de Antropologia foi inaugurado só em 1927 e seu primeiro diretor foi Eugen Fischer, um dos três autores daquele livro clássico sobre eugenia, que Hitler leu na cadeia

19 Carola Sachse, op. cit., p. 223.

e que teve influência direta em suas ideias de supremacia racial. A base da pesquisa de Fischer foi feita em 1908, durante uma viagem ao Sudoeste Africano Alemão, na época uma colônia alemã e hoje a Namíbia. Lá ele estudou o cruzamento de homens holandeses e mulheres nativas da etnia chamada no período colonial de hotentote, atualmente conhecida como khoisan. O antropólogo concluiu que o "sangue negro" era inferior ao branco e alertou que as raças não deveriam se misturar porque, segundo ele, isso seria a morte da cultura europeia. Com essas ideias abomináveis, Fischer influenciou as Leis de Nuremberg, a esterilização de alemães considerados indesejáveis e criou os primeiros cursos para ensinar antropologia racial a médicos da SS.

Verschuer era um pupilo de Fischer e também seu preferido para substituí-lo no Instituto Kaiser Wilhelm. Foi exatamente o que aconteceu. Quando Fischer chegou à idade-limite para o cargo de diretor, indicou Verschuer para ficar em seu posto. O cientista aceitou o convite e se mudou para Berlim em 1942, levando consigo um enorme banco de dados sobre gêmeos que montara no período em Frankfurt. Esse método passou a ser usado em várias áreas de pesquisa do instituto, como patologia hereditária, imunogenética, sorologia, de grupos sanguíneos e até na psicologia hereditária. Mais de duzentos doutorados com pesquisa sobre gêmeos foram publicados na Alemanha durante o nazismo, dando uma ideia da popularidade dessa metodologia e da influência que ela exercia em Mengele.[20]

Mesmo depois que saiu do instituto, Fischer mantinha contato com Verschuer. Numa carta de janeiro de 1943, Verschuer contou que seu assistente Mengele tinha acabado de voltar de avião de Salsk, no front russo, e que tinha sido transferido

20 Ibid., p. 206.

para um escritório da SS em Berlim, mas poderia fazer trabalhos paralelos.[21] Verschuer aproveitou para convidar Mengele a trabalhar no Instituto Kaiser Wilhelm, onde ajudaria, principalmente, na elaboração dos relatórios sobre raça e paternidade.[22] Isso lhe deu a chance de conhecer alguns colegas e as dificuldades de pesquisa que eles enfrentavam durante a guerra, como a falta de gêmeos disponíveis para os estudos.[23] Um colega contou que Mengele pedia para ser transferido para Auschwitz, porque lá havia grandes possibilidades de pesquisa. A chance apareceu no fim de abril de 1943, quando Benno Adolph, médico do acampamento cigano em Auschwitz, contraiu escarlatina e precisou ser afastado. Mengele ocupou seu lugar, o que parecia a oportunidade perfeita para ter acesso a milhares de pessoas de diferentes "raças" que poderiam ser usadas à vontade como cobaias em experiências médicas.

---

21 Sven Keller, op. cit., p. 23.   22 Carola Sachse, op. cit., p. 151.
23 Ibid., p. 230.

# 6.
# Mengele em Auschwitz
ou
# O "tio bonzinho"

### Auschwitz-Birkenau, maio de 1943

Mengele recebeu uma ordem para se apresentar ao comandante de Auschwitz assim que chegasse de Berlim, o que aconteceu no dia 30 de maio de 1943. Na realidade, seu chefe direto não era o comandante, mas o dr. Eduard Wirths, responsável por todo o serviço médico daquele enorme complexo. Isso incluía a farmácia, os dentistas e todos os médicos da SS — pelo menos trinta trabalharam lá durante a guerra. Alguns desses profissionais cuidavam da saúde das tropas alemãs, enquanto outros se ocupavam dos detentos. Os médicos dessa última categoria, chamados de *Lagerarzt*, estavam ali, basicamente, para controlar epidemias e selecionar os prisioneiros recém-chegados de toda a Europa que estivessem aptos a trabalhar.[1] Um decreto assinado por Heinrich Himmler, o poderoso chefe da SS e braço direito de Hitler, determinou que só médicos formados em antropologia poderiam fazer as seleções e supervisionar o extermínio de judeus, ciganos e outros

---

1 Sven Keller, op. cit., pp. 29-30.

inimigos do Reich. O currículo de Mengele caía como uma luva para essa função.[2]

O maior campo de concentração nazista tinha dimensões colossais e cada médico da SS era responsável por um pedaço dele, além de ter que trabalhar nos ambulatórios e na rampa de chegada dos trens. Logo no início, Mengele ficou encarregado da seção BIIe, o acampamento cigano, em Birkenau. Os ciganos já tinham chegado três meses antes dele. A triste história de como foram parar ali começou antes da guerra, quando cientistas alemães viajaram por todo o Reich para registrá-los. Os examinadores observavam olhos e nariz, pesquisavam as relações de parentesco e as certidões de batismo — a maioria deles era católica —, e a partir daí preparavam relatórios raciais.[3] Esse método considerado científico era muito conhecido pelos médicos com formação em antropologia, como Mengele. Com base nesses estudos, o psicólogo e psiquiatra Robert Ritter, a maior autoridade nazista na "questão cigana", concluiu que mais de 90% dos que se consideravam ciganos tinham sangue miscigenado, eram indivíduos associais, que, segundo ele, não serviam para nada e deveriam ser isolados do resto da sociedade.[4] Os nazistas estavam determinados a limpar a "raça" ariana de contaminações de outras raças consideradas inferiores e de miscigenações. Seguindo essa lógica, todos os ciganos registrados no Reich e nos territórios ocupados foram obrigados a se confinar em guetos, o mesmo destino imposto aos judeus. O golpe final veio em dezembro de 1942: Himmler determinou que todas as pessoas com "sangue cigano" fossem enviadas para o campo de extermínio de

2 Benno Müller-Hill, *Murderous Science: Elimination by Scientific Selection of Jews, Gypsies, and Others, Germany 1933-1945*. Nova York: Oxford University Press, 1988, p. 19.　3 United States Holocaust Memorial Museum.
4 Benno Müller-Hill, op. cit., p. 14.

Auschwitz-Birkenau. Dois meses depois, quase 23 mil homens, mulheres e crianças passaram a ser arrancados de vários cantos da Europa. A maioria era original da Alemanha, Áustria, Polônia e do protetorado de Boêmia e Morávia, na Tchecoslováquia. Havia também grupos menores de outros países, como França, Holanda e Bélgica. Da massa de ciganos deportados de todo o continente, perto de 1700 foram assassinados assim que pisaram em Auschwitz.

Ao contrário do que acontecia com os outros prisioneiros, as famílias ciganas podiam permanecer juntas nos enormes barracões que se enfileiravam pelo campo. A experiência tinha mostrado que tentar separá-las, principalmente as crianças, levava a resistência e agitação, ainda que muitas famílias já tivessem sido despedaçadas por políticas de perseguição antes da chegada a Auschwitz. Alguns ciganos também podiam manter a própria roupa, algo impensável para os outros prisioneiros, que precisavam se desfazer de tudo, inclusive dos cabelos, assim que desembarcavam. Isso se dava pela falta de uniformes no campo.[5] Uma vez em Auschwitz, todos os ciganos eram tatuados no braço com um número de identificação, assim como os outros prisioneiros. Com a diferença que os números deles eram antecedidos pela letra "Z" de *Zigeuner*, "cigano" em alemão. Também tinham que usar na roupa um triângulo preto que marcava os detentos considerados associais, a exemplo das prostitutas no campo das mulheres. A cor do triângulo indicava o motivo da prisão: prisioneiros políticos usavam um vermelho e criminosos "profissionais", como ladrões e assassinos, um verde; já os judeus recebiam dois triângulos amarelos, que formavam uma estrela de davi.[6]

---

**5** Roni Stauber e Raphael Vago, *The Roma: A Minority in Europe*. Budapeste: Central European University Press, 2007, p. 90.  **6** Hermann Langbein, *People in Auschwitz*. Chapell Hill: University of North Carolina Press, 2005, p. 12.

O símbolo de "associal" que os ciganos eram obrigados a usar apenas selava a imagem que já tinha sido construída muito antes do nazismo, durante uma longa história de preconceito. No século XIX esse preconceito recebeu a confirmação da ciência e, portanto, parecia irrefutável. O pai da antropologia criminal, o psiquiatra italiano Cesare Lombroso, criou um conceito biológico para definir o criminoso nato: o *Homo delinquens*. Esse conceito apareceu no livro clássico *O homem delinquente*, de 1876. Na obra de mais de quinhentas páginas, Lombroso citou os ciganos apenas cinco vezes, mas deixou claro que os considerava criminosos de nascença. Apesar de a menção ter sido pequena, o livro plantou uma semente e, a partir dela, nasceu a ideia de que essa minoria sofria de uma criminalidade de base biológica.[7] Hoje, a própria palavra "cigano" é considerada pejorativa em muitos países europeus, onde se prefere usar o termo "rom", que não carrega esse significado. Os rom são um povo antigo com origens que remontam ao território que atualmente pertence à Índia, de onde teriam emigrado no século XIV e se espalhado por várias partes da Europa. Durante séculos mantiveram suas tradições e seu próprio idioma, o romani, derivado de uma língua parecida com o sânscrito. Além disso, existem subdivisões entre os rom, como a minoria sinti, que se fixou principalmente nos países de língua alemã. Muitos deles viveram um dilema durante o nazismo. Embora se vissem como alemães, queriam, ao mesmo tempo, manter sua identidade cigana.

Em Birkenau, quem sobrevivia às seleções era obrigado a trabalhar até a exaustão. E, mais uma vez, os ciganos pareciam ser a exceção à regra. Alguns foram chamados para terminar as obras do setor BIIe, que ainda estava em construção. Mas

---

**7** Roni Stauber e Raphael Vago, op. cit., p. 44.

uma grande parte dos ciganos não tinha um serviço regular — o que reforçava ainda mais o estereótipo de que eram associais. Nos barracões superlotados, as famílias viviam na penúria, com pouca comida e em condições precárias de higiene, para dizer o mínimo. O resultado não poderia ser diferente: os surtos epidêmicos proliferavam, especialmente de tifo e diarreia, e a taxa de mortalidade era altíssima. A situação se agravou no verão de 1943, logo depois da chegada de Mengele. Naquele momento, surgiu entre os prisioneiros do acampamento cigano uma doença chamada noma, que era extremamente rara na Europa.[8] Essa infecção devora os tecidos da face e do céu da boca, deixando sequelas horríveis entre os sobreviventes, que terminam com o rosto todo desfigurado. Sem cuidados médicos, leva à morte em pouco tempo. Geralmente, noma ocorre em crianças de até seis anos, mas também pode afetar as mais velhas. Os fatores de risco são muito conhecidos: desnutrição, falta de higiene oral, ambientes insalubres e contato com outras doenças infecciosas.[9] Todas essas condições estavam mais do que presentes no acampamento cigano. Portanto, não era de espantar que a doença surgisse entre os prisioneiros. A questão é que ninguém conhecia a causa exata dessa patologia.

O recém-chegado dr. Mengele estava convencido de que poderia descobrir a origem e a cura para noma. Para isso, isolou todas as crianças infectadas no barracão número 22, que ficava nas instalações da enfermaria do acampamento cigano. Para chefiar o barracão, ele escolheu um prisioneiro: o dr.

---

**8** "Sinti and Roma (Gypsies) in Auschwitz". Auschwitz-Birkenau State Museum. Disponível em: <auschwitz.org/en/history/categories-of-prisoners/sinti--and-roma-gypsies-in-auschwitz>. Acesso em: 1 jun. 2021. **9** María García--Moro et al., "La enfermedad de Noma/cancrum oris: Una enfermedad olvidada". *Revista Española de Quimioterapia*, v. 28, n. 5, pp. 225-34, 2015. Disponível em: <seq.es/seq/0214-3429/28/5/moro.pdf>. Acesso em: 10 jul. 2023.

Berthold Epstein, um pediatra tcheco de reconhecimento internacional que tinha sido professor da Universidade de Praga, antes de ser deportado para Auschwitz por ser judeu. O médico estava trabalhando em Monowitz, um dos três campos principais, onde a IG Farben instalou uma fábrica de óleo sintético e borracha. Essa poderosa companhia era um conglomerado das maiores indústrias químicas da Alemanha, entre elas as conhecidas hoje como Basf, Hoechst e Bayer, que se aproveitavam do trabalho escravo.[10] Mengele tirou o pediatra do serviço braçal na fábrica e lhe disse que certamente ele nunca sairia vivo do campo, mas poderia tornar sua vida mais suportável se escrevesse um artigo científico para ele. Epstein sabia que isso era verdade. A maioria dos prisioneiros que trabalhavam na IG Farben morria depois de três ou quatro meses por causa da exaustão.[11] Mengele escolheu outro judeu tcheco, o dermatologista Rudolf Vitek, para ser o assistente. Sob supervisão direta de Mengele, esses dois especialistas-prisioneiros tinham a missão de investigar o que causava noma. O dr. Epstein aceitou a proposta e decidiu escrever sobre a doença, além de ajudar os pacientes.

Quarenta e cinco crianças ciganas participaram do estudo, que durou quase um ano, de agosto de 1943 a junho de 1944. Mengele providenciou para que elas recebessem medicamentos e mais comida que as outras. Ele mesmo fotografava os pacientes ao chegar e depois, após o tratamento. Um caso tornou-se motivo de orgulho da equipe. Uma menina cigana chamada Zdenka Ruzyczka, de cerca de dez anos, teve uma perfuração tão forte na bochecha que era

10 "IG Farben", *Encyclopædia Britannica*. Disponível em: <www.britannica.com/topic/IG-Farben>. Acesso em: 10 jul. 2023.    11 Nikolaus Wachsmann, *KL: A History of the Nazi Concentration Camps*. Boston: Little, Brown, 2015.

possível ver seus dentes, mesmo de boca fechada. Depois de curada, a pele dela se fechou e uma cicatriz se formou no local.[12] No entanto, nem todos os participantes do estudo tiveram a mesma sorte que ela. Mengele mandou matar algumas crianças com noma e enviou seus cadáveres para o Instituto de Higiene da SS, em Rajsko, uma vila a menos de dez quilômetros do campo. Lá, os assistentes — que eram prisioneiros e também cientistas, alguns deles muito conceituados — tinham que analisar os tecidos em microscópios.[13] Mengele poderia ter simplesmente solicitado biópsias para os exames histopatológicos, no entanto, preferiu mandar os corpos inteiros, um material mais completo de estudo. Em Rajsko, eles eram decapitados e as cabeças colocadas em potes de vidro com formol para, em seguida, serem enviadas à Academia de Medicina da SS em Graz, na Áustria. Essa academia tinha sido criada para treinar a próxima geração de médicos da SS. O que sobrava dos pequenos corpos era queimado no crematório III em Birkenau. Mesmo com todas as mortes desnecessárias, ninguém descobriu a causa exata da doença.

A pesquisa com noma foi só o começo dos experimentos conduzidos por Mengele no campo. O que realmente lhe interessava eram os gêmeos, disponíveis em grande quantidade no acampamento cigano. Ironicamente, antes de chegar a Auschwitz, Mengele nunca tinha publicado nenhum estudo sobre gêmeos, apesar de ser a especialidade do seu mentor Otmar von Verschuer, considerado o papa dessa metodologia na Alemanha. Mengele tinha experiência em outro método da época para o estudo da genética, a pesquisa familiar, que

12 Hermann Langbein, op. cit., p. 338.    13 Helena Kubica, "Dr. Mengele und seine Verbrechen im Konzentrationslager Auschwitz-Birkenau". *Hefte von Auschwitz*, v. 20, pp. 378-9, 1997.

aplicara em seu doutorado em Frankfurt. A verdade é que, em tempos de paz, era difícil encontrar mães dispostas a deixar seus filhos gêmeos participarem de pesquisas médicas que poderiam provocar dor ou sequelas. De repente, em Auschwitz, uma grande possibilidade se abriu para Mengele se aventurar nesse método de pesquisa sem nenhuma restrição legal ou moral.

Os primeiros experimentos de Mengele com gêmeos em Auschwitz foram feitos em crianças ciganas. Ele ordenou que todas fossem reunidas em um único barracão, o de número 31. Mengele, mais uma vez, se preocupava com a alimentação de suas cobaias e oferecia sopas com caldo de carne, leite, manteiga, pão, geleias e até chocolate. Esses alimentos eram um verdadeiro banquete comparado com o que normalmente recebiam os outros prisioneiros do campo: *Ersatzkaffee*, uma espécie de água suja, que era o café da manhã, uma sopa rala no almoço e um pedaço de pão preto no jantar. Não à toa, em pouco tempo, os corpos dos detentos ficavam cadavéricos e se tornavam uma sombra do que tinham sido antes. Mengele também distribuía às crianças ciganas brinquedos e doces usurpados de crianças judias que tinham ido direto para as câmaras de gás ao desembarcar em Auschwitz. Ele chegava com os bolsos cheios de balas e jogava para cada uma pegar um docinho.[14] Em troca, as crianças começaram a confiar nele e o chamavam de "tio bonzinho".[15]

Aquele homem devia realmente parecer um anjo para aquelas pessoas em situação de completo desamparo. Ele mandou construir um jardim de infância nos barracões 29 e 31, que estavam em estado relativamente melhor que os outros e foram decorados com desenhos coloridos de cenas de contos de fadas — nada mais distante daquela realidade. Não

14 Hermann Langbein, op. cit., p. 339.   15 Helena Kubica, op. cit., p. 381.

somente seus protegidos gêmeos, mas todas as crianças ciganas até seis anos de idade podiam frequentar o local entre as oito horas da manhã e as duas da tarde, numa espécie de ensino infantil improvisado no meio do complexo de extermínio nazista. As próprias prisioneiras administravam a escolinha, como a alemã Helene Hannemann, que tinha cinco filhos e era casada com um cigano. Toda sua família morava no setor BIIe, em Birkenau. Duas polonesas e uma judia da Estônia ajudavam Helene nesse trabalho. Além do jardim de infância, foi criado um parquinho infantil numa área atrás do barracão 31, com caixa de areia, carrossel, balanço e aparelhos de ginástica. A princípio, os prisioneiros ficaram surpresos com o que o dr. Mengele estava fazendo, mas logo entenderam que tudo aquilo era para fins de propaganda. Homens do alto escalão da SS e civis visitavam o jardim de infância com frequência, fotografavam e filmavam as crianças brincando.[16] Além disso, Mengele usava aquele local para recrutar suas pequenas cobaias. As escolhidas eram retiradas do barracão 31 e levadas para sua sala de trabalho atrás do barracão 32, também no acampamento cigano. O laboratório ocupava parte das casas de banho e, por isso, ficou conhecido como "sauna". Era lá que ele fazia os estudos antropométricos com os gêmeos à sua disposição.

## Setembro de 1943

Um novo campo familiar foi estabelecido em Birkenau, no setor BIIb, para acomodar os judeus deportados do gueto de Theresienstadt. Mengele, então, passou a se interessar também pelas crianças judias para usá-las em seus experimentos. Theresienstadt era uma pequena cidade-fortaleza a sessenta

16 Ibid.

quilômetros de Praga. Recebeu esse nome em homenagem à imperatriz Maria Theresa, que mandou construir ali barracões militares durante o Império Habsburgo. Cercado por um muro e um fosso profundo, o local era perfeito, na visão dos nazistas, para isolar os judeus mais privilegiados, mais velhos e mais ricos. Seria um intento de gueto-modelo, que poderia ser exibido ao mundo. Os cidadãos gentios foram expulsos e soldados guardavam a única saída da cidadela. No auge, 60 mil judeus viviam empilhados em Theresienstadt, onde antes moravam apenas 13 mil pessoas, entre civis e militares.[17] A Cruz Vermelha chegou a inspecionar o gueto em junho de 1943, mas não encontrou nada de errado porque os nazistas maquiaram a realidade. Esconderam a fome extrema, a alta mortalidade e lançaram uma campanha para "revitalização" da cidade: lavaram as ruas e até criaram jardins. Foi uma bela encenação. Logo em seguida, começou uma das maiores operações de deportação em massa para Auschwitz. Os nazistas temiam que a superlotação de Theresienstadt pudesse provocar uma explosão de casos de tifo, e também tinham em mente o levante do gueto de Varsóvia, algo que queriam evitar. Uma leva de 5 mil pessoas foi deportada em setembro de 1943 e mais transportes partiram nos meses seguintes. No total, mais de 17 mil judeus desse gueto foram instalados no campo familiar em Birkenau.

Assim que chegaram, não precisaram passar pela seleção, o que quer dizer que todos puderam viver, mesmo que só por mais alguns meses. E, pela segunda vez na história de Auschwitz, as famílias puderam permanecer juntas. No setor BIIb, havia duas fileiras de barracões de madeira, que também eram chamados de blocos. As mulheres ficavam nos da direita e os homens nos da esquerda, e todos dividiam

17 Ruth Elias, op. cit.

os mesmos banheiros. Para dormir, havia grandes beliches de madeira de três andares, sem nenhum colchão. Como o campo estava superlotado, cinco prisioneiros precisavam se espremer em cada cama, originalmente desenhada para três pessoas. Cercas elétricas com arame farpado e torres de vigilância impediam a saída dos prisioneiros. Se algum deles se aproximasse da cerca, imediatamente era baleado. Muitos preferiam morrer dessa forma a aguentar aquela vida.[18] Assim como no acampamento cigano, as condições no campo dos judeus de Theresienstadt eram péssimas. Diarreia era algo comum e não havia papel higiênico. A fome desesperadora era constante. Alguns prisioneiros acabavam perdendo a conexão consigo mesmos, viravam esqueletos ambulantes de olhos esbugalhados. No jargão do campo, e havia muitos jargões no campo, esses eram os *Muselmänner*. Quem chegava a esse estágio de definhamento, dificilmente tinha chances de sobreviver.

A tcheca Ruth Elias, que décadas mais tarde prestou depoimento, em Jerusalém, sobre as atrocidades cometidas por Mengele, chegou em um dos comboios de Theresienstadt. Ela já estava grávida de sete meses quando Mengele entrou, com um grupo de guardas, em seu bloco para uma seleção. "Tirem a roupa", ordenaram. Uma longa fila de mulheres formou-se e, uma a uma, foram obrigadas a caminhar nuas na frente dele. Com o rosto imóvel e sem sinal de emoção, Mengele olhava as prisioneiras de cima a baixo e então indicava para que fila deveriam ir. Ruth percebeu que mulheres jovens estavam sendo mandadas para um lado e as mais velhas, doentes e mães com crianças, para o outro. Ficou desesperada. Como poderia salvar sua vida? Rapidamente pediu para algumas moças ainda saudáveis irem na sua frente e,

18 Ibid.

misturada no meio delas, passou despercebida e não foi selecionada para a câmara de gás. Para sempre ela se lembraria das cenas que viu naquele dia: filhas sendo separadas da mãe ou uma irmã da outra, e todas as mulheres chorando de desespero.[19] Ruth teve sorte de escapar. Quando os guardas ou médicos da SS descobriam que prisioneiras judias já registradas para o trabalho no campo estavam grávidas, elas eram mandadas para a câmara de gás, antes ou depois de dar à luz, e os recém-nascidos também eram mortos. Ruth conseguiu se salvar, sua bebê, não, como descreveu em detalhes, anos mais tarde, em livro e no depoimento que prestou no tribunal em Jerusalém.

Dina Gottliebová tinha 21 anos, a mesma idade que Ruth. Também era tcheca e estava no campo da família de Theresienstadt. Um dia, um judeu alemão chamado Fredy Hirsch, que cuidava do bloco onde ficavam as crianças, chamou-a para fazer uma pintura na parede. A jovem era uma artista talentosa e Fredy acreditava que ela poderia ajudar a animar os menores. A grande maioria das crianças judias era friamente enviada para a morte assim que chegava em Auschwitz, mas as que vieram do gueto de Theresienstadt puderam viver mais um pouco porque não passaram pela seleção na rampa. Com muito empenho e sem nenhum material, Fredy criou uma escola em um dos blocos. Dina pintou de cabeça uma cena da Branca de Neve que assistiu no cinema antes de ser presa. Ela tinha visto o filme algumas vezes, num ato de rebeldia, porque os judeus estavam proibidos de frequentar cinemas. Um dia, um guarda da SS chamado Lucas viu o desenho da Branca de Neve e avisou Mengele. O médico mandou chamá-la. Lucas foi, então, até o campo de Theresienstadt e levou Dina de jipe até o acampamento cigano. Ao encontrarem Mengele, o

---

19 Ruth Elias, op. cit.

guarda fez a apresentação: "Esta é a pintora de quem lhe falei". Mengele estava tentando fotografar os ciganos, porém não estava satisfeito com o resultado. "Você acha que consegue pintar de forma tão precisa quanto uma fotografia e acertar as cores? Porque nas fotos as cores não saem corretamente, ficam muito berrantes", disse Mengele. Dina respondeu que ia tentar. Lucas levou-a de volta ao campo da família de Theresienstadt. A jovem artista começou a procurar a mãe para se despedir. Tinha certeza de que iria para a câmara de gás. O tempo passou e nada aconteceu.

Começaram a correr boatos de que os judeus de Theresienstadt seriam enviados para outro campo de trabalho. Muita gente não acreditava e puxava o olho para baixo com o dedo indicador, num gesto de desconfiança porque estava claro que iam todos para a câmara de gás. Em fevereiro de 1944, Dina foi chamada para ir à enfermaria. O dr. Hellmann, um médico que também era prisioneiro, disse que ela seria incluída numa lista de Mengele, o que significava que sua vida seria poupada. Dina ficou muito nervosa e perguntou: "E minha mãe?". Ele tentou desconversar, disse que Mengele não tinha muito tempo para essas coisas. Dina foi enfática: "Não vou ficar aqui sem a minha mãe". A jovem ameaçou ir para a cerca elétrica. Foi uma grande aposta. Mengele, então, ordenou que alguém a buscasse e colocou as duas no topo de uma lista com 27 prisioneiros.

Esse grupo incluía ainda dez pares de gêmeos, o dr. Hellmann e suas duas enfermeiras. Na noite de 8 de março de 1944, caminhões levaram as pessoas do campo de Theresienstadt para as câmaras de gás. Segundo diversos relatos, os prisioneiros foram cantando o hino da Tchecoslováquia e o Hatikva, uma canção que fala da esperança do povo judeu de viver livre e soberano, e que se tornou, mais tarde, o hino de Israel. Todos os judeus que ainda restavam daquela primeira leva de

5 mil que saiu de Theresienstadt, em setembro de 1943, foram mortos naquela noite. A exceção foram os 27 da lista de Mengele. Alguns dias após a matança, um homem da SS apareceu de bicicleta para levar Dina ao acampamento cigano novamente. Mengele cedeu uma das duas salas de seu laboratório para a jovem tcheca fazer as pinturas, de que ele necessitava para ter registros fiéis das cores dos ciganos, seu objeto de estudo.

Depois da guerra, quando Mengele argumentava a seu favor que tinha, na realidade, ajudado a salvar vidas em Auschwitz, ele pode ter se referido a esse tipo de lista com 27 nomes, todos com alguma serventia para ele, omitindo completamente o fato de que, pessoalmente, mandou milhares de pessoas para as câmaras de gás.

## Março de 1944

Nem tudo foi extermínio para Mengele em março de 1944. No dia 16 daquele mês, nasceu em Freiburg, na Alemanha, seu primeiro e único filho, Rolf, concebido no próprio campo de concentração de Auschwitz durante uma visita de Irene. Dina percebeu que o chefe estava muito exaltado, pulando de alegria, em grande contraste com seu estado normal, extremamente reservado. Dizendo que não fumava, Mengele lhe deu dois pacotes de cigarro, uma pequena fortuna no campo, onde um único cigarro era uma valiosa moeda de troca. Ele nunca tinha sido tão amigável com ela.

Depois da chegada do filho, Mengele manteve contato com a esposa em Freiburg por meio de cartas. No mês seguinte ao nascimento de Rolf, ele escreveu para contar as novidades.

De vez em quando, surge um pequeno raio de luz na minha sombria rotina diária neste negócio de campo de concentração. Esta tarde, às 16h, fui mandado para o comandante e fui premiado com uma medalha (Cruz de Mérito de Guerra, Segunda Classe com Espadas). Embora não seja uma honra rara, e embora já possua condecorações mais valiosas, fiquei tocado pelo reconhecimento do meu trabalho e dedicação. Meu trabalho às vezes põe em risco minha saúde e até minha vida; portanto, fiquei muito grato. (Você pode ver, minha querida *Butzele*, que as medalhas estão chegando devagar, uma após a outra, para ficar no peito deste herói!!) Era para eu ter ganhado no dia 20.04.1944, aniversário do Führer, mas eu não estava aqui, porque estava em casa com você. Dr. Thilo recebeu a mesma honra; agora a chamamos de "medalha do tifo". Quando eu voltei, já me esperavam com três garrafas de vinho e uma de champanhe. Eu estava com um grupo de pessoas legais (Fischer, Frank, Mulsow e suas respectivas esposas) e bebemos tudo o que tínhamos. Durante nosso encontro, fiz um brinde para Rolf e sua adorável mãe.

Mengele contou mais alguns detalhes de sua rotina no campo e assinou de forma afetuosa: *Papili*.[20]

A "medalha do tifo" mencionada na carta diz respeito ao método radical criado por Mengele para combater epidemias no campo. Décadas mais tarde, a médica austríaca Ella Lingens, que trabalhou com Mengele, fez um relato detalhado sobre isso no julgamento em Jerusalém, em 1985. Como a dra. Lingens relatou, centenas de mulheres foram enviadas para

---

**20** "The Mengele Letters". Candles Holocaust Museum and Education Center. Disponível em: <candlesholocaustmuseum.org/educational-resources/mengele-letters.html>. Acesso em: 6 jul. 2022.

a câmara de gás para a desinfecção de um único bloco. Esse mesmo método passou a ser utilizado em outras seções de Auschwitz para erradicar surtos de outras doenças, como escarlatina e sarampo. A "medalha do tifo" foi apenas o primeiro reconhecimento de uma carreira que ainda iria muito longe em Auschwitz.

# 7.
## Um ano em Auschwitz
ou
## O massacre dentro
## do massacre

### Auschwitz-Birkenau, maio de 1944

Mengele ficava parado como uma águia observando suas presas. Tinha 33 anos e uma imagem marcante. Gostava de usar os cabelos alinhados para trás e vestia um uniforme da SS impecável com uma roseta de ouro enfiada na lapela.[1] As botas estavam sempre bem lustradas, mesmo em um lugar sórdido como aquele. O sorriso exibia um vão entre os dois dentes da frente impossível de passar despercebido. Ainda assim, o jovem Mengele era tão atraente que poderia ter sido um galã de cinema, como muitas ex-prisioneiras descreveram mais tarde. Já fazia um ano que trabalhava no campo. Pela braçadeira, dava para identificar rapidamente que era um médico e estava posicionado na rampa esperando a chegada de mais um transporte. *Die Rampe*, como os alemães chamavam a plataforma, era onde ocorria o desembarque. Os trens traziam judeus de toda parte da Europa: de territórios do próprio Reich, da Polônia, França, Holanda, Bélgica, Itália, Romênia, Hungria e de outros países

[1] Miklós Nyiszli, *Auschwitz: A Doctor's Eyewitness Account*. Londres: Penguin, 2012, pp. 2 e 61.

que os alemães ocuparam durante a Segunda Guerra ou cujos governos eram aliados dos nazistas. Nos vagões feitos originalmente para transportar gado, famílias inteiras espremiam-se de maneira muito pior do que se fossem animais, sem ter espaço para deitar nem mesmo sentar. As portas eram trancadas por fora e ninguém podia sair. Como sardinhas em lata, homens, mulheres e crianças viajavam por dias, sem saber para onde estavam indo. Não havia banheiro a bordo, e para todo o trajeto cada vagão recebia dois baldes: um com água e outro para as necessidades básicas. O fedor era insuportável e só havia janelas pequenas, que ficavam no alto das paredes e eram cobertas com arame farpado. Através desses pequenos espaços, os passageiros imploravam por algo para beber para quem estava do lado de fora do trem. A sede era implacável. Uma vez, numa das paradas entre a Romênia e Auschwitz, um guarda concordou em dar água em troca de cinco relógios de ouro. Era uma exigência absurda e desproporcional, mas os judeus romenos encurralados no vagão não hesitaram em juntar rapidamente o que ele tinha exigido. Depois de coletar os relógios, num gesto de puro sadismo, o guarda jogou o balde de água no chão e ninguém conseguiu beber nada, além de algumas gotas.[2] Outro comboio de judeus deportados da ilha de Corfu, na Grécia, onde havia uma das comunidades judaicas mais antigas da Europa, passou 27 dias sem comida ou água. Quando o trem chegou ao campo de extermínio, as portas se abriram e ninguém obedeceu à ordem para descer. Metade dos passageiros estava morta, a outra metade em coma.[3] A situação era tão precária e degradante que nada poderia parecer pior que aquela viagem. A verdade é que tudo só piorava. Auschwitz era uma fábrica da morte.

2 Eva Mozes Kor e Lisa Rojany Buccieri, op. cit., p. 22.   3 Miklós Nyiszli, op. cit., p. 75.

A fumaça que saía das chaminés dos crematórios já podia ser vista a pelo menos vinte quilômetros de distância. Era um sinal do que estava por vir. O trem parava na plataforma e as portas eram abertas com um ruído estrondoso. Os cães dos guardas latiam e, como numa Babel do inferno, as ordens eram dadas em alemão, uma língua que muitos nem sequer entendiam. Alguém acabava traduzindo: todos deveriam desembarcar e depositar a bagagem no chão, ao lado do trem. Desembarcar significava passar por cima dos corpos de quem tinha morrido pelo caminho, fosse um desconhecido ou um parente. Do lado de fora, o cheiro de carne humana queimada empesteava o ar.[4]

A engrenagem do campo funcionava com perfeição. A massa despejada dos vagões era rapidamente dividida em dois grandes grupos: homens de um lado, mulheres e menores de catorze anos de outro.[5] Em seguida, as pessoas avançavam lentamente em fila até se aproximarem de um médico da SS. Naquele dia, Mengele estava fazendo a seleção em mais um turno de trabalho. Ele sorria, às vezes, o que lhe dava um ar juvenil. Com uma voz quase gentil perguntava se alguém estava doente. Se sim, podia seguir para esquerda para se juntar aos idosos, crianças e mães com bebês de colo. Examinava cada pessoa com a rapidez de um piscar de olhos e, nessa fração de segundo, decidia com um movimento do dedo indicador para qual lado cada um deveria ir. Ninguém sabia, naquele momento, que ir para a esquerda significava morrer imediatamente nas câmaras de gás e ir para a direita dava direito a viver mais um pouco para trabalhar.

Auschwitz estava no centro de todo o sistema de campos de concentração nazistas. Lá tudo era mais extremo. Nenhum

4 Hermann Langbein, op. cit., p. 449.     5 Miklós Nyiszli, op. cit., p. 3.

outro campo teve tantos funcionários ou prisioneiros.[6] Nenhum matou tanta gente. Ao contrário de Treblinka, Belzec, Sobibor e Chelmno, onde pouquíssimas pessoas sobreviveram para contar a história, Auschwitz funcionava como um campo de extermínio e também de concentração, o que quer dizer que abrigava prisioneiros para trabalhos forçados. Do ponto de vista logístico dos nazistas, aquele lugar tinha duas grandes vantagens: estava perto de um centro ferroviário e longe dos olhos de curiosos. Ficava nos arredores de uma cidade polonesa chamada Oświęcim. Nos primeiros meses da Segunda Guerra, os nazistas a incorporaram ao Terceiro Reich — assim como todo o oeste da Polônia — e impuseram à cidade o nome germânico: Auschwitz. Casas e quartéis de madeira, que pertenciam ao Exército polonês, passaram a ser usados como um campo de prisioneiros.

O primeiro transporte chegou em junho de 1940. Trazia 728 poloneses vindos de uma prisão perto de Cracóvia acusados de cometer "atividades antigermânicas".[7] Por quase dois anos, os poloneses representavam a grande maioria dos presos em Auschwitz. Havia alguns judeus entre eles, mas não era o grupo mais significativo ainda, porque quase toda a comunidade judaica da Polônia ocupada continuava em guetos.

Depois que os alemães invadiram a União Soviética, em junho de 1941, começou a chegar em peso uma outra categoria: os prisioneiros de guerra soviéticos. Em outubro daquele ano, eles já eram 10 mil homens. Essa força de trabalho seria útil para cumprir uma determinação de Himmler: expandir Auschwitz para a "solução final" da "questão judaica".[8] Era um eufemismo dos nazistas para se referir ao extermínio em

6 Nikolaus Wachsmann, op. cit.   7 Ibid.   8 Hermann Langbein, op. cit., p. 20.

massa de judeus. (Aliás, os alemães nunca usavam expressões diretas para falar de assassinato. Preferiam adotar termos como "tratamento especial".) A partir da determinação do chefe nazista, os moradores da vila de Brzezinka, a três quilômetros do campo principal, foram expulsos. Os prisioneiros soviéticos demoliram suas casas, fizeram a terraplanagem e a drenagem do terreno pantanoso.[9] Construíram as estradas de acesso e cerca de 250 barracões que deveriam abrigar 200 mil prisioneiros. O nome polonês foi substituído pelo alemão: Birkenau. Quatro crematórios também foram erguidos, cada um com quinze fornos. Em uma única câmara de gás cabiam cerca de 3 mil pessoas por vez. Isso significa que milhares de pessoas podiam ser exterminadas em um único dia.

O primeiro transporte de judeus da Europa chegou a Auschwitz na primavera de 1942. A SS criou todo um esquema de dissimulação para evitar revoltas ou outros incidentes enquanto conduzia as vítimas até a câmara de gás. Dentro da primeira sala, a SS mandava todos ficarem nus — homens, mulheres, crianças —, alegando que iriam tomar banho depois da longa viagem de trem. Se não havia resistência dos civis desarmados e exauridos, havia certamente muito constrangimento. Principalmente por parte dos judeus ortodoxos, que não ficavam sem roupa nem na frente do próprio cônjuge, quanto mais de desconhecidos. Mas não havia escolha. Para evitar pânico, o requinte de enganação dos nazistas chegava ao ponto de afixarem avisos nas paredes pedindo aos recém-chegados para memorizarem o número do gancho em que tinham pendurado suas roupas, como se fossem realmente voltar do "banho". Um comando de prisioneiros, chamado de Sonderkommando, participava da operação e era encarregado do trabalho sujo.

9 Memorial e Museu de Auschwitz-Birkenau.

Uma vez que todas as pessoas estavam nuas dentro da câmara de gás, os oficiais da SS e os homens do Sonderkommando recebiam um aviso para saírem do local e as portas eram fechadas. Uma ambulância da Cruz Vermelha trazia Zyklon-B, pesticida que inicialmente era utilizado nos campos de concentração para fumigar locais infestados por vermes. Um oficial de saúde vestia uma máscara de gás, levantava a tampa dos tubos curtos de concreto que se projetavam do chão a cada trinta metros, do lado de fora, e despejava os grânulos de pesticida. Ao entrar em contato com o ar, o Zyklon-B se transformava em gás, que irrompia da perfuração dos supostos chuveiros e, dentro de poucos segundos, preenchia toda a câmara.[10] Em cinco minutos estavam todos mortos. Em cerca de mais vinte minutos, ventiladores eram ligados para fazer o gás circular. As portas eram, então, abertas e o Sonderkommando começava o trabalho pesado. Os homens recolhiam as roupas e os sapatos das vítimas. Jogavam jatos d'água nas pilhas de corpos que iam até o teto. Isso ocorria porque as pessoas ficavam desesperadas e subiam umas sobre as outras na tentativa de escapar do gás que começava a se espalhar pelas camadas inferiores de ar. Algumas vezes, homens do Sonderkommando — que também eram judeus — reconheciam seus próprios parentes no meio da pilha. Outro comando foi criado especialmente para arrancar os dentes de ouro dos mortos. Mengele queria gente qualificada e convocou prisioneiros capazes de realizar cirurgias odontológicas. Muitos se candidataram de boa-fé, acreditando que poderiam exercer sua profissão no campo. Na verdade, a função resumia-se a arrancar os dentes de ouro dos mortos e colocá-los em ácido dentro de baldes para dissolver resíduos. Quando

10 Nikolaus Wachsmann, op. cit.

os corpos já não tinham mais nada de valor, os membros do Sonderkommando os carregavam até os elevadores, que os levavam ao incinerador do crematório. Caminhões recolhiam as cinzas e as despejavam no rio Vístula, a menos de dois quilômetros dali.[11] Até mesmo Himmler teve náuseas quando acompanhou, pela primeira vez, o extermínio em massa em uma câmara de gás.[12]

Em maio de 1944, a guerra entrava na fase final. Os Aliados se preparavam para o desembarque na Normandia, no norte da França, a maior operação militar por terra, água e ar da história. Enquanto isso, em vez de os nazistas concentrarem todas as atenções no front, preferiram iniciar o período mais intenso de extermínio em Auschwitz. Em dois meses, 430 mil judeus foram deportados da Hungria depois da ocupação do país pelas tropas de Hitler. O Führer mandou invadir o território porque tinha medo que os húngaros, antigos aliados, seguissem o mesmo exemplo dos italianos e abandonassem o Eixo. De cada dez pessoas que desembarcavam dos trens vindos da Hungria, entre sete e nove iam direto para as câmaras de gás.[13] Foi o massacre dentro do massacre.

A família de Edith tinha acabado de chegar com um grupo de judeus deportados de Kassa, uma cidade que durante a Segunda Guerra fazia parte da Hungria. Havia música tocando no meio daquele cenário incompreensível, onde ninguém explicava nada e todos só seguiam as ordens sem pestanejar. O pai dela, Lajos, um alfaiate talentoso, ficou cheio de esperança ao ver na entrada do campo uma placa que dizia: *"Arbeit macht frei"*, o trabalho liberta, em alemão. "Está vendo? Não pode ser um lugar tão terrível", ele disse. "Vamos

11 Miklós Nyiszli, op. cit., pp. 28-32.    12 Hermann Langbein, op. cit., p. 282.
13 Laurence Rees, op. cit., p. 442.

apenas trabalhar um pouco até a guerra acabar."[14] Depois dessas palavras, a família foi logo separada. O pai entrou na fila dos homens. Ele acenou para a esposa e as duas filhas, que seguiram na fila das mulheres. Quando chegou a vez delas, Mengele olhou para Ilona. Ela tinha a pele do rosto lisa, porém os cabelos já eram grisalhos. Estava imprensada entre as duas filhas adolescentes, que tentavam protegê-la. Ele a mandou para a esquerda — junto às pessoas consideradas inaptas para trabalhar. Edith, a filha mais nova, tentou segui-la, mas Mengele não deixou. Ele a segurou pelo ombro e disse cinicamente: "Você verá sua mãe em breve. Ela vai apenas tomar um banho". Edith obedeceu e seguiu com a irmã Magda para a direita, sem saber que essa seria a última vez que a veriam.[15] Mais tarde, Edith perguntou a uma prisioneira que já estava no campo havia mais tempo, quando poderia reencontrá-la. Com frieza, a mulher apontou para a fumaça subindo de uma das chaminés e disse: "Sua mãe está queimando lá dentro. É melhor você começar a falar dela no passado".[16] Foi assim que Eddie, como era chamada pelas pessoas próximas, compreendeu que também não veria mais o pai.

Depois de enviar muitas pessoas para as câmaras de gás em mais um dia de trabalho, Mengele saiu pelos barracões em busca de diversão. Ele gostava de arte e queria ser entretido. Como em um espetáculo de teatro do absurdo, uma violinista de nível internacional fazia a trilha sonora no campo de extermínio naquele fim de tarde. O médico entrou com seus assistentes em um dos barracões de mulheres e reencontrou Eddie. Pela postura e pelo físico da adolescente, ele deve ter deduzido que se dedicava à dança — de fato, além de bailarina, ela também era ginasta. Mengele aproximou-se e ordenou:

---

14 Edith Eva Eger, *A bailarina de Auschwitz*. Rio de Janeiro: Sextante, 2019, p. 49.  15 Ibid., p. 50.  16 Ibid., p. 51.

"Dance para mim". A menina concordou sem se rebelar. Sabia que daquilo dependia continuar viva ou não. Os músicos tocaram a abertura da valsa *Danúbio Azul* e, de olhos fechados, ela apresentou os passos de balé como se estivesse na Ópera de Budapeste. Enquanto se esforçava para agradar o homem que mandara sua mãe para o crematório horas antes, ouvia-o discutir com seus assistentes quem seriam as próximas mulheres selecionadas para as câmaras de gás. Eddie rezava. Sentiu que seu esforço naquele momento era decisivo para agradar Mengele. No fim do espetáculo, ele jogou um pedaço de pão para ela em sinal de que tinha gostado. Mesmo faminta, Eddie teve a generosidade de dividir a fatia com a irmã e outras prisioneiras, que nunca mais esqueceram desse gesto. Na Marcha da Morte, meses mais tarde, quando o campo foi liberado e ela não conseguia mais andar no frio congelante, essas mesmas prisioneiras a carregaram no colo e salvaram sua vida.

Mengele poupou Eddie, mas lhe tirou a mãe. Por décadas, a lembrança do cinismo dele assombrou seus pensamentos. Já adulta, vivendo nos Estados Unidos, ainda via o rosto daquele homem em outras pessoas, em momentos triviais como na fila da peixaria, quando o vendedor chamava seu nome.[17] Durante grande parte da vida, Eddie voltou para a mesma imagem: ela, a mãe e a irmã de braços dados na fila. Mengele e seus dentes separados sorrindo. Uma dúvida a acompanhava: se tivesse dito que a mãe era sua irmã, teria conseguido salvá-la? A verdade é que provavelmente não. Para Mengele, a mãe de Eddie foi apenas mais uma entre os milhares de pessoas que ele enviou para as câmaras de gás durante os quase vinte meses em que esteve em Auschwitz, especialmente naquela primavera de 1944, o período mais mortífero do campo. Não há um registro do número exato das vítimas selecionadas por ele, mas

17 Ibid., p. 154.

certamente é na casa dos milhares, como documentou a ordem de prisão expedida pela Justiça alemã em 1981 a partir do relato de diversas testemunhas.

No mesmo mês que Eddie chegou a Auschwitz, Isu e Charlotte foram deportados da Eslováquia com as duas filhas gêmeas, Vera e Olga. Era uma família muito rica, que foi perdendo tudo para bancar a fuga por mais de três anos. Esconderam-se na floresta enquanto eram caçados como animais pelo fato de serem judeus. Quando o dinheiro acabou, as pessoas que os haviam protegido foram as mesmas que os denunciaram, e os quatro foram parar em um trem de gado para Auschwitz. A chegada foi parecida com todas as outras. Tiveram que pular os corpos de quem tinha morrido durante a viagem. No meio daquele caos — de gritos, surras, choros e cachorros latindo —, escutaram uma ordem em alemão: *"Zwillinge raus!"* [Gêmeos para fora!]. Charlotte entrou em choque. Ela não sabia o que deveria fazer, tinha medo de que as filhas pequenas fossem tiradas dela. Uma prisioneira polonesa, que recolhia os pertences deixados por quem tinha acabado de chegar, aproximou-se e disse baixinho: "Essas são suas gêmeas? Corra rápido para fora com elas, se quiserem permanecer vivas". Ao desembarcar, Isu, que era cerca de vinte anos mais velho que Charlotte e já beirava os cinquenta, foi obrigado a se separar do resto da família, e nunca mais o viram.[18] A mãe pegou as duas filhas e se apresentou a um guarda da SS: "Estas são minhas gêmeas". Imediatamente, as três foram encaminhadas para o primeiro encontro com Mengele.

Ele estava fazendo mais uma seleção na rampa. Vestia luvas brancas e segurava um chicote. Aquela imagem impressionou Vera, que tinha apenas seis anos. As roupas meticulosamente

---

**18** Michael A. Grodin, Eva Mozes Kor e Susan Benedict, op. cit., pp. 40-1.

limpas e o buraco entre os dentes também chamaram a sua atenção. Na sua inocência infantil, achou, ironicamente, que o rosto de Mengele parecia o de um cigano, tinha cabelos e olhos castanhos, era bem diferente do estereótipo do homem "ariano" loiro. O guarda contou que estava trazendo para ele uma mãe com duas filhas gêmeas. "Não pode ser!", ele berrou ao se deparar com os olhos azuis e a pele clara da mulher, um exemplo clássico de "ariana", enquanto as duas meninas tinham a feição bem mais escura. "Onde você encontrou essas crianças ciganas?", perguntou. Charlotte ignorou o medo e deu uma resposta incisiva: "Elas não são ciganas. Eu sou uma judia da Eslováquia e essas são minhas filhas". "Ótimo", disse Mengele, e ordenou que as três fossem encaminhadas para o bloco dos gêmeos.

Essa foi uma das poucas vezes que uma mãe pôde acompanhar suas próprias crianças nas experiências médicas de Mengele. O bloco ficava no campo das mulheres em Birkenau. Era grande e gelado.[19] Lá viviam cerca de 350 pares de gêmeos, a maioria meninas com idades entre dois e dezesseis anos, e também meninos pequenos. No total, eram aproximadamente setecentas crianças e adolescentes, quase todos judeus, de diversas nacionalidades, principalmente húngaros e tchecos. A partir dos quatro anos até os dezesseis, os gêmeos do sexo masculino eram alocados em outro bloco, onde viviam mais de cem pessoas. Em um ano, Mengele montou uma espécie de campo de concentração só de gêmeos, que ficavam à disposição para suas experiências. O seu mentor, Otmar von Verschuer, precisou de oito anos para conseguir um número parecido em Berlim, quando começou esse tipo de pesquisa em 1927. Além da rapidez com que reuniu tantos gêmeos em Auschwitz, Mengele não precisava se preocupar com custos,

19 Carola Sachse, op. cit., pp. 77-8.

barreiras burocráticas e, acima de tudo, com o consentimento dos indivíduos para conduzir suas pesquisas.[20]

O primeiro experimento com as novas cobaias foi colocá-las em uma jaula de madeira forrada com palha. O espaço era tão pequeno que não dava para Vera e Olga se mexerem, elas não conseguiam ficar de pé e nem sentadas, a única posição possível era agachada, com a cabeça sobre as pernas. Por entre as grades, Charlotte e as filhas recebiam a comida. Ficaram desse jeito por quase duas semanas. Mengele passava todos os dias para lhes aplicar injeções na coluna, que deixavam as crianças entorpecidas. Vera ficava enjoada o tempo todo e a irmã, Olga, tinha tontura e chegou a desmaiar.[21] Uma das injeções provocou grandes bolhas no corpo de Vera, que não fazia a menor ideia do que estava acontecendo. Sem dar qualquer explicação sobre o que tinha feito ou iria fazer, Mengele injetou outra substância na menina, que fez as bolhas sumirem. Ele ficou feliz com o resultado e falou com orgulho da experiência para seus colegas da ss.[22]

O médico nazista queria que cada membro do corpo das cobaias fosse rigorosamente medido e registrado. Era um trabalho exaustivo que demandava um tempo que ele não tinha. Por isso, além da grande quantidade de cobaias humanas em Auschwitz, ele aproveitava-se da oferta de profissionais que tinham frequentado renomadas universidades europeias, mas que agora, como prisioneiros, estavam disponíveis para trabalhar de graça para ele e ainda por cima eram gratos "pela oportunidade", já que assim continuavam vivos. Um desses profissionais era a condessa Martina Puzyna, que foi parar em Auschwitz por fazer parte da resistência polonesa, um movimento underground que lutava contra a ocupação alemã da

---

**20** Carola Sachse, op. cit., pp. 235-6. Kor e Susan Benedict, op. cit., p. 42. **21** Michael A. Grodin, Eva Mozes **22** Carola Sachse, op. cit., p. 79.

Polônia. Ela foi presa em março de 1943, deportada cinco meses mais tarde, e quando chegou ao campo, foi selecionada para fazer serviço pesado. A dra. Puzyna perdeu suas forças, contraiu tifo e acabou no hospital, o que em Auschwitz era praticamente uma sentença de morte. Mengele visitava os pacientes regularmente para identificar quais tinham prognósticos ruins e poderiam ser eliminados — essa era mais uma de suas funções como médico do campo. Ele examinou a dra. Puzyna rapidamente e estava quase deixando seu leito quando outro médico comentou que ela era antropóloga. Mengele virou-se para ela e perguntou qual era sua formação. Com a voz fraca, a dra. Puzyna contou que tinha sido assistente do professor Jan Czekanowski, um antropólogo famoso que criou um sistema de classificação de raças europeias. Mengele ficou impressionado com o currículo e a origem aristocrática daquela mulher de 42 anos, e ordenou que ela fosse até seu escritório.

Muito fraca para andar, a condessa precisou da ajuda de duas prisioneiras. Como em uma entrevista de emprego, Mengele perguntou o que ela tinha feito desde sua chegada a Auschwitz. Ele caiu na gargalhada quando a condessa contou que seu trabalho era carregar pedras pesadas. Os dois logo engataram uma conversa sobre antropologia, pesquisa comparativa com gêmeos e as maneiras corretas de fazer as medições. Ao final, ele ordenou que a condessa recebesse uma ração adicional de comida e, apesar de continuar sendo uma prisioneira, seu status agora era de médica. A dra. Puzyna ganhou uma sala especial equipada com todas as ferramentas necessárias: calibradores suíços, compassos, réguas... e ainda duas assistentes. Uma tinha sido estudante de antropologia e iria ajudar nas medições, e a outra mais jovem iria anotar os dados.

As cobaias enviadas por Mengele ficavam à disposição horas a fio em completo desamparo. Muitas eram crianças, completamente nuas, em uma sala sem aquecimento em meio ao frio rigoroso da Polônia. Enquanto isso, a dra. Puzyna media fastidiosamente a largura e o comprimento dos olhos, do nariz, as distâncias entre eles, as orelhas, as mandíbulas, cada detalhe imaginável.[23] As pequenas Vera e Olga também passaram por esses exames minuciosos. Sem roupa, congelando, as duas esperavam longas horas para serem medidas, tirarem raios X, fazerem exames de sangue e a impressão da palma das mãos e da planta dos pés. Dina, a jovem artista tcheca recrutada por Mengele, retratava os corpos.

O objetivo era comparar as gêmeas para distinguir o que era herança genética e o que era resultado das condições ambientais, uma técnica que não foi inventada por Mengele, mas pelo britânico Francis Galton, o primo de Charles Darwin que criou a eugenia. Essa ideia do século XIX foi retomada anos mais tarde na Alemanha e teve um boom na década de 1920, depois da publicação da obra do médico Hermann Werner Siemens. Ele estabeleceu os fundamentos metodológicos para a pesquisa com gêmeos, que foram, posteriormente, ampliados por Otmar von Verschuer, o mentor de Mengele. Nos anos 1930, cientistas alemães consideravam a pesquisa com gêmeos o caminho ideal para conhecer a área de hereditariedade humana e estudar tanto doenças genéticas quanto a "biologia racial" tão em voga na época.

O primeiro passo era estabelecer quais gêmeos eram idênticos e quais eram fraternos. A suposição básica era a seguinte: uma vez que as diferenças entre gêmeos fraternos são causadas por herança genética e também por condições externas, enquanto as diferenças entre gêmeos idênticos surgem exclusivamente de influências ambientais, uma comparação de ambas

---

**23** Yehuda Koren e Eliat Negev, *In Our Hearts We Were Giants: The Remarkable Story of the Lilliput Troupe: A Dwarf Family's Survival of the Holocaust*. Nova York: Carroll & Graf, 2004, pp. 108-9.

as categorias de gêmeos poderia determinar o quão influentes são os fatores hereditários e as condições do ambiente. Fazer a distinção entre os tipos de gêmeos não era algo tão simples, porque exigia, até então, a análise da placenta e do saco amniótico. O grande avanço veio com um novo método baseado na observação de características anatômicas e psicológicas. Verschuer formulou um questionário com quinze traços hereditários que compreendia, entre outros quesitos, o grupo sanguíneo, o fator Rh, a impressão da palma das mãos, a cor dos olhos (graduada em dezesseis nuances diferentes) e o formato da orelha (dividido em dezenove subformas). Portanto, quando Mengele obrigava as crianças a se exporem nuas, no frio, a horas de análise, ele estava, inicialmente, apenas determinando se eram gêmeas idênticas ou fraternas.[24]

Os exames antropométricos eram terríveis, mas o experimento mais traumático a que Vera seria submetida ainda estava por vir. Ela foi trancada sozinha em uma sala. Nas paredes havia prateleiras com órgãos e pedaços de corpos humanos em vidros, como orelhas, narizes e até o pênis de um menino pequeno. Vera sentiu que alguém a observava. Quando virou de costas, notou subitamente que havia outra prateleira, cheia de olhos em conserva de todas as cores: azuis, verdes, castanhos, todos olhando para ela. De tanto horror, Vera caiu no chão. Mesmo sendo pequena, já tinha entendido que aqueles olhos haviam sido arrancados de outros prisioneiros. Seria ela a próxima? Seu corpo todo começou a tremer, até que Mengele entrou na sala e levantou a menina do chão, colocou-a em uma maca e pingou alguma coisa em seus olhos. Quando acabou, ele gritou: "Pra fora!". Vera saiu correndo em disparada para os braços da mãe, que a esperava.[25]

24 Carola Sachse, op. cit., pp. 201-3.  25 Ibid., pp. 79-80.

Essa experiência era uma tentativa de mudar a cor da íris de crianças e bebês usando substâncias químicas. Os experimentos provocavam vermelhidão, inchaço e supuração nos olhos. A médica austríaca Ella Lingens, que trabalhou com Mengele, contou que uma recém-nascida chamada Dagmar morreu depois de receber injeções para seus olhos se tornarem azuis. Romualda Ciesielska, uma prisioneira responsável pelo bloco das crianças em Birkenau, disse que Mengele escolheu 36 menores para esse experimento. Eles tiveram muita dor e um deles quase ficou cego.[26]

Desde a década de 1930, acreditava-se que hormônios ou enzimas pudessem desempenhar um papel no desenvolvimento da pigmentação dos olhos. A suposição era de que o gene atuaria por meio de uma substância mediadora, que induziria a formação de pigmento. Os experimentos que Mengele conduzia investigavam a influência de fatores externos sobre a determinação genética na pigmentação dos olhos. Essa pesquisa era especialmente importante durante o período nazista porque a estrutura e a cor da íris eram usadas nos já mencionados relatórios raciais e poderiam decidir se uma pessoa tinha ascendência ariana ou judaica. Mengele não fazia esse trabalho sozinho. Estava em direta conexão com Berlim.

Ele começou uma coleção de olhos de ciganos logo que chegou em Auschwitz. Cada globo ocular era colocado em um pote numerado e, mais tarde, enviado ao Instituto Kaiser Wilhelm. Quem recebia o material era a bióloga e pesquisadora Karin Magnussen, que Mengele conheceu em suas visitas ao instituto durante a guerra. Em poucos encontros, os dois conversaram sobre trabalhos científicos e sobre as dificuldades de pesquisa em Berlim. Mengele não era qualificado na área de histologia ou bioquímica do olho. A única especialista

26 Ibid., p. 247.

nesse assunto no Instituto Kaiser Wilhelm era Magnussen. Era ela quem determinava as substâncias que Mengele deveria experimentar nas crianças. Na capital alemã, a pesquisadora testava a eficácia de vários hormônios e substâncias farmacologicamente ativas no desenvolvimento de pigmentos nos olhos de coelhos. Não se sabe exatamente o que Mengele pingava nos olhos das crianças, mas parece bastante óbvio que eram as mesmas substâncias que Magnussen usava nos animais. Depois da guerra, pesquisadores conseguiram identificar uma das substâncias: adrenalina, o hormônio do estresse. Mengele revelou essa informação a um prisioneiro polonês, o dr. Rudolf Diem, afirmando que mudaria a cor da íris.

No Instituto Kaiser Wilhelm, a dra. Magnussen conduzia um estudo sobre heterocromia, condição que faz uma pessoa ter olhos de cores diferentes. Um funcionário do instituto que trabalhava com biologia criminal identificou uma família cigana em que essa condição ocorria com frequência, incluindo em gêmeos. Magnussen chegou a fotografar esses gêmeos na primavera de 1943,[27] mas quando foram deportados para Auschwitz seu acesso a eles foi negado. Só com a ajuda de Mengele ela poderia estabelecer as relações familiares e elucidar a herança genética que determinou a cor dos olhos de cada um. Karin, então, pediu-lhe que, se alguém daquela família morresse, Mengele lhe enviasse o laudo da autópsia e o material ocular, se possível. O médico e prisioneiro Iancu Vexler, de origem romena, trabalhava no acampamento cigano. Mengele lhe disse que sete ou oito membros de uma mesma família cigana (chamada Mechau) tinham heterocromia e que, caso eles morressem, ele deveria retirar seus olhos com cuidado, guardá-los e enviá-los para pesquisa em Berlim. Curiosamente, oito membros da família Mechau morreram

27 Ibid., pp. 242-3.

em um intervalo de poucos meses. O dr. Vexler seguiu as ordens e arrancou os olhos de todos. Estava claro que as vítimas eram assassinadas com o intuito de lhes extrair os globos oculares. Todo o material foi enviado ao Instituto Kaiser Wilhelm, como solicitado.[28]

Eva e Miriam tinham dez anos e estavam de mãos dadas com a mãe na plataforma naquele maio de 1944. Um cheiro que parecia de pena de frango queimada tomava conta do ar. Assim que desembarcaram do trem vindo de Porț, na Transilvânia, seu pai e suas duas irmãs mais velhas sumiram no meio da confusão. A mesma cena se repetia: pessoas gritavam, cachorros latiam e guardas davam ordens. *"Zwillinge, Zwillinge!"* [Gêmeos, gêmeos!], berrou um homem da SS. Ao ver Eva e Miriam com vestidos idênticos de cor borgonha, ele perguntou à mãe se eram gêmeas. A mulher respondeu com uma pergunta: "Isso é bom?". O guarda disse que sim. Ela, então, afirmou categoricamente: "São gêmeas". Sem nenhuma palavra, o homem arrancou as duas crianças de sua mão, sem dar chance de despedida. A mãe desapareceu na multidão e elas nunca mais se viram.

Eva e Miriam foram levadas a um grupo com mais treze pares de gêmeos que chegaram no mesmo trem que elas.[29] As crianças foram acomodadas em um barracão em Birkenau. Durante a noite, Eva e Miriam precisaram ir ao banheiro. Saíram do bloco em um frio congelante. O banheiro era uma latrina com buracos no chão. Vômito e fezes estavam por toda parte. No meio da imundície, elas viram três corpos nus de crianças mortas. Eva nunca tinha visto um corpo antes, e naquele momento entendeu que a morte poderia acontecer a

---

**28** Ibid., pp. 240-5; Helena Kubica, op. cit.      **29** Eva Mozes Kor e Lisa Rojany Buccieri, op. cit., pp. 27-9.

qualquer hora. Silenciosamente, prometeu a si mesma que faria de tudo ao seu alcance para que ela e a irmã não terminassem como aquelas crianças mortas na latrina.[30] No dia seguinte, elas foram levadas ao barracão de experimentos. Outros pares de gêmeos também estavam lá, meninos e meninas, todos nus, enquanto médicos prisioneiros faziam as medições. As duas passaram a ir três vezes por semana ao laboratório para tirar sangue. Eva pensava: "Quanto sangue posso perder e ainda assim me manter viva?".

Um dia, injetaram uma substância no braço de Eva, obviamente sem dizer o que era. À noite, ela teve febre alta, a cabeça doía, a pele queimava e o corpo todo tremia. Eva não queria ser levada para a enfermaria porque sabia que era um caminho sem volta. Ela já tinha entendido também que, se um gêmeo morresse, o outro "sumia" sem explicações. Mas no estado de saúde em que estava, não teve escolha. Eva foi separada de Miriam e levada ao ambulatório. Depois de examiná-la, Mengele disse em alemão aos outros médicos, sem saber que Eva podia entender: "Que pena. Ela é tão nova e tem apenas duas semanas de vida". Ele sabia exatamente qual era a doença que acometia a menina, afinal tinha sido provocada pela injeção. Ela ficou muito mal, mas estava determinada a sobreviver e repetia para si mesma: "Eu vou melhorar". Duas semanas depois, como por um milagre, Eva realmente melhorou. Em toda sua vida, nunca descobriu o que teve.[31] Miriam também passou por uma experiência parecida: injetaram nela uma substância desconhecida, sem nenhuma explicação. No seu caso, porém, as complicações vieram na vida adulta, levando-a à morte prematura.

---

**30** Ibid., pp. 34-6.  **31** Ibid., pp. 53, 65-6.

Mengele enviou ao Instituto Kaiser Wilhelm amostras de sangue de mais de duzentos prisioneiros de Auschwitz. Uma parte deles eram gêmeos, a maioria, crianças. Cada amostra ia acompanhada de uma identificação antropológica completa que precisava incluir a raça e a relação de parentesco com outras pessoas que também tinham "doado" sangue. Assim como as cabeças das crianças ciganas, esse material era mandado primeiro para Rajsko, onde se estudava o grupo sanguíneo. Em seguida, as amostras eram despachadas para Berlim.[32] Para Mengele, era irrelevante o fato de a quantidade volumosa de sangue ser fruto de punções em crianças desnutridas. O resultado mais óbvio era a anemia, mas poderia ser muito pior. A prisioneira Hani Schick, mãe de gêmeos de um ano de idade, contou que, por ordem de Mengele, seus filhos tiveram que tirar tanto sangue que acabaram morrendo.[33] De toda forma, não eram só as crianças que precisavam passar por seguidas transfusões.

Já passava da meia-noite de 19 de maio de 1944 quando Mengele foi chamado às pressas para comparecer à plataforma. Soldados guardavam um grupo de judeus ortodoxos recém-chegados de um transporte da Hungria. A ordem era que ninguém podia tocá-los até Mengele ver aquilo. Eram doze membros de uma mesma família: três mulheres e duas crianças tinham estatura normal, mas os demais tinham nanismo. Para um especialista em genética que estudava as relações de parentesco, os Ovitz eram um achado e tanto. Mengele exclamou: "Tenho trabalho para vinte anos!". Ele poupou todos da câmara de gás e cuidou para que não fossem pisoteados pelos outros prisioneiros. No campo de famílias de Theresienstadt, em Birkenau, providenciou para que fossem acomodados no quarto

---

**32** Carola Sachse, op. cit., p. 232.   **33** Helena Kubica, op. cit., p. 397.

reservado para o *Block Älter*, o prisioneiro responsável pela ordem no barracão. A família Ovitz também ganhou cobertores, lençóis e até travesseiros. Puderam manter suas roupas e não tiveram que cortar os cabelos. Mengele arrumou uma bacia para que tomassem banho e um penico roubado de alguma criança que tinha ido para câmara de gás para que não tivessem que usar a repugnante latrina comum. Ele não queria que suas pequenas cobaias chegassem perto dos outros prisioneiros para evitar que contraíssem alguma doença.

Todos os dias as sete pessoas com nanismo se esfregavam, se arrumavam e escovavam os cabelos por horas, antes de serem levadas para o encontro com Mengele no laboratório do acampamento cigano. Com intervalo de poucos dias, os médicos prisioneiros tiravam sangue delas com seringas grandes e em quantidades enormes. Na noite anterior, os prisioneiros não podiam comer e, de tão fracos, acabavam desmaiando. Nada disso detinha o apetite de Mengele pela pesquisa.[34] O que ele não desconfiava é de que estava sendo enganado. Os sete de fato eram irmãos, no entanto, ao chegar em Auschwitz, a família Ovitz juntou alguns agregados como se fossem parentes, apesar de não terem nenhuma gota de sangue em comum. Mengele acreditou e ficou ainda mais intrigado para entender por que no grupo de 22 pessoas alguns tinham tamanho normal e outros, baixa estatura.

Miklós Nyiszli também chegou em Auschwitz no mortífero mês de maio de 1944. Ele era húngaro, mas tinha estudado medicina na Universidade de Breslau, na Alemanha e, portanto, falava alemão fluentemente. Junto com a mulher e a filha adolescente, viajou em mais um transporte vindo da Hungria. E em mais uma cena que se repetia diariamente, Mengele

---

**34** Yehuda Koren e Eliat Negev, op. cit., p. 83.

estava na plataforma para fazer a seleção. Naquele dia, ele queria encontrar na massa de recém-chegados um assistente para uma tarefa especial e pediu para todos os médicos darem um passo à frente. Nyiszli apresentou-se junto com cerca de outras cinquenta pessoas. Mengele perguntou quem tinha estudado em uma universidade na Alemanha, quem tinha conhecimento de patologia e quem já tinha praticado medicina forense. E alertou para qualquer um que estivesse pensando em se candidatar: "Muito cuidado. Você precisa estar à altura da tarefa. Porque se você não estiver...". Nyiszli não teve medo da ameaça velada. Seu currículo preenchia perfeitamente todas as exigências. O experiente patologista candidatou-se e respondeu a todas as perguntas do nazista com facilidade. Dali para a frente Nyiszli seria uma das principais testemunhas do trabalho macabro de Mengele em Auschwitz.[35]

---

**35** Miklós Nyiszli, op. cit., p. 4.

# 8.
## A liquidação do campo cigano
ou
## A promoção de Mengele

Auschwitz-Birkenau, agosto de 1944

Uma onda de calor varria Auschwitz naquele verão como nunca tinha se visto antes.[1] Crianças nuas corriam e brincavam, enquanto os pais e as mães, vestindo roupas coloridas e alegres, sentavam no chão em grupos e conversavam no campo cigano.[2] Eles não sabiam, mas a data da sua morte já estava marcada: 2 de agosto de 1944. Na realidade, o comandante da SS tinha ordenado o extermínio três meses antes, em maio. Esse plano teve que ser adiado porque houve resistência. Homens e mulheres armados com facas, canos de ferro e objetos de metal se recusaram a obedecer à ordem de sair dos barracões, apesar de estarem cercados por mais de cinquenta guardas e não terem nenhuma chance real contra a SS. Ainda que desigual e praticamente simbólica, a pequena revolta deu resultado. Os alemães preferiram recuar, pois temiam que um motim se espalhasse para outras partes do campo. E certamente devem ter levado em conta também que, entre os ciganos, havia um

1 Gisella Perl, *I Was a Doctor in Auschwitz*. Lanham: Lexington, 2019, p. 75.
2 Miklós Nyiszli, op. cit., p. 12.

número significativo de veteranos da Wehrmacht [exército alemão]. Alguns dias depois dessa primeira tentativa de extermínio, a SS transferiu mais de 1500 ciganos para o campo de concentração de Buchenwald, 82 para Flössenburg e 144 para Ravensbrück, onde só havia prisioneiras mulheres. Pouco menos de 3 mil ciganos permaneceram em Birkenau.[3]

Dina, a artista tcheca que trabalhava para Mengele, foi avisada de que não haveria mais retratos dos ciganos. Sua última tarefa seria retratar o próprio médico, usando apenas lápis e papel. Ele posou sentado para a jovem pintora, que tinha o desafio de agradar o oficial nazista sob o medo constante de não ser mais necessária e, consequentemente, ser eliminada com um simples gesto de mão. Quando terminou o desenho, Dina percebeu que Mengele ficou incomodado com o tamanho do seu pescoço. Achou muito curto. Ela aumentou um pouco. Então, ele perguntou se ela tinha notado algo na orelha esquerda dele, que apenas sua mulher sabia. "O botão na orelha?", ela perguntou de volta, referindo-se a uma expressão usada para falar dos famosos bichos de pelúcia da marca alemã Steiff, que tinham um botão prateado pregado na orelha para comprovar que eram originais. Mengele deu uma risadinha e disse que sim. Uma ou duas semanas depois o campo cigano foi liquidado.

Naquela noite, por ordem de Himmler, todos os prisioneiros foram proibidos de sair dos barracões de Birkenau. A quarentena durou até os homens da SS conseguirem tirar todos os ciganos em fila. Para isso, os guardas distribuíram pão com salame, a velha tática nazista de enganar suas vítimas sobre seu verdadeiro propósito. Muitos ciganos acreditaram, ou

---

**3** "Sixty-First Anniversary of the Liquidation of the Gypsy Camp in Birkenau". Auschwitz-Birkenau State Museum, 1 ago. 2015. Disponível em: <https://www.auschwitz.org/en/museum/news/sixty-first-anniversary-of-the-liquidation-of-the-gypsy-camp-in-birkenau,427.html>. Acesso em: 12 jul. 2023.

quiseram acreditar, que toda aquela movimentação era apenas para transferi-los para outro campo, como tinha acontecido três meses antes. Afinal, quem alimenta os destinados a morrer?[4] De qualquer forma, alguns resistiram à oferta de comida. Dina ouviu vozes e gritos. Um menino berrava em alemão: "Eu tenho apenas dezessete anos, me deixem viver! Mamãe, eu só tenho dezessete anos!". Dina tentou voltar a dormir. Ela mesma não esperava sobreviver, achava que a morte era apenas uma questão de tempo.[5]

Desde o começo Mengele se opusera à liquidação do campo cigano e tentou convencer seus superiores a mudar de ideia. Não era compaixão, era por interesse científico.[6] Nos barracões do campo cigano, ele conduzia três categorias de pesquisas: sobre a origem e o tratamento de noma, sobre as causas de nascimentos múltiplos e sobre o que provocava o nascimento de pessoas com nanismo e gigantismo. O dr. Epstein, o pediatra renomado da Universidade de Praga resgatado por Mengele do trabalho forçado em Monowitz, comandava os experimentos. O nazista visitava os barracões todos os dias e participava ativamente de cada etapa.[7] Com a ordem para liquidação do campo cigano, ele estava relutante em perder todo seu "material de pesquisa". Como não tinha escolha, Mengele decidiu colaborar e conduziu aquela noite de terror. Aproveitando-se da confiança que algumas crianças tinham nele, conseguiu tirá-las de seus esconderijos oferecendo doces e balas, como fazia de costume. O campo já estava quase vazio quando dois meninos foram encontrados. Mengele lhes deu uma carona em seu carro, como fez outras vezes, com a diferença de que

4 Miklós Nyiszli, op. cit., p. 93.   5 Entrevista de Dina Gottliebová-
-Babbitt para Hilary Adah Helstein. Visual History Archive, USC Shoah
Foundation, 26 set. 1998. Disponível em: <vha.usc.edu/testimony/46122>.
Acesso em: 12 jul. 2023.   6 Yehuda Koren e Eliat Negev, op. cit., p. 103.
7 Miklós Nyiszli, op. cit., p. 13.

agora o destino era a câmara de gás.[8] Exatamente 2897 homens, mulheres e crianças foram exterminados naquela data. Os crematórios I e II funcionaram durante toda a noite, lançando uma fumaça sinistra no céu. No dia seguinte, o campo cigano amanheceu em silêncio.

Apenas os 24 corpos de doze pares de gêmeos não tinham virado cinza. Eles foram estendidos no chão de concreto do necrotério numa coleção macabra de irmãos de várias idades: desde bebês recém-nascidos a adolescentes de dezesseis anos. Antes de irem para a câmara de gás, Mengele marcou no peito de cada um deles as letras Z e S com um giz especial. Os mais velhos acreditaram que as letras os poupariam da morte. Elas significavam *Zur Sektion* [para dissecação] e serviam de aviso para o Sonderkommando de que esses corpos não poderiam ser queimados, porque tinham que ser dissecados. O dr. Nyiszli fez o estudo patológico dos doze pares de gêmeos com o maior cuidado possível. Depois, passou todos os detalhes para Mengele e chegou até a discordar dele em alguns pontos. Mengele confiava tanto no trabalho do patologista que esquecia por alguns momentos que aquele médico húngaro era apenas um prisioneiro, cuja vida não valia nem um centavo em Auschwitz. Na empolgação de uma discussão médica acalorada, Mengele chegou a lhe oferecer um cigarro.[9]

Fazer autópsias em gêmeos que morriam ao mesmo tempo era algo impensável em qualquer outro lugar. "Onde, em circunstâncias normais, alguém poderia achar gêmeos mortos ao mesmo tempo e no mesmo local?", indagava-se Nyiszli. Em Auschwitz havia centenas de pares de gêmeos. Ele depreendeu que era por isso que Mengele selecionava os gêmeos e as pessoas com nanismo, dava-lhes comida e melhores condições de

8 Yehuda Koren e Eliat Negev, op. cit., pp. 103-4.   9 Miklós Nyiszli, op. cit., p. 97.

higiene, de forma que um não contaminasse o outro ou morresse pelas condições inumanas do campo. O objetivo desse tratamento privilegiado, Nyiszli pensou, justificava-se apenas porque os gêmeos tinham que morrer juntos e em boa saúde. Daí iam parar em cima de sua mesa para uma autópsia comparativa, que ele preparava rigorosamente para apresentar a Mengele.[10] Depois de três meses trabalhando em Auschwitz, Nyiszli entendeu que aquilo não era um instituto de ciência. Os estudos sobre uma suposta raça superior, sobre as origens do nascimento de gêmeos, sobre a suposta degeneração de pessoas com deficiências, que seriam uma prova da inferioridade dos judeus, tudo era falso, nada mais que pseudociência, concluiu Nyiszli.[11]

Oito dias após o massacre dos ciganos, Irene chegou a Auschwitz para visitar o marido e comemorar os cinco anos de casados. O pequeno Rolf, de oito meses, tinha ficado com os avós paternos na Baviera. As primeiras três semanas com Josef foram idílicas. Como fazia muito calor naquele mês de agosto, os dois passavam os dias tomando banhos no rio Sola. Juntos, eles também colhiam amoras, com as quais Irene gostava de fazer geleia. Não havia necessidade de se preocupar com o serviço doméstico, porque prisioneiros Testemunhas de Jeová estavam à disposição para isso.[12] Aliás, eles eram escolhidos para trabalhar na casa do comandante de Auschwitz justamente por causa de sua religiosidade levada à risca, que os impedia de roubar. Irene notou que toda a área do grande complexo era cercada por arame farpado, mas jurava estar em um grande campo para prisioneiros políticos e de guerra. Nunca admitiu saber, naquele momento, que ali funcionava uma indústria da morte.

---

**10** Ibid., pp. 34-5.  **11** Ibid., p. 76.  **12** Gerald Posner e John Ware, op. cit., p. 54.

Além dos dias de romance, depois da liquidação do campo cigano, Mengele teve uma boa notícia profissional. O chefe do serviço médico de todo o complexo de Auschwitz, o dr. Eduard Wirths, decidiu promovê-lo. Num relatório de 19 de agosto de 1944, Wirths escreveu sobre Mengele:

> Durante seu período como médico de campo de concentração de Auschwitz, ele colocou seu conhecimento para uso prático e teórico, enquanto combatia sérias epidemias. Com prudência, perseverança e energia, ele cumpriu todas as tarefas que lhe foram dadas, frequentemente sob condições muito difíceis, para a completa satisfação de seus superiores e se mostrou apto a lidar com cada situação. Além disso, como antropólogo, tem usado zelosamente seu pouco tempo livre para avançar seus estudos. Utilizando material científico a seu dispor devido à sua posição oficial, deu uma contribuição valiosa em seu trabalho para a antropologia. Portanto, seu desempenho pode ser considerado excelente.[13]

Mengele foi promovido de médico responsável pelo campo cigano a médico-chefe de todo o campo de concentração de Birkenau ou Auschwitz II.[14] Era uma promoção e tanto, apesar de Mengele continuar sendo um subordinado.

O dr. Wirths reclamava com frequência para seu secretário, o prisioneiro austríaco Hermann Langbein, que não conseguia conciliar os assassinatos que lhe eram exigidos com a consciência de médico, o que lhe provocava muito sofrimento. Pediu várias vezes para ser transferido, mas nunca foi atendido.[15] Na primavera de 1943, coincidentemente a época em que

13 Ibid., pp. 52-3.  14 Helena Kubica, op. cit., p. 421.  15 Hermann Langbein, op. cit., p. 367.

Mengele chegou ao campo, Wirths convenceu seus superiores de que os médicos da SS deveriam fazer as seleções na rampa. Ele tomou essa iniciativa porque percebeu que os oficiais da SS que cumpriam essa função costumavam ser rigorosos demais e estavam selecionando prisioneiros que ainda tinham condições de trabalhar e poderiam ser salvos das câmaras de gás. Numa carta para seu irmão, Wirths reconheceu o horror da tarefa: "Eu tive que sobrecarregar os médicos subordinados a mim com essa terrível realidade". O próprio Wirths fazia questão de cumprir seus turnos na rampa, porque, apesar de não gostar dessa função, achava que tinha que dar o "exemplo" aos seus subordinados.[16]

Numa das várias conversas com seu secretário, Wirths revelou que não era um nazista, mas um médico. Estudou medicina em Würzburg, na Baviera, na década de 1930. Para poder continuar com sua carreira acadêmica, precisava de um certificado de "confiabilidade política". Ele tinha sido descrito como "não confiável", porque apoiava o Partido Social Democrata (SPD), e entendeu que precisava mudar isso para não ser expulso da universidade. Para tanto, inscreveu-se na SA, a Sturmabteilung, um grupo paramilitar do partido nazista. Entretanto não foi admitido. Como queria continuar estudando, decidiu inscrever-se na SS, mais elitista.

Naquela época, se alguém quisesse avançar na carreira, precisava fazer parte de alguma organização nazista. Durante a Segunda Guerra, Wirths trabalhou no front na Lapônia, depois no campo de concentração de Dachau, nos arredores de Munique, e acabou assumindo a posição de médico-chefe em Auschwitz devido a sua capacidade técnica. Ao aceitar o cargo, disseram-lhe que sua única atribuição seria proteger os homens da SS dos surtos de tifo. Depois, quando se deparou com

16 Ibid., p. 374.

o sistema de extermínio em massa, procurou o comandante de Auschwitz, Rudolf Höss, que lhe confirmou que aquele era realmente um campo de extermínio e que qualquer ajuda médica era inútil. Essa crua realidade levou Wirths à beira do suicídio. Numa carta ao pai, pediu um conselho sobre o que deveria fazer e ele lhe disse para continuar na função e ajudar da melhor maneira possível. Wirths conseguiu acabar com as injeções de fenol, que eram aplicadas diretamente no peito de pacientes doentes nas enfermarias para matá-los instantaneamente. Também controlou as epidemias e deu trabalho para prisioneiros que eram médicos. Apesar de se destacar dos demais homens da SS, Wirths estava longe de ser um santo: permitiu que os médicos usassem o "material humano" de Auschwitz para experiências. Ele próprio conduzia experimentos em prisioneiros. Por exemplo, quando quis testar um novo medicamento contra o tifo. Como não havia mais nenhum paciente com a doença no campo, Wirths mandou infectar propositalmente quatro judeus sadios. O resultado é que dois deles acabaram morrendo.[17]

No Terceiro Reich, não era proibido fazer testes em humanos. O que estava vetado por uma lei de 1933 era usar animais em cirurgias ou tratamentos que poderiam provocar dor ou ferimentos.[18] Os experimentos em humanos durante o nazismo estavam liberados e podiam ser divididos basicamente em três categorias. A primeira eram as experiências militares para ajudar o exército no front. Os alemães queriam entender, por exemplo, quanto tempo um paraquedista poderia aguentar com vida em água gelada. A segunda categoria eram as experiências para comprovar a ideologia nazista da superioridade da "raça" ariana e, consequentemente, da degeneração das raças consideradas inferiores —, onde a maioria das pesquisas

17 Ibid., pp. 376-80.  18 Vivien Spitz, op. cit., p. 62.

de Mengele se encaixava. E a terceira englobava os experimentos para uma nova política populacional, a ser aplicada principalmente no Leste Europeu.[19] Neste último grupo entravam as experiências de esterilização de mulheres. Himmler queria que os médicos do Reich encontrassem um método barato, rápido e que pudesse ser usado em larga escala em povos inimigos, como os poloneses, russos e judeus. Desde *Mein Kampf*, Hitler deixou muito claro que queria exterminar não só a comunidade judaica, mas também os eslavos, com o intuito de criar *Lebensraum*, ou seja, "espaço vital" para a população alemã no Leste da Europa. A lógica era a seguinte: se as mulheres dos povos inimigos fossem esterilizadas em massa, sua capacidade de trabalho ainda poderia ser explorada pelos alemães, enquanto o risco de reprodução seria eliminado.

Experimentos com esterilização foram feitos em Auschwitz de março de 1941 até janeiro de 1945, quando o campo foi liberado.[20] O dr. Carl Clauberg, que esterilizou milhares de jovens prisioneiras judias e ciganas, desenvolveu um método que envolvia injetar uma solução irritante dentro do útero. O objetivo principal era tirar a capacidade reprodutiva das mulheres sem que elas percebessem, em exames ginecológicos que pareciam de rotina. Outro médico, o dr. Horst Schumann, tentou um método baseado em raio X aplicado nas genitais das vítimas. Pelo menos cem polonesas, russas e francesas foram objeto dessa pesquisa, para a qual só eram selecionadas mulheres jovens, bonitas e saudáveis. Quase todas que participaram desse experimento, porém, tiveram que ser exterminadas porque ficaram incapacitadas de trabalhar devido às queimaduras severas provocadas pelos raios X.[21] Mengele definitivamente não era o único médico

19 Carola Sachse, op. cit., p. 123.  20 Vivien Spitz, op. cit., p. 191.
21 Ibid., p. 194.

a conduzir experimentos em prisioneiros em Auschwitz. Contudo, Langbein, o secretário do dr. Wirths, que por razões burocráticas tinha acesso ao trabalho de todos os médicos do campo, observou o que fazia Mengele se destacar de todos os outros: ele era um workaholic.

Anna Sussmann chegou grávida a Auschwitz em agosto de 1944 e conseguiu esconder seu estado durante toda a gestação, muito provavelmente por estar subnutrida. Naquela época, a administração do campo ficou sabendo que muitas mulheres omitiam a gravidez. Para fazer com elas se apresentassem, sem ter o trabalho de examiná-las, a SS anunciou que as gestantes receberiam um quarto de litro de leite por dia. Uma médica polonesa, que havia se tornado amiga de Anna, aconselhou-a a não falar nada sobre sua situação. Para Anna, isso foi difícil, porque, em geral, os prisioneiros recebiam apenas duas conchas de sopa por dia para dividir entre seis pessoas. Uma das grávidas não aguentou esse esquema e decidiu se apresentar. Ela realmente passou a receber leite. Outras seguiram seu exemplo e também relataram a gestação. Depois de um tempo, todas foram levadas embora e nunca mais foram vistas.

Anna preferiu manter-se discreta. Continuou fazendo seu trabalho pesado no campo, o que provocou um parto prematuro, como era de esperar. Ela começou a sentir as dores durante a chamada da manhã, ocasião em que os prisioneiros tinham que ficar horas a fio de pé mesmo nas piores condições climáticas, seja na chuva, na neve ou no calor escaldante. Anna conseguiu disfarçar que estava em trabalho de parto e só quando a chamada finalmente acabou, entrou no barracão e se escondeu debaixo de algumas cobertas. Ela tentou conter ao máximo as dores de um parto natural, mas não aguentou. Deu um grito ao dar à luz um menino. Mengele ouviu e foi atrás dela. Sem hesitar, pegou o bebê e o jogou diretamente no fogo, queimando o recém-nascido vivo. Anna ainda não tinha nem expulsado a placenta.[22]

Para evitar cenas bárbaras como aquela, a ginecologista Gisella Perl, uma prisioneira que trabalhava para Mengele, decidiu que faria aborto em todas as mulheres grávidas em Auschwitz. A prática ia totalmente contra sua própria fé, mas na balança moral pesava mais a possibilidade de a mãe ter uma chance de viver, porque, via de regra, todas as grávidas acabavam na câmara de gás quando eram descobertas. Ou então morriam logo depois de dar à luz. A dra. Perl tinha que agir em segredo, já que se fosse pega também corria risco de vida. Ela trabalhava de dia para Mengele no hospital e, à noite, secretamente, entrava nos barracões para ajudar as mulheres.[23]

No início, assim como outras prisioneiras, Perl foi ingênua o bastante para acreditar que a SS realmente oferecia vantagens às gravidas que se apresentassem, dando alimento ou acomodação melhor em outro campo. Até o dia que viu com seus próprios olhos homens e mulheres da SS batendo com porretes em grávidas, que eram também chicoteadas e atacadas por cães. Quando as gestantes desmaiaram, foram jogadas no crematório ainda vivas. Perl assistiu à cena imóvel, sem conseguir se mexer ou gritar. O horror se transformou em revolta e nesse exato momento ela decidiu que iria usar seu conhecimento de ginecologista para salvar todas as grávidas. Correu de bloco em bloco para avisar o que tinha visto e alertou que nenhuma mulher deveria jamais avisar que estava esperando um bebê.

A dra. Perl passou a fazer os partos sigilosamente nos cantos escuros do campo, em banheiros, no chão, na imundície, sem uma gota d'água. Depois enfaixava a barriga da mãe e logo mandava a mulher de volta ao trabalho para que ninguém

---

22 Hermann Langbein, op. cit., p. 337.  23 Gisella Perl, op. cit., p. 8.

desconfiasse que ela tinha acabado de ter um filho. Os bebês eram sacrificados e enterrados na calada da noite, assim como os fetos abortados. Quando necessário, Perl conseguia mandar algumas mulheres para o hospital — que, na sua opinião, era uma grande piada, já que não tinha medicamentos nem instrumentos adequados, apenas algumas ferramentas enferrujadas. A médica dava às puérperas o diagnóstico de "pneumonia", uma doença considerada segura porque não era motivo para uma prisioneira ser mandada para a câmara de gás.[24]

Todas as tardes, Mengele fazia uma rápida visita ao hospital onde a dra. Perl trabalhava. Era um momento temido porque ele despejava todo seu sadismo nas médicas e enfermeiras que eram prisioneiras. Ele podia bater, chicotear, chutar com suas botas pesadas ou mandá-las para o crematório, em resumo, fazer o que quisesse. Uma noite, um grupo de nove prisioneiras que trabalhavam no hospital achou que ele não viria mais porque estava muito atrasado. Conseguiram acender o fogo e cozinhar algumas batatas, um banquete para quem tinha o estômago corroído de fome. Já era noite quando um carro estacionou na porta do hospital. Era Mengele. Ele ficou parado de pé, mostrando os dentes que pareciam os de um lobo. As mulheres ficaram paralisadas de medo. Depois de um segundo de silêncio, ele saiu como uma besta selvagem, chutou o fogão, derrubou as batatas e virou uma mesa de operação. "Foi assim que eu imaginei um hospital judeu. Suas putas sujas... seus indescritíveis porcos judeus!", ele bradou com fúria. A dra. Perl tentou pensar rapidamente em um plano para aplacar a ira de Mengele. Ela apareceu com um feto dentro de um jarro e disse a ele, gaguejando: *"Herr Hauptsturmführer*, talvez você se interesse por esse espécime, raramente é possível

24 Ibid., p. 57.

tirar num pedaço só". Ele parou de berrar um instante, puxou o jarro para si, deu uma olhada e abriu um sorriso cruel e satisfeito. "Ótimo... lindo... Leve ao crematório II amanhã. Vamos mandar para Berlim", ordenou. Em seguida, virou as costas e foi embora, como se nada tivesse acontecido.[25]

Finalmente, dias depois, chegou uma ordem de que a gravidez não seria mais punida com a morte, mas teria que ser interrompida e o feto da mãe prisioneira entregue a Mengele. A dra. Perl respirou aliviada porque poderia fazer o que já estava fazendo, mas de maneira oficial, sem correr risco de vida e em condições melhores do que no chão imundo dos barracões.[26] Mengele colecionava fetos humanos como parte da miscelânea de linhas de pesquisa que seguia em Auschwitz.[27]

Naquele longo mês de agosto de 1944 alguns homens do Sonderkommando conseguiram uma façanha. Um trabalhador civil contrabandeou para dentro do campo de concentração uma câmera fotográfica. O aparelho foi escondido no fundo de um balde, que chegou às mãos de um judeu grego chamado Alex. Mesmo com o enorme risco de ser pego, ele entrou em uma câmara de gás e, de dentro dela, clicou quatro fotos apressadas, sem nem olhar no visor. A imagem mais chocante que Alex conseguiu captar é a de uma pilha de corpos nus numa fossa de incineração ao ar livre em frente ao crematório V. Ele então devolveu a câmera ao balde, que chegou furtivamente até Helena Dantón, uma funcionária da cantina da SS. Ela escondeu o filme fotográfico dentro de um tubo de pasta de dentes, saiu do campo e entregou o material para a resistência polonesa de Cracóvia com uma nota escrita por dois prisioneiros políticos:

**25** Ibid., p. 80.  **26** Ibid., p. 52.  **27** Carola Sachse, op. cit., p. 238.

[...] Urgente... Mandamos fotografias de Birkenau que mostram prisioneiros enviados para a câmara de gás. Uma fotografia mostra uma das fogueiras ao ar livre onde se queimam cadáveres, já que o crematório não chega para queimar todos. Em frente da fogueira jazem cadáveres à espera de serem atirados para o fogo. Uma outra fotografia mostra um lugar no bosque onde os detidos se despem para supostamente tomarem ducha. Em seguida são enviados para a câmara de gás.[28]

Esse ato de coragem teve o enorme mérito de registrar em imagens irrefutáveis o horror descrito por tantos sobreviventes, cenas difíceis de serem imaginadas por quem não presenciou a máquina de extermínio nazista. Ninguém testemunhou tão de perto todo o funcionamento dessa máquina quanto os homens do Sonderkommando, que sentiam o cheiro dos corpos, o peso dos assassinatos em seus ombros e carregavam os mortos em seus braços. O primeiro grupo foi selecionado em julho de 1942 entre judeus que vieram da Eslováquia. Doze equipes se seguiram, uma depois da outra. Os membros do Sonderkommando não tinham permissão para deixar a área do crematório e viviam completamente isolados de todos os outros prisioneiros do campo, em segredo absoluto. Ao fim de quatro meses, quando já sabiam demais sobre o funcionamento do extermínio em massa, eles também eram liquidados — a iniciação dos novatos era justamente queimar os cadáveres de seus predecessores. O dr. Nyiszli, além de fazer as autópsias para Mengele, era o médico responsável por atender os homens que trabalhavam nos quatro crematórios: 120 da SS e cerca de 860 do Sonderkommando.[29] Vivia entre os

**28** Didi-Huberman, *Imagens apesar de tudo*. São Paulo: Ed. 34, 2020, p. 31.
**29** Miklós Nyiszli, op. cit., p. 21.

marcados para morrer e os mortos-vivos, como dizia. No curto ínterim que lhes restava, esses homens tinham muitos privilégios em relação aos outros prisioneiros do campo. Podiam manter suas próprias roupas e tinham acesso a comida, bebida, cigarros e remédios da melhor qualidade, que chegavam na bagagem de judeus de todos os cantos da Europa. Alguns recém-chegados ainda não tinham sido dilapidados pela perseguição antissemita e carregavam muita coisa de valor em suas malas para Auschwitz.

## Outubro de 1944

Era 6 de outubro de 1944. Mengele deixou a sala de autópsia às nove horas da manhã com uma ordem para Nyiszli dissecar o corpo de um oficial russo que estava em cima da mesa, o que o patologista completaria em quarenta minutos, no máximo, não fosse esse o último dia daquele Sonderkommando. Nada era certo, mas o médico húngaro sentia que a morte era iminente. Como não conseguia trabalhar, decidiu dar uma volta. Notou que havia sussurros e cochichos pelos cantos e logo ficou claro que os homens tinham armado um plano. Nyiszli ficou sabendo que eles tentariam uma fuga em massa aquela noite e que tinham armamento adequado: cem caixas de explosivos contrabandeadas de uma fábrica de munições, onde trabalhavam judeus poloneses, além de cinco metralhadoras e vinte granadas de mão. O sinal para atacar seria feito com uma lanterna. Havia apenas três guardas da SS em cada crematório.

Depois de saber do plano, Nyiszli achou melhor voltar para seu trabalho e concluir a autópsia com a ajuda de seus assistentes antes que Mengele voltasse. Estavam trabalhando havia vinte minutos, quando uma tremenda explosão fez as paredes balançarem. Na sequência, as metralhadoras começaram a disparar. Eles não entendiam o que tinha acontecido, já que o plano inicial era uma fuga noturna. Pela janela, Nyiszli acompanhou a chegada de uns oitenta a cem caminhões nazistas. Metade de uma companhia pulou de um deles e se colocou em posição de batalha. Os homens do Sonderkommando tomaram o controle do crematório I e estavam abrindo fogo contra os guardas da SS.[30] Os nazistas trouxeram cinquenta cães bem treinados e soltaram em cima dos prisioneiros. Por alguma razão, os cachorros se recusaram a atacar. A batalha foi intensa por cerca de dez minutos. Mas logo as metralhadoras pararam de atirar e a SS invadiu o crematório por todos os lados. Um grupo entrou na sala de autópsia e levou Nyiszli e seus ajudantes para o pátio, sob uma chuva de golpes. Os guardas obrigaram todos a deitar no chão, de barriga para baixo. Quem ousasse levantar a cabeça levaria um tiro na nuca.

Depois de uns vinte ou trinta minutos esperando pela bala da SS, Nyiszli ouviu um barulho de carro: era Mengele. Um oficial gritou: "Médicos, de pé!". Os quatro se levantaram e foram até Mengele. "Qual a participação de vocês em tudo isso aqui?", ele perguntou. "Nenhuma", respondeu Nyiszli, "a menos que obedecer às ordens do *Hauptsturmführer* possa ser considerado como culpa. Nós estávamos dissecando o corpo do oficial russo quando o incidente ocorreu. A explosão interrompeu nossa autópsia", disse o húngaro. Mengele olhou para ele, que estava com a blusa toda ensanguentada. "Vá se lavar e continue seu trabalho", ordenou. Os quatro prisioneiros tinham dado cerca de vinte passos quando ouviram o som das metralhadoras. Nyiszli não ousou olhar para trás e até acelerou o passo. Era o fim daquele Sonderkommando. Seus corpos foram cremados por trinta novos homens, recrutados às pressas para a nova equipe. A revolta do Sonderkommando foi um marco na história de Auschwitz. Apesar de não terem

30 Ibid., pp. 110-5.

alcançado o objetivo da fuga em massa e 853 homens terem morrido, os presos infligiram um número alto de baixas na SS: setenta no total, incluindo oficiais. Isso sem contar que a notícia do motim chegou ao mundo exterior.[31]

## Novembro de 1944

Ainda era cedo quando um oficial da SS entrou no quarto de Nyiszli e o informou, de maneira confidencial, de que seus superiores decidiram que a partir daquele dia, 17 de novembro de 1944, não se mataria mais nenhum prisioneiro em Auschwitz. O patologista desconfiou da informação, que parecia mais um truque da SS para enganar os prisioneiros. No fim da manhã, no entanto, um comboio com cinco vagões chegou com cerca de quinhentas pessoas doentes. Pela primeira vez em todo o tempo em que Nyiszli estava ali, os debilitados não foram exterminados em menos de uma hora da chegada ao campo. Pelo contrário, dessa vez foram encaminhados para descanso nas camas do hospital. Nyiszli percebeu que uma nova vida começava em Auschwitz. Um misto de alívio e medo tomou conta do médico húngaro, que sentia que era iminente o extermínio de todas as testemunhas que pudessem relatar ao mundo os crimes hediondos cometidos naquele inferno.[32]

Nesse mês a SS demoliu os quatro crematórios e as câmaras de gás de Birkenau. O último crematório a ficar de pé foi o número V, que só foi implodido um pouco antes da liberação do campo.[33] Wirths escreveu uma carta para a esposa no fim de novembro, contando a novidade: "Você pode imaginar, minha querida, que bom isso é para mim não ter mais que fazer esse trabalho horrível". As deportações em massa de judeus

31 Ibid., p. 120. 32 Ibid., pp. 137-8. 33 Nikolaus Wachsmann, op. cit.

também estavam chegando ao fim. Nada disso significava que os nazistas tinham desistido da "solução final", queriam evitar uma repetição do que aconteceu em outro campo de extermínio, Majdanek, onde os soviéticos encontraram câmaras de gás praticamente intactas. Partes dos crematórios de Birkenau foram desmontadas e enviadas para um lugar ultrassecreto perto do campo de concentração de Mauthausen, na Áustria. O objetivo da SS era reconstruir lá o complexo de extermínio, algo que, na prática, nunca aconteceu. Prisioneiros já estavam sendo remanejados para outros campos de concentração nazistas mais a oeste, longe do Exército Vermelho que se aproximava cada vez mais.[34] As famílias dos oficiais da SS abandonaram as casas de luxo em Auschwitz. A esposa do comandante Rudolf Höss foi embora no começo de novembro e levou os filhos. Os nazistas que ficaram para trás estavam cada vez mais apreensivos com a chegada iminente dos soviéticos.

34 Ibid.

# 9.
# A liberação de Auschwitz
ou
# O começo da vida em fuga

Auschwitz-Birkenau, janeiro de 1945

Mais um ano de guerra começava, só que esse prometia ser diferente. O fim do Terceiro Reich estava próximo. O discurso de Ano-Novo de Hitler foi tão monótono e contrastou tanto com a empolgação do passado que muitos alemães pensaram que tinha sido gravado com antecedência ou que era falso. Em mais um de seus delírios, o Führer disse aos soldados que a Alemanha estava agora em um esforço impiedoso por sua existência por causa de uma conspiração internacional judaica que tinha o objetivo de exterminar o povo alemão.[1] A situação era realmente irreversível para o Reich, mas obviamente nada tinha a ver com os judeus. Àquela altura, a explosão do front oriental ao longo do rio Vístula era questão de tempo. Do mar Báltico ao Adriático, a União Soviética tinha mobilizado quase 7 milhões de homens, que avançavam rapidamente para o oeste em várias frentes. Hitler estava especialmente preocupado com o front de Budapeste, que os soviéticos cercaram um dia depois do Natal. O Führer não admitia

[1] Laurence Rees, op. cit., p. 463.

que as tropas alemãs abrissem mão de uma capital europeia e fincou o pé para que defendessem a cidade até o fim. O resultado foi uma carnificina e um grande sofrimento para a população civil.[2] As descrições da passagem do Exército Vermelho pelas vilas e cidades do Leste Europeu lembram as invasões bárbaras: estupros de mulheres, crianças e idosas, pilhagens e incêndios. Não à toa, os moradores tentavam fugir como podiam, antes que os novos bárbaros chegassem.

Em Auschwitz a paisagem estava completamente branca, a neve cobria tudo até se perder de vista. Os homens da ss que ainda não tinham fugido estavam quase sempre bêbados. Circulavam rumores de que Mengele já havia deixado o campo de concentração — que a partir de agora não deveria mais se chamar assim, mas campo de trabalho, como se a nomenclatura mudasse os horrores que haviam sido perpetrados ali. Os guardas gritavam "*Raus! Raus!*" para todos saírem dos barracões. "Estamos levando vocês embora para a própria proteção de vocês!", eles diziam. Naquele cenário gélido, colunas de prisioneiros começaram a partir a pé no dia 17 de janeiro em direção a outros campos de concentração ainda sob domínio do Reich. Nas Marchas da Morte, como ficaram conhecidas mais tarde, quem não tinha forças para andar levava um tiro e era abandonado pelo caminho. Corpos e mais corpos foram cobrindo as estradas por onde os prisioneiros tinham passado. Durante as longas horas marchando, Dina, a artista tcheca, olhava sempre para os pés da mãe para ver se estavam perto dela. As duas comiam neve para aplacar a sede insuportável. Depois de três dias caminhando, sem comida, elas foram colocadas novamente em trens de gado. Apinhadas no mesmo espaço, jovens ucranianas e alemãs empurravam e

2 Antony Beevor, *A Segunda Guerra Mundial*. Rio de Janeiro: Record, 2015, pp. 1187-8.

eram hostis com as judias. Como sardinhas em lata, como na ida a Auschwitz, todas viajaram até o campo de concentração de Ravensbrück. Era o dia do aniversário de 22 anos de Dina.[3] Apesar do sofrimento e da fome mais intensa do que nunca, havia no ar uma sensação de que tudo aquilo estava chegando ao fim, o Terceiro Reich estava desmoronando.

Na noite de 17 de janeiro, o dr. Nyiszli ainda estava no campo e decidiu ir para cama cedo. Por volta da meia-noite, ele acordou com um barulho de explosões e metralhadoras. Nyiszli correu para chamar seus companheiros. Depressa vestiram roupas quentes e se prepararam para a Marcha. Enfiaram nos bolsos latas de comida, medicamentos e cigarros. A temperatura estava pelo menos dez graus abaixo de zero. Os quartos dos guardas, onde ficavam os arquivos do campo de Birkenau, estavam em chamas. Nyiszli se deparou com cerca de 3 mil prisioneiros em frente ao portão do campo, que esperavam uma ordem para partir. Sem hesitar, ele se misturou no meio da multidão, como já tinham feito outros membros do Sonderkommando para escapar da queima de arquivo da SS. Por volta de uma da manhã ele viu os últimos nazistas deixarem o campo. Desligaram as luzes e Birkenau mergulhou na escuridão. O grupo de Nyiszli saiu escoltado por homens da SS. Poucos quilômetros depois, os soviéticos estavam à espreita, confundiram a coluna de prisioneiros com militares e começaram a atirar com metralhadoras. Nyiszli e outros companheiros se esconderam numa trincheira do lado da estrada e conseguiram se salvar, apesar do fogo cruzado. Quando tudo ficou mais calmo, retomaram a caminhada.[4] Entre 17 e 21 de janeiro, cerca de 56 mil prisioneiros deixaram Auschwitz e seus

---

**3** "Jewish Survivor Dina Gottliebová-Babbitt Testimony Part 2". USC Shoah Foundation. Disponível em: <www.youtube.com/watch?v=e85gLhT5c2A>. Acesso em: 10. jul. 2023. **4** Miklós Nyiszli, op. cit., pp. 149-50.

subcampos em direção ao oeste. Pelo menos 9 mil morreram no caminho, mas as estimativas mais prováveis chegam a 15 mil.[5]

As gêmeas Eva e Miriam Mozes, que tinham sido cobaias de Mengele, permaneceram em Auschwitz. Quando ouviram que milhares de prisioneiros estavam indo embora, Eva disse para Miriam que não iria acompanhar nenhuma marcha. Em sua mente de criança, pensou que os nazistas não tinham sido particularmente legais com elas enquanto estavam ganhando a guerra. E, portanto, não seriam mais tolerantes no momento em que estavam perdendo. Com esse raciocínio, as duas meninas de dez anos decidiram ficar, assim como outros gêmeos. Para sorte delas, nenhum guarda voltou para checar se os barracões estavam realmente vazios. As crianças perambulavam pelo campo em busca de comida e roupas quentes para vestir. Eva encontrou um par de sapatos no "Canadá", o famoso depósito onde eram guardadas as coisas usurpadas dos judeus. Um dia, ela saiu para pegar pão e escutou o barulho de um jipe. Eram quatro nazistas que tinham voltado para o campo e estavam atirando com metralhadora em quem tinha sobrado. Eva desmaiou, e o fato de ter caído no chão provavelmente salvou sua vida. Ao levantar, havia vários corpos ao seu lado.[6]

Os doentes também ficaram para trás nos hospitais e enfermarias de Auschwitz. Os nazistas avaliaram que quem estava muito fraco para andar deveria ser executado, mas a ordem de exterminá-los não foi cumprida à risca. Os alemães preferiram salvar a própria pele e fugir a esperar o Exército Vermelho. No fim, os doentes tiveram mais sorte do que quem foi obrigado a deixar Auschwitz a pé. Primo Levi, o químico italiano que se tornou uma das principais testemunhas a descrever o que

---

**5** "The Final Evacuation and Liquidation of the Camp". Auschwitz-Birkenau State Museum. Disponível em: <www.auschwitz.org/en/history/evacuation/the-final-evacuation-and-liquidation-of-the camp>. Acesso em: 4 nov. 2021.
**6** Eva Mozes Kor e Lisa Rojany Buccieri, op. cit., pp. 78-80.

acontecera em Auschwitz, mal conseguiu comemorar a fuga dos alemães: "Se eu tivesse agora minha sensibilidade normal, este seria um momento extremamente emocionante".[7]

Os soviéticos estavam muito perto. Invadiram Cracóvia com facilidade, porque a cidade já tinha sido abandonada. O mesmo não aconteceu na liberação de Oświęcim. Um batalhão comandado pelo major ucraniano Anatoly Shapiro enfrentou forte resistência dos nazistas. Metade dos novecentos homens do seu batalhão morreu no combate. Os alemães também colocaram minas terrestres pelo caminho para dificultar o acesso a Auschwitz. No dia 27 de janeiro, o major Shapiro, ironicamente um judeu, foi o primeiro a abrir o portão abaixo do infame letreiro *"Arbeit macht frei"* [O trabalho liberta]. Lá dentro os militares encontraram 7 mil pessoas. A maioria era pele e osso, muitas não tinham sequer sapatos no frio congelante do inverno polonês. Eram mortos-vivos que mal reagiram à libertação do campo. Um ou outro que ainda tinha forças para falar perguntava se era verdade que estavam sendo libertados. Imediatamente o pessoal da Cruz Vermelha começou a fazer sopas de frango e vegetais, mas muitos prisioneiros não conseguiam comer porque o estômago tinha atrofiado e estava minúsculo.[8]

Dez dias se passaram entre a partida das Marchas da Morte e a chegada do Exército Vermelho. Entre os prisioneiros, havia cerca de quinhentas crianças e adolescentes com menos de quinze anos. A maioria estava exausta, sofria de falta de vitaminas e boa parte tinha tuberculose. Todas estavam pelo menos cinco quilos abaixo do peso médio, algumas chegavam

---

7 Primo Levi, *É isto um homem?*. Rio de Janeiro: Rocco, 2013, p. 223.   8 "60 Years After Liberation 'It Was Skin and Bones': Soldiers Remember Auschwitz". Jewish Telegraphic Agency. Disponível em: <www.jta.org/archive/60--years-after-liberation-it-was-skin-and-bones-soldiersremember-auschwitz>. Acesso em: 2 nov. 2021.

a ter dezessete quilos a menos que o ideal.[9] Entre elas, havia cobaias de Mengele. As pequenas Eva e Miriam Mozes aparecem nas clássicas imagens de libertação de Auschwitz em que crianças mostram para a câmera os bracinhos tatuados. O Exército soviético enviou uma equipe médica para tratar dos sobreviventes e oficiais interrogaram alguns detentos. Eles contaram sobre as câmaras de gás e os experimentos médicos. A informação foi enviada ao chefe de propaganda do Exército Vermelho e um pequeno artigo saiu no jornal militar. Não houve estardalhaço na época para denunciar os horrores encontrados em Auschwitz, provavelmente porque a linha do partido comunista insistia que os judeus não representavam uma categoria especial e só o sofrimento do povo soviético deveria ser enfatizado.[10]

Os rumores que tinham circulado no campo estavam certos: Mengele tinha ido embora e levou consigo todas as anotações dos seus experimentos. Até hoje elas não foram encontradas. O que sobrou dos registros do seu trabalho está em pouquíssimos documentos do museu de Auschwitz. As informações que temos hoje são baseadas principalmente nos relatos das cobaias que sobreviveram às experiências, das testemunhas das seleções e dos profissionais que serviram como assistentes e, portanto, acompanharam de perto seu trabalho.[11] Com a evacuação de Auschwitz, Mengele foi designado para outro campo de concentração, o de Gross-Rosen, no sudoeste da Polônia. Lá funcionava um vasto complexo industrial de empresas alemãs que também usavam o trabalho escravo dos

---

9 "The Fate of the Children". Auschwitz-Birkenau State Museum. Disponível em: <www.auschwitz.org/en/history/fate-of-children/the-fate-of-the children>. Acesso em: 12 jul. 2023.   10 Antony Beevor, op. cit., pp. 1210-1.
11 Carola Sachse, op. cit.

prisioneiros. Havia uma rede de pelo menos 97 subcampos. O mais conhecido deles é o de Brünnlitz, que entrou para a história por causa de um empresário. Oskar Schindler criou sua famosa lista com o nome dos mais de mil judeus que ele selecionou para trabalhar em sua fábrica e, dessa forma, salvou suas vidas.[12] Mengele não pôde ficar muito tempo em Gross--Rosen porque logo o Exército Vermelho se aproximou mais uma vez e acabou libertando o campo no dia 13 de fevereiro de 1945. Àquela altura, o maior medo dos oficiais alemães, especialmente da SS, era cair nas mãos dos soviéticos.

Nos últimos dias da guerra, Mengele chegou a um hospital militar em Saaz, nos Sudetos. A região na antiga Tchecoslováquia ficou conhecida mundialmente em 1938 por ter sido ocupada por Hitler sob o pretexto de proteger a população de língua alemã que ali morava. Agora a situação era completamente diferente, os chamados alemães étnicos estavam sendo expulsos em massa. Em seu primeiro golpe, Mengele apareceu vestindo uniforme de oficial do Exército alemão — e não da SS, da qual ele fazia parte de verdade. Por sorte, o chefe do hospital de campanha era um velho amigo seu, o dr. Otto-Hans Kahler, que antes da guerra também tinha trabalhado com Otmar von Verschuer. Kahler pediu permissão ao comandante da unidade para que Mengele pudesse se juntar a eles.[13] O comandante consentiu e Mengele ficou acampado com a unidade em uma floresta dos Sudetos, uma cadeia de montanhas que formava uma fronteira natural entre a antiga Tchecoslováquia e a Alemanha. Formalmente, a área deveria estar sob responsabilidade dos Estados Unidos, mas nenhum país aliado tinha

---

**12** "Gross-Rosen". United States Holocaust Memorial Museum. Disponível em: <encyclopedia.ushmm.org/content/en/article/gross-rosen>. Acesso em: 12 jul. 2023.   **13** *In the Matter of Josef Mengele: A Report to the Attorney General of the United States*, op. cit., pp. 26-7.

chegado ali ainda, era uma terra de ninguém. Com os soviéticos nas costas e os americanos na frente, os militares alemães ficaram encurralados naquela floresta por seis semanas.

## Baviera, setor americano, junho de 1945

A guerra na Europa acabou no dia 8 de maio com a rendição incondicional da Alemanha, depois de os soviéticos terem lançado 40 mil toneladas de bombas sobre Berlim em apenas duas semanas. A capital alemã ficou reduzida a um monte de escombros. A situação em todo o continente era de caos. Só em território alemão, 20 milhões de pessoas não tinham onde morar. Em toda a Europa Ocidental os sistemas de transporte e comunicação estavam seriamente avariados.[14] Nesse cenário, pouco mais de um mês depois do fim do conflito, na metade de junho, o hospital militar onde Mengele tinha passado as últimas semanas recebeu ordens para se mudar para o setor americano, porque o Exército Vermelho estava prestes a ocupar a região dos Sudetos. Os veículos da unidade médica formaram um comboio e seguiram juntos até a Baviera. Já quase sem combustível, eles foram parados pelos americanos e levados para um acampamento de prisioneiros de guerra perto da cidade de Schauenstein. Poderia ser o fim da linha para Mengele se alguém descobrisse quem ele era. Logo de início, o ex-capitão da SS entendeu isso e passou a usar nomes falsos. Ao se registrar no campo de prisioneiros, disse que se chamava Josef Memling, usando o sobrenome de um pintor alemão do século XV. Ninguém percebeu a gracinha, apenas o colega Kahler, que gostava muito de arte. Kahler disse para Mengele que não era digno e honrado para um oficial alemão usar um nome falso e que ele deveria preferir o verdadeiro.

14 Tony Judt, op. cit., pp. 30-1.

Os países vencedores tinham dividido a Alemanha em quatro setores e cada potência aliada ocupava um deles. Os Estados Unidos, que ficaram com uma parte do Centro e do Sul, enfrentavam uma situação complicada. Tinham sob sua responsabilidade mais de 3 milhões de prisioneiros de guerra dos países derrotados,[15] poucos suprimentos e uma população enorme de desabrigados. Nessas circunstâncias desafiadoras, os americanos tinham pressa em liberar o maior volume possível de pessoas, ao mesmo tempo que se preocupavam em não soltar quem tinha colaborado ativamente com o nazismo. Naquele mês de junho, então, o Exército americano autorizou o que já acontecia na prática havia algum tempo: os prisioneiros alemães podiam ser liberados — com exceção daqueles que se enquadravam na categoria de "prisão automática". Isso queria dizer homens da SS, membros do partido nazista a partir de certo nível na hierarquia militar e criminosos de guerra. Só por essa regra, Mengele deveria ter sido preso. Para sua sorte, porém, ninguém ali sabia que ele preenchia quase todos esses requisitos. Além disso, a Comissão de Crimes de Guerra das Nações Unidas divulgou uma relação de criminosos procurados. O nome de Mengele aparecia na lista número 8, publicada em maio. As autoridades polonesas estavam atrás dele, afinal Auschwitz ficava na Polônia. Essa teria sido outra possibilidade de prisão para Mengele. A questão é que, no caos do pós-guerra, essa lista não chegou aonde deveria ter chegado: aos grandes acampamentos que abrigavam os prisioneiros alemães.

Fazer a triagem dos militares dos países perdedores não era algo empolgante para a maioria dos americanos. Até poucas semanas antes, os dois lados estavam frente a frente lutando

---

15 *In the Matter of Josef Mengele: A Report to the Attorney General of the United States*, op. cit., p. 37.

nas batalhas. Agora, os soldados, que não falavam alemão e estavam loucos para voltar para casa, precisavam lidar com esse serviço burocrático. Mas não dava para reclamar. Tinham que se contentar em ficar um pouco mais na Alemanha, já que o trabalho de ocupação era uma espécie de prêmio para os militares mais bem avaliados. A alternativa era ser mandado para o Teatro de Operações do Pacífico, onde a guerra contra o Japão ainda estava a todo vapor.

No fim das contas, funcionários alemães acabaram assumindo a maior parte da liberação dos prisioneiros em Schauenstein. Ninguém ali consultava o catálogo de criminosos de guerra procurados, apenas tomava o cuidado de não liberar os membros da SS, que eram identificados pelos documentos pessoais ou por uma marca exclusiva desse grupo de elite nazista: a tatuagem do tipo sanguíneo debaixo do braço esquerdo. Nos centros de treinamento da Schutzstaffel os membros faziam um exame de sangue e eram tatuados por um médico. Entretanto, quem entrou na SS antes da guerra podia não ter essa tatuagem. Era o caso de Mengele. Sem a marca, era mais fácil passar a perna nos Aliados. Isso não quer dizer que os alemães não se reconhecessem entre si. Para tanto havia um código: Odessa. Essa palavra era a senha que os prisioneiros usavam para se identificar como um ex-membro da SS.[16]

Depois de seis semanas em Schauenstein, Mengele, Kahler e mais um médico conhecido deles, o neurologista Fritz Ulmann, foram transferidos para outro acampamento um pouco mais ao sul da Baviera, na cidade de Helmbrechts. Lá, a ordem do dia era liberar os prisioneiros de guerra assim que possível. Em longas mesas, os americanos analisavam o caso de cada militar

16 Bettina Stangneth, *Eichmann Before Jerusalem: The Unexamined Life of a Mass Murderer*. Nova York: Vintage, 2015, p. 89.

alemão. Na triagem inicial, todos tinham que tirar a camisa e levantar os braços para os americanos inspecionarem se alguém tinha uma tatuagem da SS. Quem não tinha, era liberado se não houvesse nada suspeito em seus documentos. Se houvesse alguma dúvida, um oficial americano interrogava o prisioneiro com a ajuda de um intérprete. Se a questão não fosse resolvida, os documentos daquele prisioneiro eram enviados para análise de uma alçada superior.

Mengele passou batido por aquela triagem, e duas semanas mais tarde, o dia tão esperado chegou. Ele e os dois colegas médicos foram liberados e receberam um certificado de dispensa. Mengele deu o nome verdadeiro — pouco provável que tenha sido por causa do discurso moralista de Kahler, afinal ele estava mais preocupado em salvar a própria pele do que com honra ou dignidade. Caminhões do Exército americano levavam quem tinha sido liberado até um ponto dentro da zona de ocupação americana. Mengele e Ulmann embarcaram em um veículo que ia até Munique. Mengele desceu antes, em Ingolstadt, na altura da cidade de seus pais, Günzburg. E, por mais um golpe de sorte, ganhou o papel de dispensa com seu próprio nome, e ainda ficou com uma cópia da liberação do colega, uma vez que Ulmann tinha duas. Esse documento seria muito útil para Mengele manter sua identidade em sigilo nos próximos passos da fuga.

Em agosto de 1945, os Estados Unidos jogaram as bombas atômicas sobre Hiroshima e Nagasaki, que obrigaram o Japão a se render. No dia 2 de setembro, os japoneses assinaram a rendição incondicional e a Segunda Guerra Mundial finalmente acabou. Naquele momento, tudo o que Mengele não queria era voltar para casa. Durante quase todo o conflito, Günzburg tinha conseguido escapar da destruição, mas já no fim sofreu três grandes bombardeios aliados. O primeiro alvo foi uma fábrica da Messerschmitt, a empresa alemã de aviões de guerra.

Outros dois ataques destruíram a estação ferroviária e danificaram serviços públicos. O principal problema para Mengele não eram os estragos na cidade e, sim, o fato de que os americanos assumiram o comando depois que a Alemanha se rendeu. Eles só sairiam de lá no começo dos anos 1950. A primeira medida que tomaram foi expurgar todos os nazistas da administração municipal. As forças de ocupação também mudaram nomes de ruas, desarmaram a polícia local, mudaram o currículo nas escolas e estacionaram um regimento de infantaria em Günzburg, o que tornou a cidade natal de Mengele um lugar arriscado para um ex-oficial da SS.

As novas autoridades usaram o mecanismo da "prisão automática" para prender Karl, o pai de Mengele, por ter sido conselheiro econômico municipal. O irmão mais novo, Alois, ainda não tinha voltado para casa porque foi feito prisioneiro de guerra na Iugoslávia. Karl Jr., o irmão do meio, tinha sido dispensado do serviço militar — os nazistas consideraram seu trabalho na empresa de máquinas agrícolas essencial para o esforço de guerra. Quando os americanos assumiram o comando da cidade, Karl Jr. virou alvo de um longo processo de desnazificação e achou melhor deixar a firma sob os cuidados de Hans Sedlmeier, o fiel funcionário da família, que seria uma figura-chave na fuga de Mengele para a América Latina. No fim, os americanos não fizeram uma busca intensa por Mengele em Günzburg porque estavam convencidos de que ele não estava lá. Chegaram a interrogar sua mulher, Irene, que tinha se mudado com o filho Rolf e a sogra Wally para Autenried, uma vila nas redondezas. Aparentemente estavam atrás de Mengele por ele ser um suspeito em potencial, não por terem recebido uma ordem superior para prendê-lo. Definitivamente, voltar para casa, naquele momento, estava fora de cogitação para o ex-capitão da SS.

## Outubro de 1945

Mengele não retornou, mas também não foi longe. Pediu trabalho em uma fazenda na vila de Mangolding, no distrito de Rosenheim, também na Baviera. Os donos da propriedade eram um casal, Maria e Georg Fischer, a quem Mengele se apresentou como Fritz Ulmann. Era o nome do colega médico com quem ele ficou detido nos dois acampamentos para prisioneiros de guerra e que lhe deu uma cópia do seu certificado de dispensa. Mengele inventou para o casal uma história verossímil. Disse que tinha acabado de voltar do setor ocupado pela União Soviética após uma busca sem sucesso por sua esposa, que tinha sido mandada para a região central da Alemanha durante a guerra. Maria e Georg não viram problema em aceitar a oferta de trabalho e acolheram Mengele por quase três anos, sem saber, é claro, de quem se tratava. Foi um refúgio praticamente perfeito durante algum tempo. Mesmo na clandestinidade ele conseguiu se encontrar com o irmão Karl Jr. Eles conversaram no meio da estrada a dez quilômetros da fazenda e ele atualizou Mengele sobre a situação da firma, dos parentes e da cidade. Um tempo depois, Mengele também pôde ver a esposa. Irene contou tudo o que tinha acontecido desde a última vez que se viram em Auschwitz, inclusive que foi interrogada por militares americanos. Ela sugeriu que ele deixasse a Alemanha porque seria impossível viver uma vida normal lá. Ficou claro, então, que o casamento tinha chegado ao fim, Irene queria uma vida normal, não às escondidas.

Cada vez mais, Mengele enrolava-se em um novelo de mentiras. Ele teve que preencher um questionário preparado pelas forças aliadas para identificar os alemães "passíveis de acusação" — em toda a Alemanha 16 milhões de pessoas responderam às perguntas,[17] ele não teve como escapar. Mas isso não foi um problema, pelo contrário, regozijou-se com as histórias que inventou e ainda ajudou na resposta de outros funcionários da fazenda. O questionário era mais uma das medidas das potências vitoriosas para erradicar o nazismo da Alemanha, um desafio, no mínimo, complexo. Quando a guerra acabou na Europa, havia 8 milhões de nazistas no país. Não era o caso de prender ou julgar todo mundo. Os Aliados preferiram fazer um processo de desnazificação da sociedade alemã, que incluiu visitas compulsórias a campos de concentração para que os civis pudessem ver com os próprios olhos as atrocidades que os nazistas tinham cometido. Além disso, os Aliados renovaram os acervos das bibliotecas e controlavam o papel para impressão de jornais. Mengele não se sentia totalmente seguro nesse ambiente. O que tirou seu sono, sem dúvida, foi saber que as autoridades prenderam um criminoso de guerra em Rosenheim, o município onde morava, e o extraditaram para a Bélgica. O mesmo poderia acontecer com ele se fosse descoberto a qualquer momento e, quem sabe, fosse extraditado para a Polônia. Lá, as autoridades fariam os julgamentos dos membros da ss que trabalharam em Auschwitz. Isso sem contar que, dois meses antes, os Aliados tinham começado a julgar os líderes nazistas em Nuremberg.

17 Tony Judt, op. cit., p. 70.

# 10.

## Justiça só para uns
### ou
## Fuga da Europa

Nuremberg, agosto de 1945 a maio de 1949

Se o estado da Baviera era o berço do nazismo, a cidade de Nuremberg poderia ter sido o cartão-postal. Foi lá que o partido nazista organizou seus grandiosos comícios que atraíram milhares de apoiadores nos anos antes da guerra. Nesses eventos, a imagem mais emblemática era a de Hitler com o braço retesado saudando a massa "ariana" uniformizada, que respondia fanaticamente "*Heil Hitler*". Era como se o Führer encarnasse um semideus no centro da tribuna do campo Zeppellin. O lugar lembrava o altar de Pérgamo — uma construção da Grécia Antiga dedicada a ninguém menos que Zeus, o maior deus do Olimpo. A tribuna, emoldurada por bandeiras vermelhas gigantes com intimidadoras suásticas negras, tinha também um quê de sambódromo, que instigava uma catarse coletiva como no Carnaval. Esse era mesmo o objetivo. O espetáculo era calculado meticulosamente para que o nazismo tivesse um apelo popular profundo ao mesmo tempo que parecesse ser o grande restaurador da civilização. Tudo isso criava um enorme impacto nos espectadores, que estavam vendo o evento ao vivo ou no filme de Leni Riefenstahl, *O triunfo da vontade*, a

147

obra-símbolo da propaganda nazista. Não bastasse todo esse circo, Nuremberg também era conhecida como a cidade onde foram anunciadas, em 1935, as leis que deixaram oficialmente os judeus à margem da sociedade alemã, tirando-lhes a cidadania e proibindo que se casassem com não judeus. Eram as famosas "Leis de Nuremberg". Nesse lugar tão simbólico para o nazismo, os Aliados decidiram fincar outro símbolo quando a guerra acabou: o da justiça internacional.

Levar o alto escalão nazista a julgamento não era algo óbvio. O primeiro-ministro Winston Churchill, que liderou o esforço de guerra britânico nos momentos em que tudo parecia perdido, preferia instaurar um pelotão de fuzilamento a um tribunal. O presidente americano, Franklin D. Roosevelt, também titubeou sobre a melhor maneira de lidar com os nazistas. Mas Harry Truman, que assumiu a presidência americana logo após a morte de Roosevelt, não tinha dúvidas: deveria haver julgamento. O fato de ele mesmo ter sido juiz antes da presidência certamente influenciou na decisão. No dia seguinte à morte de Roosevelt, em abril de 1945, Truman ouviu um discurso de um juiz associado da Suprema Corte americana que o impressionou. Robert Jackson disse que não se deveria julgar um homem se não se quisesse vê-lo livre no caso de sua culpa não ser comprovada. E concluiu que o mundo não tem respeito por cortes criadas apenas para condenar. Truman convidou Jackson para comandar a promotoria do primeiro tribunal de guerra internacional da história. Ele aceitou o desafio porque acreditava que a civilização não sobreviveria a outra guerra mundial e queria mandar um recado para os líderes beligerantes: se provocassem um conflito, enfrentariam sérias consequências na Justiça.[1]

---

1 Norbert Ehrenfreund, *The Nuremberg Legacy: How the Nazi War Crimes Trials Changed the Course of History*. Nova York: Palgrave Macmillan, 2007, pp. 10-1.

O julgamento começou em novembro de 1945, com quatro juízes dos países vitoriosos — Estados Unidos, Reino Unido, França e União Soviética. Um novíssimo sistema de tradução simultânea permitiu que o julgamento ocorresse em quatro línguas diferentes. O alemão também foi usado, apesar de não haver nenhum juiz alemão, e essa foi uma das várias críticas que foram feitas ao tribunal. O alto escalão nazista estava sendo acusado de quatro crimes: conspiração para travar uma guerra agressiva, travar uma guerra agressiva, crimes de guerra e crimes contra a humanidade — este último incluía a tortura e o extermínio de milhões de pessoas com base na "raça", o que mais tarde ficou mundialmente conhecido como Holocausto.

É verdade que Hitler e grandes líderes nazistas cometeram suicídio antes que qualquer julgamento pudesse ter sido feito. O Führer e o fiel ministro da Propaganda, Joseph Göbbels, morreram no bunker em que estavam escondidos nos últimos dias antes da queda de Berlim. Himmler, o chefão da SS, tirou a própria vida depois de ter sido capturado pelos britânicos. E Hermann Göring, comandante da Luftwaffe e segundo na linha de comando, chegou a ser condenado à forca em Nuremberg, mas na noite anterior ao enforcamento engoliu um comprimido de cianeto. Além disso, Martin Bormann, secretário particular de Hitler, estava desaparecido e foi julgado in absentia. Só décadas mais tarde descobriu-se que, na verdade, ele já estava morto àquela altura. Por isso, o banco dos réus do Tribunal Militar de Nuremberg sofreu um grande desfalque, ainda que 22 nazistas do alto escalão tenham sido julgados e doze deles tenham sido condenados à forca.[2] O tribunal também classificou quatro instituições como criminosas: a cúpula do partido nazista, o Serviço de Segurança (SD), a Gestapo, que era a polícia secreta nazista, e a SS, à qual

---

2 Norbert Ehrenfreund, op. cit., pp. 87-9.

Mengele pertencia. Isso quer dizer que o simples fato de uma pessoa ter feito parte de qualquer uma dessas organizações já constituía um crime.

## Outubro de 1946

A guerra tinha acabado havia mais de um ano quando os Estados Unidos decidiram continuar com mais doze julgamentos em Nuremberg. Depois que os Aliados julgaram o alto escalão, os americanos levaram para o banco dos réus os profissionais que fizeram a roda do nazismo girar: médicos, juízes, industriais, comandantes da polícia, militares, servidores públicos e diplomatas. Os Estados Unidos tiveram que continuar sozinhos nessa empreitada, porque a Guerra Fria começava a dar os primeiros sinais e a União Soviética tinha interesses diferentes dos antigos Aliados. No Reino Unido, Winston Churchill tinha deixado o cargo de primeiro-ministro em julho de 1945, e as outras nações estavam sem dinheiro para bancar o tribunal. Nesse contexto, quatro juízes americanos deram andamento ao trabalho no Palácio da Justiça em Nuremberg.

O primeiro dos doze julgamentos subsequentes foi justamente o dos médicos. Mengele tinha motivos para ficar preocupado porque se encaixava nos mesmos crimes pelos quais os Estados Unidos indiciaram vinte médicos e três funcionários administrativos da área da saúde. Eram quatro acusações: conspiração, crime de guerra, crime contra a humanidade e pertencer a uma organização criminosa, basicamente a SS. O principal acusado era Karl Brandt, médico pessoal de Hitler e responsável por colocar em prática o programa T4 de extermínio secreto de alemães com deficiências físicas e mentais — o projeto que foi praticamente um embrião do Holocausto. Havia também vários médicos que tinham sido cientistas importantes, cirurgiões, chefes em clínicas, hospitais ou universidades na Alemanha.

Estavam ali por terem praticado experimentos médicos em Auschwitz, Dachau, Buchenwald, Ravensbrück, Sachsenhausen e outros campos de concentração. Independente de legislação, seja internacional ou de qualquer país, todos esses médicos violaram o juramento de Hipócrates e seu princípio fundamental para o exercício ético da medicina: "Antes de tudo, não fazer o mal" — *primum non nocere*.

O general Telford Taylor, que fez parte da equipe de Jackson, assumiu o comando da promotoria. Em dezembro de 1946, quando o julgamento dos médicos nazistas finalmente começou, ele fez a apresentação inicial:

> os réus neste caso são acusados de assassinatos, torturas e outras atrocidades cometidas em nome da ciência médica. As vítimas desses crimes são contadas em centenas de milhares, mas apenas um punhado de pessoas ainda estão vivas. Alguns dos sobreviventes vão comparecer a este tribunal. [...] Para seus assassinos, essas pessoas não eram indivíduos. Chegavam aos montes e eram tratadas pior do que animais.[3]

Taylor afirmou que todos os réus ali presentes cometeram crimes de guerra ao participar de experimentos médicos entre setembro de 1939 e abril de 1945. Os acusados "tiveram papel central, colaboraram, ordenaram, apoiaram ou deram o aval" a experiências que usaram seres humanos como cobaias. Tudo sem o consentimento das próprias vítimas, civis e militares dos exércitos em guerra com a Alemanha.

---

3 "The Doctors Trial: The Medical Case of the Subsequent Nuremberg Proceedings". United States Holocaust Memorial Museum. Disponível em: <encyclopedia.ushmm.org/content/en/article/the-doctors-trial-the-medical-case-of-the subsequent-nuremberg-proceedings>. Acesso em: 12 jul. 2023.

O promotor começou, então, a descrever rapidamente alguns experimentos. No primeiro exemplo, Taylor falou que os nazistas conduziram testes de alta altitude com prisioneiros colocados em câmaras de baixa pressão que reproduziam as condições atmosféricas de até 68 mil pés — ou seja, mais de 20 mil metros, o dobro do que voa um avião comercial. Em decorrência disso, muitas pessoas morriam ou sofriam ferimentos graves. O promotor relatou também as experiências para testar a resistência do ser humano ao frio. Prisioneiros foram colocados pelados em tanques de água gelada por até três horas seguidas ou ficaram nus ao ar livre em temperaturas abaixo de zero, o que provocou a morte de muitos deles. Taylor afirmou ainda que os médicos infectaram mais de mil pessoas com malária. Além de mortes, ele disse, essas experiências sobre a doença causaram muita dor nos sobreviventes e alguns deles ficaram com sequelas permanentes. Em outro experimento ainda mais cruel, os nazistas feriram propositalmente os prisioneiros e depois injetaram nas feridas abertas estreptococos e bactérias causadoras de gangrena e tétano. Em seguida, os machucados receberam farpas de madeira e cacos de vidro. Taylor relatou que as vítimas, obviamente, morreram em grande sofrimento. Alguns médicos nazistas também tentaram fazer transplantes para regenerar ossos, músculos e nervos, como se as cobaias humanas fossem bonecos que pudessem ser moldados, ignorando completamente o sofrimento envolvido nesse tipo de operação. O promotor americano disse que as partes do corpo eram removidas sob intensa dor e agonia e que quem sobrevivia enfrentava deficiência permanente. Em outro experimento, ele continuou, os detentos não receberam nenhum alimento por dias, apenas água salgada. Nas experiências de esterilização forçada, como as que ocorriam em Auschwitz, milhares de mulheres foram esterilizadas com raios X, cirurgias ou drogas. Nos experimentos com tifo, mais de 90% das pessoas infectadas propositalmente morreram. Algumas experiências usavam venenos misturados na comida de prisioneiros, sem que eles percebessem. Quando morriam envenenados, seus corpos eram estudados nas autópsias. Taylor concluiu o pequeno sumário de horrores dizendo que ainda havia os experimentos com bombas incendiárias. Os nazistas queimavam os indivíduos com o fósforo retirado dos explosivos, o que provocava uma dor terrível nas vítimas.[4]

O dr. Brandt e outros médicos argumentaram que tinham apenas agido como cientistas em pesquisas para o regime nazista. Mas isso não convenceu os juízes. Embora nos sistemas penais europeus não exista crime sem que uma lei prévia o defina, em Nuremberg o princípio da humanidade falou mais alto e se sobrepôs ao postulado *nullum crimen, nulla poena sine praevia lege.* Em outras palavras, ficou evidente para os magistrados que valeria uma exceção ao princípio da legalidade diante da escandalosa gravidade dos delitos cometidos. Os juízes também entenderam que os réus tinham responsabilidade individual naqueles crimes escabrosos e precisavam ser punidos por isso.

No dia 20 de agosto de 1947 saíram as sentenças. Sete acusados foram condenados à morte por enforcamento, incluindo Brandt. Outros sete foram absolvidos e o restante recebeu pena de prisão.[5] É forte a imagem de um médico na forca, um homem que teoricamente se dedica à ciência e à razão condenado por crimes cometidos durante o exercício distorcido da profissão em que jurou "antes de tudo, não fazer o mal". Essa cena impactante, no entanto, contém uma mensagem muito clara: daquele ponto em diante da História, os médicos não poderiam mais se valer da posição profissional para fazer o que bem entendessem com os pacientes. Desse raciocínio surgiu o Código de Nuremberg,

4 Vivien Spitz, op. cit., pp. 44-5.   5 Ibid., p. 296.

com dez princípios básicos de ética que todo médico deve seguir. O primeiro ponto afirma que qualquer experiência com seres humanos precisa do consentimento informado do paciente.[6] Esse foi um importante legado do julgamento.

Mais de trezentos médicos nazistas cometeram crimes ao exercer a profissão, mas apenas vinte foram a julgamento em Nuremberg.[7] Isso não quer dizer que todos os outros saíram impunes como Mengele. Tribunais americanos, britânicos e franceses julgaram, em suas respectivas zonas de ocupação, nazistas de escalões inferiores. Não há um número exato de quantos deles eram médicos. No total, mais de 5 mil alemães foram condenados por crimes de guerra ou crimes contra a humanidade, dos quais quase oitocentos receberam a pena de morte. As forças aliadas também extraditaram nazistas para outros países, principalmente Polônia e França, para serem julgados pelos tribunais dos locais onde cometeram os crimes.[8] Foi o caso de um ex-colega de Mengele, o dr. Erwin von Helmersen. Os dois tinham um background muito parecido. Ambos tinham sido médicos da SS, trabalharam no acampamento cigano de Auschwitz-Birkenau e foram presos pelos americanos no fim da guerra. Uma diferença, porém, era gritante entre eles. Helmersen foi deportado para a Polônia, condenado à morte por um tribunal de Cracóvia e executado em abril de 1949.[9] Mengele, que tinha sido chefe dele no acampamento cigano, vivia escondido incólume na fazenda da Baviera. A pergunta inevitável é: como ele conseguiu driblar as forças de ocupação e escapar da Justiça no pós-guerra, quando nem seus subordinados tiveram a mesma sorte?

Uma primeira resposta é que Mengele não estava sendo ativamente procurado logo depois da guerra, apesar de seu nome aparecer em duas listas. Na de número 8, publicada em maio de

---

**6** Norbert Ehrenfreund, op. cit., p. 149.  **7** Vivien Spitz, op. cit., p. 50.
**8** Tony Judt, op. cit., p. 67.  **9** Carola Sachse, op. cit., pp. 228-9.

1945 pela Comissão de Crimes de Guerra das Nações Unidas, ele estava na 240ª posição, a pedido das autoridades polonesas. Mengele também estava na lista da Central Registry of War Criminals and Security Suspects (CROWCASS), uma organização dos Aliados que coordenava os esforços para encontrar quem tinha cometido delitos durante a Segunda Guerra.[10] A verdade é que as autoridades americanas que faziam parte das forças de ocupação em Günzburg não conseguiram encontrá-lo em uma primeira tentativa e desistiram das buscas. Além disso, de início, os americanos ainda não tinham a dimensão clara dos crimes que ele tinha cometido.[11]

O mesmo não se pode dizer dos sobreviventes, que sabiam em detalhes da sua conduta em Auschwitz e estavam prontos para denunciá-lo. A oportunidade surgiu em dezembro de 1946, quando o jornal austríaco *Der Neue Weg* publicou uma matéria afirmando que Mengele tinha sido preso na Alemanha. Era o que hoje se chamaria de fake news. Mesmo falsa, a notícia se espalhou como fogo em capim seco. O jornal austríaco pedia informações sobre as atividades de "um dos maiores criminosos de guerra" e dizia que os relatos deveriam ser enviados para um comitê de ex-prisioneiros de campos de concentração em Viena. O jornal húngaro *Vilagossag* reproduziu a história e, em seguida, outros veículos de imprensa também. Sobreviventes começaram a mandar seus testemunhos para Viena. De comunidade em comunidade os sobreviventes foram gravando seus depoimentos sobre as atrocidades de Mengele. Até que, meses depois, vítimas na Romênia, na Holanda, nos Estados Unidos e na própria Áustria tinham relatado o que viram acontecer ou viveram nas mãos de Mengele. A Agência Telegráfica Judaica deu um passo a mais e publicou

10 *In the Matter of Josef Mengele: A Report to the Attorney General of the United States*, op. cit., p. 41.   11 Ibid., p. 61.

um artigo dizendo que o governo polonês tinha pedido para as autoridades americanas na Alemanha a extradição de Mengele para a Polônia. Rapidamente, um grupo de vítimas se prontificou a servir de testemunha no tribunal. As notícias também agitaram os campos de refugiados na Europa e vários sobreviventes se apresentaram para testemunhar contra Mengele. A notícia do pedido de extradição de Mengele também era falsa. O que tudo isso provocou, no entanto, foi uma corrida para registrar o sofrimento mais verdadeiro, testemunhado por vítima atrás de vítima, de diferentes países europeus e até do outro lado do Atlântico.

Gisella Perl, a ginecologista que trabalhou como assistente de Mengele, tinha se mudado para os Estados Unidos. Ela leu em um jornal de Nova York a notícia da prisão do seu ex-chefe e o pedido para as testemunhas mandarem seus relatos. A dra. Perl decidiu entrar em contato com o Exército americano. Escreveu uma carta se oferecendo como testemunha contra "o mais perverso assassino de massa do século XX". "Por um longo ano, eu fui uma prisioneira em Auschwitz e fui forçada a atuar como médica sob seu comando. Nessa capacidade, eu tive todas as oportunidades de observar o dr. Mengele em sua maneira mais bestial", ela escreveu. A oferta de Gisella foi parar na mesa do general Telford Taylor, o promotor americano que conduziu o julgamento dos médicos no Tribunal de Nuremberg. Ele respondeu que "nossos registros mostram que Mengele morreu em outubro de 1946".[12]

A "morte" convinha a Mengele, não poderia ter esconderijo melhor que o além-vida. A própria família passou a endossar a história. Quando seu pai foi preso, disse que o filho estava desaparecido. Naturalmente, Karl Mengele sabia o que tinha acontecido com seu primogênito e mentiu para as autoridades

12 Ibid., pp. 83-5.

de desnazificação para protegê-lo. Irene também se comportava como uma viúva, só andava de preto e pediu aos burocratas de Günzburg que declarassem que o marido tinha morrido na guerra.[13] Mas o pedido não vingou e o fantasma de Mengele pairou sobre os tribunais na Europa. Ele foi uma ausência marcante nos julgamentos de Auschwitz que o governo polonês conduziu a partir de março de 1947. Talvez tenha sido o único médico do campo que desapareceu sem deixar rastro.[14]

O primeiro réu desses julgamentos foi Rudolph Höss, o comandante de Auschwitz, extraditado para a Polônia pelas autoridades britânicas. Ele foi condenado em Varsóvia e executado perto de seu antigo escritório. Em um segundo julgamento, muito maior, em Cracóvia, os poloneses julgaram quarenta ex-funcionários de Auschwitz, incluindo vários médicos. Dos condenados, 23 receberam a pena de morte, seis a prisão perpétua. Apenas um médico foi inocentado, o dr. Hans Münch, um colega de Mengele que se recusou a participar das seleções. Se Mengele tivesse sido realmente preso e extraditado para a Polônia, estaria entre eles. Mas os poloneses nunca pediram a extradição de Mengele para as autoridades americanas na Alemanha, talvez por acreditarem que ele estivesse morto.

As informações desencontradas e as condições caóticas do pós-guerra davam a oportunidade perfeita para quem quisesse seguir o fluxo de imigração para bem longe da Europa. No mercado paralelo, era possível encontrar com facilidade documentos falsos, de identidade ou de dispensa dos campos de prisioneiros de guerra. Muitos nazistas ainda não tinham sido identificados e podiam se misturar com os refugiados. Atravessadores enriqueceram oferecendo uma rota de escape da Alemanha, passando pelos portos italianos para chegar até

13 Ibid., p. 110.   14 Ibid., p. 114.

a América do Sul. Quem quisesse usar as famosas "linhas dos ratos" para fugir da Europa precisava de dinheiro para garantir um guia em cada parada, hospedagem clandestina e documentos falsos. Mengele embarcou numa dessas linhas, com todo o apoio financeiro que uma família rica poderia dar. Ele saiu da Baviera, foi até o sul da Áustria, cruzou a fronteira pela cidade de Brenner, entrou na Itália e foi até Gênova, onde pegou um navio para a Argentina com o nome falso de Helmut Gregor estampado num passaporte da Cruz Vermelha, emitido pelo Consulado da Suíça. Lá, não precisou explicar muito. A funcionária parece ter escutado a história algumas vezes:

> Você quer um passaporte da Cruz Vermelha para emigrar para a América do Sul porque, como sul-tirolês, está sem nacionalidade definida e não pode receber nem o passaporte alemão nem o italiano. Sua identidade, emitida na cidade de Bressanone, serve como base para seu pedido. Isso será feito, porque, de acordo com o estatuto, a Cruz Vermelha vai ajudar todas as pessoas em necessidade, sem fazer uma investigação extensa.[15]

No dia 26 de maio de 1949, Mengele embarcou no *North King* rumo a sua nova vida na América do Sul. Juan Domingo Perón já estava no poder na Argentina fazia três anos. Simpático ao nazismo, ele recebia os fugitivos do Terceiro Reich de braços abertos. O nazista mais inesquecível para os argentinos, no entanto, não seria Mengele, mas Adolf Eichmann, o tenente-coronel da SS que organizou a logística de transporte dos judeus.

15 Ibid., pp. 121-3.

158

## II.

# Nazistas em Buenos Aires

ou

# A nova vida de Mengele

A misteriosa organização chamada Odessa — uma vasta e poderosa rede subterrânea que dava apoio aos antigos membros da SS — foi uma fantasia que existiu apenas na imaginação de caçadores de nazistas e nostálgicos do regime de Hitler. Nos campos de prisioneiros na Europa pós-guerra, "Odessa" era uma senha para os ex-membros da SS se identificarem mutuamente e, com o tempo, virou uma entidade mítica alimentada por livros e filmes. Nos últimos anos, no entanto, a divulgação de documentos secretos nos Estados Unidos e na Europa mostrou que ela não existiu como imaginado. O que existiu, de fato, foi uma rota de fuga para a América do Sul com o apoio de instituições, como o Vaticano.[1]

É verdade também que no Novo Mundo havia uma comunidade nazista e que, naturalmente, ex-oficiais alemães se ajudavam. Mas as relações eram fluidas, baseadas nos contatos pessoais de cada um. Não havia uma associação estruturada planejada previamente pelos líderes da SS para salvar seus membros em caso de necessidade. O grupo contava

1 Bettina Stangneth, op. cit., p. 89.

com a boa vontade dos simpatizantes locais do finado Terceiro Reich. O mais importante foi o próprio presidente da Argentina, Juan Domingo Perón, que, além de grande admirador de Benito Mussolini, estudou o nazismo e devorou livros sobre o Führer, inclusive *Mein Kampf*. Por causa dessa admiração toda, ele considerou o Tribunal de Nuremberg uma infâmia e criou um esquema para facilitar a fuga de nazistas para o seu distante país.[2]

Logo que chegou ao poder em 1946, Perón colocou um homem da Igreja católica à frente da delegação argentina de imigração na Europa, cuja sede era em Roma. O padre José Clemente Silva recebeu instruções para organizar o traslado de 4 milhões de europeus para a Argentina. Perón deu uma recomendação especial: fazer o transporte clandestino de pessoas sem documentação. Foi assim que um grande contingente de nazistas chegou a Buenos Aires depois da Segunda Guerra.[3]

A capital argentina orgulhava-se de ser considerada a Paris da América do Sul — muito por causa de sua arquitetura e de seu requinte cultural, com teatros, livrarias e jornais de grande circulação. Podia ser vista como um solitário posto avançado da civilização europeia, como já tinha descrito o presidente Domingo Sarmiento no fim do século XIX. Todo o esplendor portenho vinha de uma época de ouro, quando o país era um grande exportador de couro, carnes e produtos agrícolas e vivia a promessa de ser uma potência no continente americano. O porto no estuário do rio da Prata integrava o país ao mercado internacional e, em 1880, o Congresso escolheu a cidade para ser a capital da República argentina. A Buenos Aires de Perón mantinha a herança do passado glorioso, somada agora

---

2 Uki Goñi, *The Real Odessa: How Peron Brought the Nazi War Criminals to Argentina*. Londres: Granta, 2003, pp. 17 e 396. [Ed. bras.: *A verdadeira Odessa: O contrabando de nazistas para a Argentina de Perón*. Trad. de Berilo Vargas. Rio de Janeiro: Record, 2004.] 3 Ibid., pp. 392-3.

à efervescência do movimento de trabalhadores e sindicatos tutelados pelo Estado.

Com talento para se comunicar com as multidões, ele atraía milhares de pessoas para seus discursos feitos do balcão da Casa Rosada, ao lado de Evita, sua segunda mulher, que mais tarde se eternizou como um mito nacional. Se Perón queria entrar para a História como o líder que galvanizava as massas, preferia esconder dos registros oficiais um outro lado: sua relação pessoal com os nazistas.[4] Um deles era Hans-Ulrich Rudel, o piloto mais condecorado da Luftwaffe, a Força Aérea nazista, que vivia em Buenos Aires desde 1948. Rudel ajudou a modernizar a aeronáutica argentina e, em troca, ganhou contratos e licenças do governo. Ele também era solidário e criou com Konstantin von Neurath, filho do ministro das Relações Exteriores alemão dos primeiros anos do regime nazista, um fundo emergencial para apoiar os companheiros recém-chegados da Alemanha. O serviço incluía o envio de pacotes, transferências de dinheiro e representação legal. A amizade com Perón facilitou muito esse trabalho,[5] que ajudou muitos amigos, incluindo Mengele.

Os nazistas refugiados em Buenos Aires facilmente se mimetizavam em meio a população, em que predominavam os imigrantes europeus. Sobretudo porque havia uma grande comunidade alemã que tinha se estabelecido na cidade desde antes da guerra e, naquela época, não era difícil ouvir o idioma alemão nas ruas. A pergunta era o que fazer com tantos ex-oficiais nazistas ociosos. Mas até para isso Perón encontrou uma solução. O governo contratou a Capri, uma companhia recém-criada, dirigida por argentinos e alemães, para construir uma hidrelétrica na cidade de Tucumán, no norte da Argentina. Na prática,

---

**4** Muita documentação foi destruída nos últimos dias do governo Perón, em 1955, para tentar apagar os rastros da ligação com os nazistas, como mostrou Uki Goñi em *A verdadeira Odessa*. **5** Bettina Stangneth, op. cit., p. 110.

era um cabide de empregos para tecnocratas do Terceiro Reich. Entre seus funcionários estava, por exemplo, o ex-tenente-coronel da SS, Adolf Eichmann. Os argentinos brincavam que o significado da sigla da empresa, que era Companhia Argentina para Projetos e Realizações Industriais, deveria ser alterado para Companhia Alemã para Recém-Imigrados.[6] As relações de Perón com os nazistas eram vastas, e o próprio Mengele pode ter tido uma ligação próxima com o líder argentino. No fim da vida, Perón contou a um jornalista que um especialista em genética costumava visitá-lo na residência presidencial de Olivos, entretendo-o com relatos de suas maravilhosas descobertas. Disse que, se se recordava bem, o nome daquele bávaro, orgulhoso da sua terra, era Gregor.[7]

Helmut Gregor era justamente como Mengele era conhecido nos primeiros anos em Buenos Aires. Era esse o registro que aparecia em seu passaporte da Cruz Vermelha. Ao desembarcar na cidade, em setembro de 1949, ele teve um pequeno inconveniente com um agente da alfândega que quis inspecionar uma de suas malas, logo a que continha suas anotações de pesquisa. Mengele argumentou que eram apenas "notas de biologia". Não entendendo uma palavra, o funcionário levantou os ombros como quem não sabe o que fazer e o liberou. No novo país, Mengele preferiu esconder seu status de médico e o primeiro trabalho que conseguiu foi como carpinteiro. A vantagem é que o emprego dava direito a um quarto, que ele dividia com um engenheiro no município de Vicente López, na zona norte da Grande Buenos Aires, uma área tradicionalmente associada à classe alta. O colega desconfiou que ele fosse médico porque viu um equipamento em sua bagagem. Mengele tentou negar a profissão, mas acabou revelando a verdade quando a filha do engenheiro ficou doente e

6 Ibid., p. 106.  7 Uki Goñi, op. cit., pp. 411-2.

precisou de cuidados. Mengele escreveu sobre esses detalhes em seu diário, que ele parou exatamente neste ponto para só retomá-lo cerca de dez anos mais tarde.[8]

Depois das primeiras semanas pouco promissoras, Mengele mudou-se para um lugar melhor: um casarão em estilo colonial no bairro Florida, também em Vicente López. O dono era Gerard Malbranc, um simpatizante nazista que lhe abriu as portas para o círculo de argentinos e alemães admiradores do Terceiro Reich. Um novo amigo foi levando a outro até Mengele formar sua rede de proteção. Uma das primeiras pessoas que ele conheceu foi o jornalista Willem Sassen, que apesar de holandês pertenceu à SS. Ele ficara famoso no círculo de alemães nazistas por escrever artigos para a revista de extrema direita *Der Weg*, publicada em Buenos Aires com distribuição ilegal na Alemanha Ocidental. Foi o jornalista quem apresentou Mengele a Adolf Eichmann e Hans-Ulrich Rudel. O relacionamento com Eichmann não floresceu. Já com o piloto mais premiado de Hitler, Mengele fez as primeiras viagens para o Paraguai atrás de clientes para as máquinas agrícolas da empresa do pai na Alemanha. Rudel era muito bem relacionado, não só com Perón, mas também com Stroessner, lembrando que o ditador paraguaio era filho de um imigrante bávaro.

Foram cinco anos vivendo com o nome de Helmut Gregor até que uma simples burocracia deu o pontapé inicial para que Mengele começasse a relaxar esse disfarce. Em 1954, Irene pediu o divórcio na Alemanha e ele teve que assinar uma procuração na embaixada com seu nome verdadeiro.[9] O casamento não aguentou a distância e muito menos a vida clandestina. Irene queria se casar com outro homem. Mengele concordou e seguiu adiante. Alugou metade de uma

---

**8** Gerald Posner e John Ware, op. cit., pp. 94-6.  **9** *In the Matter of Josef Mengele: A Report to the Attorney General of the United States*, op. cit., p. 127.

casa em Olivos, na Grande Buenos Aires, uma área onde viviam muitos alemães, e passou a receber visitas da Europa: seu pai Karl, o funcionário da empresa Hans Sedlmeier, o irmão Alois e a cunhada Ruth. Com dinheiro da família, investiu numa pequena oficina de carpintaria. O negócio começou a prosperar e chegou a empregar meia dúzia de funcionários.[10] Tudo parecia melhorar até que, em setembro de 1955, Perón sofreu um golpe de Estado e fugiu para o exílio. Foi um abalo para a comunidade nazista de Buenos Aires, que temia o que poderia acontecer com a perda do seu protetor. O medo, todavia, logo se mostrou infundado. A ditadura militar recém-instaurada na Argentina fechou o Congresso Nacional e depôs os membros da Suprema Corte, porém manteve o status quo dos nazistas.

No ano seguinte ao golpe, Mengele embarcou para a Suíça na viagem em que se encontrou com o filho Rolf, o sobrinho Karl-Heinz e Martha, a viúva do seu irmão Karl. Foi a primeira e, ao que tudo indica, última vez que Mengele voltou à Europa depois da guerra. Aparentemente ele viajou como Helmut Gregor, como era conhecido na Argentina. No entanto, se apresentou aos meninos como "tio Fritz". Martha, obviamente, sabia quem ele era. Os dois tinham sido cunhados e agora estavam prestes a se tornar um novo par. Alguns meses depois da viagem, Mengele se sentiu seguro o suficiente para viver abertamente com seu verdadeiro nome em Buenos Aires. Decidido a enterrar Helmut Gregor, ele entrou com um pedido para uma carteira de identidade argentina. Para isso, precisou de um documento da embaixada alemã para comprovar que ele era mesmo Josef Mengele. Tudo deu certo, e ele conseguiu seu novo documento sem maiores problemas. Esse episódio deixa claro que, nesse

10 Gerald Posner e John Ware, op. cit., pp. 107-8.

momento, as autoridades alemãs tiveram conhecimento de onde ele estava.

Com a carteira de identidade, Mengele conseguiu fazer um financiamento para comprar uma casa em Olivos, perto da residência presidencial argentina. Martha e Karl-Heinz se mudaram para Buenos Aires e todos passaram a morar juntos. O pai de Mengele ofereceu dinheiro para ele entrar de sócio em uma empresa farmacêutica, chamada Fadro Farm. Ele teve, então, a oportunidade de voltar a trabalhar com pesquisa e conduziu estudos para o tratamento da tuberculose — nenhum em seres humanos, como tinha feito em Auschwitz.[11] A nova vida de Mengele começava a tomar prumo. Em julho de 1958, ele viajou com Martha para o Uruguai, onde se casaram oficialmente em Nueva Helvecia, uma cidade de colonização suíça a 130 quilômetros de Montevidéu. O casal passou oito dias por lá e, em seguida, retornou a Buenos Aires.[12] Recém-casado, dono de uma empresa, proprietário de uma casa e com um enteado que considerava como um filho, Mengele parecia ter fincado raízes. Toda essa estrutura, no entanto, iria por água abaixo porque algumas pessoas estavam determinadas a não deixar os crimes odiosos cometidos em Auschwitz caírem no esquecimento.

Enquanto a vida de Mengele se ajeitava na Argentina, a Justiça na Alemanha Ocidental engatinhava para tomar as primeiras providências contra os criminosos de guerra nazistas. Em agosto de 1958, ou seja, um mês após o casamento no Uruguai, dez membros de um Einsatzkommando foram julgados em Ulm, cidade a menos de quarenta quilômetros de

---

**11** Ibid., pp. 112 e 115.   **12** Andrés Lópes Reilly, "Josef Mengele: Los ocho días que el 'ángel de la muerte' vivió en Uruguay". *La Nación*, 2 abr. 2021. Disponível em: <www.lanacion.com.ar/el-mundo/josef-mengele-los-ocho--dias-que-el-angel-de-la-muerte-vivio-en-uruguay-nid02042021/>. Acesso em: 13 jul. 2023.

Günzburg, onde Mengele nasceu. Os Einsatzgruppen eram unidades móveis de extermínio responsáveis por algumas das cenas mais macabras da Segunda Guerra. Esses esquadrões da morte avançavam junto às tropas alemãs e fuzilavam todos os judeus, inicialmente os homens, e logo a comunidade judaica inteira, das pequenas cidades do Leste Europeu.[13] Estima-se que 1,5 milhão de pessoas tenham morrido dessa forma.[14]

O julgamento em Ulm ocorreu por um fruto do acaso. O principal réu, Bernhard Fischer-Schweder, perdeu o emprego como comandante de um campo de refugiados na cidade e entrou com um processo para recuperar o cargo no serviço público. Só que o tiro saiu pela culatra: ele não conseguiu o emprego de volta e, ainda por cima, seu passado nefasto como oficial da SS e chefe de polícia veio a público. Schweder comandou o Einsatzkommando Tilsit, responsável pela morte de 5502 civis na Lituânia, em 1941. Ele e mais nove companheiros foram condenados a penas de prisão que variaram entre três e quinze anos.[15] As punições parecem pequenas diante do tamanho dos delitos cometidos. O motivo é que o código criminal alemão considerava que quem apertava o gatilho era apenas cúmplice no assassinato — um "acessório" —, os verdadeiros responsáveis eram os líderes nazistas.[16] Mesmo assim, o que realmente importa nesse caso é que foi o primeiro grande julgamento de crimes de extermínio em massa em um

---

**13** "Introduction to the Holocaust". United States Holocaust Memorial Museum. Disponível em: <encyclopedia.ushmm.org/content/pt-br/article/introduction--to-the-holocaust>. Acesso em: 13. jul. 2023.  **14** Hannah Arendt, op. cit., p. 123. **15** " Der Ulmer Prozess". Stadt Ulm. Disponível em: <www.ulm.de/tourismus/stadtgeschichte/schicksalstage-und-orte/der-ulmer-prozess>. Acesso em: 13 jul. 2023. **16** David G. Marwell, *Mengele: Unmasking the "Angel of Death"*. Nova York: W. W. Norton & Company, 2020, p. 173.

tribunal alemão.[17] Esse fato já poderia deixar Mengele bastante preocupado porque mostrava que a mentalidade começava a mudar em parte da sociedade alemã. Em vez do silêncio absoluto por medo da culpa coletiva pelo Holocausto, surgia um interesse em punir os culpados. Nesse sentido, o julgamento de Ulm foi um divisor de águas na Alemanha Ocidental em relação a como lidar com o passado nazista.

Os primeiros efeitos práticos dessa mudança apareceram com uma velocidade impressionante. Em dezembro de 1958, os ministros da Justiça e senadores dos estados alemães criaram o Escritório Central para a Investigação dos Crimes Nazistas, com sede em Ludwigsburg. A descoberta de criminosos que viviam livres na sociedade alemã não deveria mais ser uma casualidade. O trabalho seria, finalmente, sistematizado: promotores avaliariam denúncias do mundo todo, identificariam quem poderia ser processado, conduziriam as investigações preliminares e, então, distribuiriam os casos para as jurisdições competentes, conforme o endereço do réu.[18] Erwin Schüle, o promotor público que atuou no julgamento em Ulm, tornou-se o primeiro chefe do Escritório, que funciona até hoje e tem o objetivo de encontrar todos os autores e cúmplices de assassinatos cometidos durante o Terceiro Reich, independente da idade dos acusados.[19] (Por isso ainda se vê com frequência, no noticiário, alemães quase centenários que trabalharam em campos de concentração sendo levados a um

---

**17** Entrevista concedida por Dieter Pohl a Sonia Phalnikar. "Interview". Deutsche Welle, 20 maio 2008. Disponível em: <www.dw.com/en/landmark-trial-pushed-germany-to-tackle-nazi-past/a-3349537>. Acesso em: 13 jul. 2023. **18** "Task/Preliminary Investigations". Zentrale Stelle der Landesjustizverwaltungen zur Aufklarung nationalsozialistischer Verbrechen. Disponível em: <zentrale-stelle-ludwigsburg.justiz-bw.de/pb/,Len/Startpage/Arbeitsweise-Translate/Task+_+Preliminary+Investigations>. Acesso em: 13 jul. 2023. **19** "Der Ulmer Prozess", op. cit.

tribunal. Como definiu o atual chefe do escritório, quando há uma denúncia de homicídio na Alemanha, não é uma questão de escolha para os promotores entrar ou não com um processo, é uma obrigação legal.)[20]

Entre as cartas enviadas ao Escritório, havia uma escrita por Ernst Schnabel, autor de um livro de sucesso sobre a famosa adolescente judia Anne Frank. O escritor, por sua vez, recebeu de uma jovem leitora anônima uma denúncia contra Mengele. Ele decidiu encaminhá-la para a Justiça porque estava convencido de que Mengele tinha sido uma das pessoas mais terríveis em Auschwitz. Schüle levou o assunto muito a sério e enviou a queixa para a autoridade competente, no caso, o Ministério Público em Memmingen, uma cidade próxima de Günzburg. O chefe do Escritório Central avisou o promotor local que recebeu informações de que o pai de Mengele havia mandado um automóvel para o filho na Argentina e, portanto, as autoridades da alfândega deveriam saber onde ele morava. Aconselhou, no entanto, que tudo deveria ser investigado sem alertar a família. A polícia em Günzburg atendeu o pedido e mandou um dossiê sobre Mengele, que incluía o endereço registrado na época do divórcio: rua Sarmiento, 1875, Olivos.[21]

Ao mesmo tempo que o Escritório Central recebia a primeira acusação contra Mengele, outra denúncia chegava à mesa do promotor de Freiburg graças ao esforço incansável de um homem: Hermann Langbein. Além de sobrevivente do Holocausto e secretário-geral do Comitê Internacional de Auschwitz, ele tinha sido o secretário do dr. Eduard Wirths, o médico-chefe do campo. Por causa de sua função, Langbein pôde ver de perto o trabalho de Mengele e escreveu um memorando com nove acusações criminais contra ele. Como não

**20** Entrevista com Thomas Will realizada em 18 de outubro de 2021.
**21** David G. Marwell, op. cit., p. 175.

sabia onde Mengele estava, procurou o promotor de Freiburg, afinal Mengele tinha morado naquela cidade com Irene antes de ir para a guerra. Com a ajuda de Langbein, o promotor preparou o caso durante seis meses. No dia 25 de fevereiro de 1959, ele conseguiu uma ordem de prisão contra Mengele.[22]

Paralelamente, no início de 1959, Fritz Bauer, o mais tarde mundialmente famoso procurador-geral de Frankfurt, também recebeu documentos sobre Auschwitz, inclusive uma lista com os membros da SS que trabalharam no campo. Bauer tinha grande interesse no assunto, pois ele próprio era judeu e só sobreviveu ao Holocausto porque conseguiu fugir da Alemanha nazista. Determinado a cuidar desse processo, o procurador--geral recorreu ao Tribunal Federal de Justiça, que concordou em transferir todas as investigações sobre o campo de concentração para o Ministério Público de Frankfurt.[23] Finalmente, a Justiça alemã estava interessada em saber o que tinha acontecido no maior campo de extermínio nazista.

A preparação para o grande julgamento de Auschwitz foi longa. Só no primeiro ano foram ouvidas mais de 350 testemunhas na Alemanha e no exterior. Quanto mais os sobreviventes falavam, mais o nome de Mengele aparecia. Com base em novas alegações, no dia 5 de junho de 1959, o Tribunal em Freiburg expediu o segundo mandado de prisão contra ele.[24] A ordem circulou pelas delegacias de polícia alemãs e chegou ao Ministério das Relações Exteriores. Dois dias depois, autoridades em Bonn entravam em contato com a embaixada em Buenos Aires. Parecia que o pedido de extradição de Mengele seria um processo ágil, mas empacou logo no início. O embaixador alemão na época era Werner Junkers, um ex-nazista que tinha sido o plenipotenciário do ministro das Relações Exteriores do Reich na Iugoslávia. Ele alegou que não

---

22 Ibid., p. 176.  23 Sven Keller, op. cit., p. 123.  24 Ibid., p. 125.

se lembrava de nada relacionado a Mengele. E para completar, a embaixada só tinha endereços desatualizados. Com essa falta de engajamento, a requisição das autoridades alemãs demorou mais de um ano para chegar de fato a Buenos Aires.[25] Como as autoridades argentinas não sabiam onde Mengele estava, a Alemanha Ocidental ofereceu uma recompensa de 20 mil marcos alemães para quem desse informações que levassem à sua captura. Era a primeira vez que o governo alemão estava disposto a dar dinheiro para pegar um criminoso nazista.[26]

Foi nesse ponto que o caso Mengele passou a interessar a imprensa alemã e internacional. A história chamava a atenção: um médico da SS, acusado de crimes assombrosos em Auschwitz, havia sobrevivido à Segunda Guerra, porém, desaparecera na América do Sul com apoio da família burguesa e de governos locais.

Um mês antes da segunda ordem de prisão, Mengele já não estava na Argentina. Deixou Martha e Karl-Heinz para trás e se mudou sozinho para Hohenau, uma cidadezinha no Paraguai fundada por imigrantes de origem alemã que saíram do Rio Grande do Sul no início do século XX. Por mais de um ano, recebeu abrigo na fazenda de um nazista de carteirinha, Alban Krug, que lhe foi apresentado pelo amigo Hans-Ulrich Rudel, o bem relacionado ex-piloto da Luftwaffe. Naquele fim de mundo, Mengele percorria as fazendas tentando vender as máquinas agrícolas da empresa do pai. Entrou no país, inicialmente, com um visto de noventa dias. Àquela altura, no entanto, com um mandado de prisão contra ele na Alemanha e um pedido de extradição, não era mais possível viver em Buenos Aires. Mengele considerou que era perigoso demais continuar morando na capital argentina e, portanto, entrou com um pedido para tirar a

---

**25** Gerald Posner e John Ware, op. cit., pp. 150-1. **26** Ibid., p. 155.

cidadania paraguaia. Não havia um acordo de extradição entre a Alemanha Ocidental e o Paraguai, e o ditador Alfredo Stroessner, apesar de seus laços germânicos, não extraditaria um de seus cidadãos.[27] Dessa forma, Mengele estaria a salvo e conseguiria escapar da prisão. Havia, porém, um detalhe: para tirar a cidadania paraguaia era necessário viver no país por pelo menos cinco anos. Esse impasse foi rapidamente resolvido com a ajuda de dois amigos: Werner Jung, um alemão simpatizante do nazismo, que tinha emigrado para o Paraguai antes da guerra, e Alejandro von Eckstein, ex-capitão do Exército paraguaio e amigo do ditador Stroessner. Os dois atestaram que Mengele morava perto de Assunção havia quase seis anos.[28] Apesar de não ser verdade, em novembro de 1959, o pedido foi atendido e o fugitivo da Justiça alemã virou o cidadão paraguaio "José Mengele".

Em Buenos Aires, a comunidade nazista não era mais a mesma dos tempos áureos de Perón. Os apoiadores do Reich passaram a evitar Eichmann. Para Klaus, seu filho mais velho, a culpa era de Mengele. Ele teria espalhado para os conhecidos que era arriscado ficar perto demais de seu pai.[29]

Era verdade que o cenário tinha mudado substancialmente na Alemanha após o julgamento de Ulm. Agora havia um interesse muito maior em processar os criminosos nazistas. Por isso, Mengele se distanciou de Eichmann e de todos os outros ex-companheiros em Buenos Aires. Em seu diário, ele registrou que seus amigos acharam um exagero fugir da Argentina para viver no Paraguai. O fato é que a precaução de Mengele o manteve a salvo, enquanto o disfarce malfeito de Eichmann, com o nome falso de Ricardo Klement, permitiu que fosse encontrado, levado a julgamento e à forca.

**27** Ibid., pp. 119 e 125-6.   **28** Ibid., pp. 105 e 126.   **29** Bettina Stangneth, op. cit., pp. 331-2.

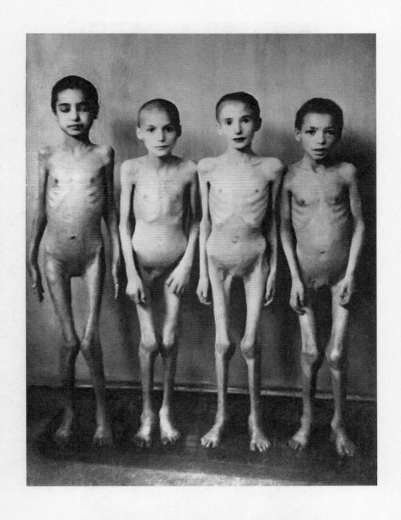

Nas páginas 172-3, fotos oficiais de Mengele na SS, grampeadas na capa do arquivo dele no partido nazista.

Na página ao lado, o Instituto de Genética Humana e Higiene Racial de Frankfurt am Main, onde Mengele foi assistente de Otmar von Verschuer, em 1939 ou 1940. Na mesma página, abaixo, Otmar von Verschuer, mentor acadêmico de Mengele, analisando a cor dos olhos de um par de gêmeos.

Nesta página, crianças vítimas dos experimentos de Mengele em Auschwitz.

Eva e Miriam Mozes, na Romênia. Quando fizeram dez anos, as gêmeas tornaram-se cobaias de Mengele em Auschwitz.

Crianças na libertação de Auschwitz em 27 de janeiro de 1945. Eva e Miriam Mozes estão entre elas, usando gorros tricotados (foto do meio, canto direito).

Lista de "crianças sem pais", vítimas dos experimentos de Mengele, depois da libertação de Auschwitz.

Eva Mozes Kor e Miriam Mozes Zeiger, agora adultas, revisitam Auschwitz.

Judith e Lea Csangri, irmãs gêmeas da Romênia, em março de 1944. Elas se tornariam cobaias dos experimentos de Mengele.

Grupo de crianças órfãs, em Cluj, no pós-guerra. Entre elas, os gêmeos Jacob e Elias Malek, cobaias dos experimentos de Mengele.

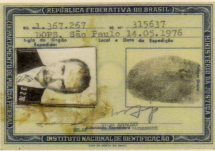

Fotos 3×4 de Wolfgang Gerhard em dois momentos: em 1950, quando fez a primeira carteira de identidade no Brasil, e em 1976, quando renovou seus documentos.

Carteira de Identidade para Estrangeiro de Wolfgang Gerhard com a foto de Josef Mengele.

Carteira de habilitação de Wolfgang Gerhard com a foto de Josef Mengele. Wolfgang deixou os documentos brasileiros para o amigo durante uma visita ao Brasil em 1976.

Carteira de trabalho de Wolfgang Gerhard com a foto de Josef Mengele. No registro de trabalho aparece a Oficina de Soldas Erich Lessmann, onde Wolfgang trabalhou como técnico em 1969.

Carta escrita em Auschwitz, em 26 de abril de 1944, para a esposa, Irene. Josef Mengele conta que ganhou a medalha Kriegsverdienstkreuz [Cruz de Mérito de Guerra], uma condecoração criada por Adolf Hitler. A versão da medalha com duas espadas reconhecia o serviço além do dever.

Ao lado, Josef e Irene Mengele, sua primeira esposa.

Josef Mengele socializa com oficiais da SS em Solahütte, um retiro próximo de Auschwitz, em 1944. Ao seu lado, à esq., Richard Baer (comandante de Auschwitz I). A série de fotografias faz parte do "Álbum de Auschwitz", com registros dos últimos seis meses do campo.

Da esq. para a dir.: Richard Baer (comandante de Auschwitz I), Josef Mengele e Rudolf Höss (comandante de Auschwitz-Birkenau).

Abaixo, da esq. para a dir.: Josef Mengele, Rudolf Höss, Josef Kramer (comandante de Auschwitz II — Birkenau) e um oficial não identificado.

No centro da foto, Eduard Wirths, médico-chefe de Auschwitz e superior de Mengele. À esq., Vinzenz Schöttl (comandante de Auschwitz III — Monowitz), e à dir., Rudolf Höss.

Hans-Ulrich Rudel, o piloto mais condecorado da Força Aérea de Hitler. Mais tarde ele se tornaria a ponte entre Mengele e Wolfgang Gerhard no Brasil.

Plataforma de desembarque em Auschwitz-Birkenau, chamada pelos alemães de Die Rampe [rampa].

Mulheres e crianças judias na plataforma de desembarque, esperando a "seleção" dos médicos da SS. As pessoas que não estavam aptas a trabalhar ou não serviam para experimentos médicos iam direto para as câmaras de gás.

Foto tirada do topo de um dos trens de carga que deportava os judeus para Auschwitz. Ao fundo, as chaminés dos crematórios II e III.

A tcheca Ruth Elias, vítima de Mengele em Auschwitz. Ele mandou amarrar uma bandagem em volta dos seios dela para impedir que amamentasse a filha. O objetivo era descobrir quanto tempo levaria para um bebê morrer sem alimentação.

Fotos tiradas às escondidas por um membro de um Sonderkommando, em agosto de 1944. Cremação de corpos nas fossas de incineração a céu aberto, em frente à câmara de gás do crematório V.

Mulheres sendo conduzidas à câmara de gás do crematório V.

J'Accuse, evento organizado pelas gêmeas Eva e Miriam Mozes para julgar Josef Mengele in absentia (Jerusalém, fevereiro de 1985). Da esq. para a dir.: Rafi Eitan, Yehuda Bauer, Telford Taylor, Simon Wiesenthal, Arno Motulsky e Zvi Terlo. Painel ouve o testemunho do dr. Azriel Neeman (canto esquerdo).

Julgamento do nazista Adolf Eichmann em Jerusalém, em 1961.

Julgamento dos médicos no Tribunal de Nuremberg, 1946.

Sobrevivente polonesa Jadwiga Dzido mostra as cicatrizes provocadas por experimentos médicos no campo de concentração de Ravensbrück.

Rafi Eitan, comandante de operações do Mossad para sequestrar Eichmann e Mengele. Aos noventa anos, em seu escritório em Tel Aviv, março de 2017.

Cyrla Gewertz, conhecida no Brasil como Cecília, sobreviveu a experimentos de Josef Mengele em Auschwitz.

Anúncio de jornal oferecendo recompensa de US$ 2 375 000 por informações que levassem à captura de Mengele.

# 12.
# Operação Eichmann
ou
# Como desentocar nazistas

Com a determinação de quem fundou um país e venceu uma guerra, David Ben-Gurion decidiu que tinha chegado a hora de cuidar de um assunto mal resolvido no passado. O primeiro-ministro israelense convocou o chefe da agência de inteligência e fez um pedido especial: capturar um dos maiores nazistas soltos para que fosse julgado em um tribunal em Israel. Quem deveria ser pego Ben-Gurion não disse, preferindo não definir um nome em particular. Apenas enfatizou que o criminoso tinha que chegar vivo ao país. Ele sabia que o julgamento de um ex-oficial do Terceiro Reich, em Jerusalém, teria uma enorme influência histórica.[1] O ano era 1957 e, naquela época, havia muita especulação de que nazistas importantes tinham conseguido escapar da Europa e viviam livres, especialmente na América Latina. A lista de medalhões que se pensava ainda estarem à solta incluía Martin Bormann, secretário particular de Hitler, Heinrich Müller, chefe da Gestapo, Adolf Eichmann, responsável

[1] Entrevista com Rafi Eitan, comandante de operações do Mossad, realizada em 29 de março de 2017.

pela logística de deportação de judeus para os campos de concentração, e, claro, Josef Mengele.[2]

A primeira ordem que Isser Harel, o comandante do Mossad, deu aos membros da sua equipe foi levantar todas as informações que possuíam sobre os fugitivos. A missão era secreta. Aliás, a própria existência do Mossad também era. Outros serviços de inteligência, como a CIA, já conheciam e admiravam a agência israelense, que, um ano antes, conseguira a façanha de obter uma cópia do discurso de Nikita Khruschóv revelando os horrores praticados por Ióssif Stálin na União Soviética.[3] Mesmo com esse mérito, Ben-Gurion proibiu que se falasse em público sobre a agência responsável por espionar e coletar informações no exterior para seu governo. As operações eram mantidas às escuras, sem divulgação ou qualquer aprovação do Parlamento porque, para o líder israelense, a segurança do jovem Estado, cercado de países árabes inimigos, dependia dessa discrição. Isso até o sequestro cinematográfico de Eichmann em Buenos Aires. Depois desse episódio, o Mossad e sua eficiência ficaram famosos em todo o planeta.[4]

De todos os grandes nazistas em fuga, Eichmann foi escolhido por um motivo muito simples: foi de quem os agentes descobriram o endereço primeiro.[5] Tudo começou com uma coincidência, ou melhor, uma paixão juvenil. Klaus, filho de Eichmann, frequentou a mesma escola que Sylvia, filha de Lothar Hermann, um judeu alemão que se mudou para a Argentina antes da Segunda Guerra. Os adolescentes mantinham um relacionamento — não se sabe exatamente se eram namorados. O que se sabe é que Sylvia gostava de Klaus e tinha

2 Décadas mais tarde se comprovou que Bormann e Müller já estavam mortos desde 1945. 3 Rafi Eitan, *Capturing Eichmann: The Memoirs of a Mossad Spymaster*. Newbury: Greenhill, 2002, p. 181. 4 Ronen Bergman, *Rise and Kill First: The Secret History of Israel's Targeted Assassinations*. Nova York: Random House, 2018, pp. 31-2. 5 Entrevista com Rafi Eitan.

uma foto dele. O jovem visitava com frequência a casa da família Hermann no subúrbio de Olivos e, em várias ocasiões, fazia comentários antissemitas, lamentando que os nazistas não tivessem acabado de vez com os judeus. Um dia, ele comentou que o pai teve um cargo importante no Terceiro Reich. Foi o máximo que revelou sobre sua família, e jamais convidou Sylvia para sua casa.[6] Lothar, que perdeu os pais e os irmãos no Holocausto, começou por conta própria um trabalho de detetive para descobrir quem era aquele rapaz. Ele já tinha lido na imprensa argentina que Eichmann vivia em Buenos Aires. Com um pouco mais de pesquisa, descobriu que Klaus era filho dele e decidiu denunciá-lo. Secretamente, escreveu cartas alertando sobre o paradeiro de Eichmann para autoridades na Alemanha e em Israel, que o ignoraram.

Não se sabe ao certo como uma dessas cartas chegou às mãos de Fritz Bauer, o procurador-geral em Frankfurt. O fato é que ele levou o assunto a sério e os dois homens começaram a trocar correspondência. Em junho de 1957, o procurador deu um primeiro passo concreto para confirmar a informação e interrogou a sogra de Eichmann. Ela confirmou que a filha tinha se mudado para a América. As peças pareciam se encaixar. Bauer, então, procurou o Escritório Central para a Investigação dos Crimes Nazistas para pedir uma busca internacional da Interpol. A resposta foi um balde de água fria. Sem nenhum entusiasmo para perseguir nazistas, porque a própria instituição abrigava ex-nazistas, o Escritório informou que não poderia fazer o pedido porque Eichmann era acusado de "crimes de caráter político e racial", o que fugia do escopo da Interpol.[7] A partir daí, Bauer entendeu que não dava para confiar nas autoridades alemãs para fazer essa investigação

6 Uki Goñi, op. cit., p. 387; Gerald Posner e John Ware, op. cit., p. 137.
7 Bettina Stangneth, op. cit., pp. 315-7.

e tomou uma decisão ousada: colaborar com os israelenses. O procurador teve o apoio do primeiro-ministro do estado alemão de Hesse, Georg August Zinn. O problema é que passar informações sobre Eichmann para um serviço de inteligência estrangeiro, sem alardear seus próprios conterrâneos, não era uma tarefa simples.

O caçador de nazistas Simon Wiesenthal já tinha informado ao Mossad que Eichmann estava na capital argentina, mas ele não tinha um endereço.[8] Uma parceria com Bauer poderia resolver essa questão, por isso um oficial da agência concordou em viajar até Frankfurt, em novembro de 1957, para o primeiro encontro com o procurador, marcado em um local secreto. Foi o início de uma parceria frutífera, apesar de o começo não ter sido nada fácil. Na primeira missão, em janeiro de 1958, um dos agentes constatou que o endereço fornecido por Bauer estava errado. Na segunda, descobriram que Lothar era cego, consequência dos espancamentos que sofreu da Gestapo no campo de concentração de Dachau.[9] Isso tirou muito de sua credibilidade — afinal, como ele poderia ter identificado Eichmann sem enxergar?[10] Harel estava resistente em continuar a investigação em um lugar tão distante, com um custo alto para a agência, que tinha orçamento limitado. Mas Bauer resolveu fazer um lobby pesado para que Israel tomasse alguma providência, antes que o nazista fugisse. Em dezembro de 1959, ele viajou até Jerusalém e reclamou diretamente com o procurador-geral de Israel, Chaim Cohen. Bauer disse que confirmou com um ex-informante da SS que Eichmann estava realmente vivendo em Buenos Aires, com o nome falso de Ricardo Klement. O procurador-geral

**8** Entrevista com Rafi Eitan.   **9** Uki Goñi, op. cit., p. 387.   **10** Ronen Steinke, *Fritz Bauer: The Jewish Prosecutor Who Brought Eichmann and Auschwitz to Trial*. Bloomington: Indiana University Press, 2020, pp. 4-5.

pediu para Harel reabrir o caso.[11] Ele acabou cedendo e mandou para a Argentina o chefe de investigações do Mossad, Zvi Aharoni. Além de câmeras escondidas e equipamento de comunicação, ele teve o apoio de uma equipe local: o historiador Ephraim Ilani, o adido militar Yitzhak Elron e jovens do movimento sionista argentino que estavam prestes a emigrar para Israel e conheciam tanto Buenos Aires quanto os costumes do país.[12] Aharoni permaneceu na cidade entre fevereiro e abril de 1960 e se tornou a peça-chave para encontrar Eichmann. Foi ele quem descobriu que o nazista tinha se mudado para uma casa no número 6061 da rua Garibaldi, em San Fernando, na periferia. Com um plano traçado nos mínimos detalhes, uma equipe do Mossad desembarcou na capital argentina para sequestrar o homem que passaram a chamar pelo codinome Dybbuk — em hebraico, um espírito do mal que se apodera de uma pessoa.

Na noite de 11 de maio de 1960, Eichmann saltou do ônibus na volta do trabalho numa fábrica da Mercedes-Benz, como fazia diariamente com a precisão de um relógio. Justamente nessa ocasião estava um pouco atrasado, pois já passava das oito horas da noite. Foi andando para casa com uma mão no bolso. Zvi Malchin, um dos agentes, abordou-o, dizendo: *"Momentito, señor"*.[13] Em seguida, agarrou suas mãos, empurrou-o para dentro de uma vala e pulou em cima dele. O chefe da operação, Rafi Eitan, vinha logo atrás. Eichmann gritou, mas não havia ninguém por perto que pudesse ouvi-lo. Ele foi jogado dentro de um carro, onde outro agente já estava esperando. Era Aharoni, que falava alemão, e avisou: se causasse algum problema, seria executado na hora.[14] (O que era um blefe,

---

11 Gerald Posner e John Ware, op. cit., p. 138.  12 Rafi Eitan, op. cit., p. 132.
13 Ibid., p. 154.  14 Ronen Bergman, op. cit., pp. 58-9.

porque a missão era levá-lo com vida para Israel.) Eichmann apenas respondeu: "Eu aceito o meu destino".[15]

A maneira de levá-lo para o outro lado do mundo sem levantar suspeitas já tinha sido estudada, em detalhes, previamente. Havia duas opções: por mar, usando um navio que transportava carne da Argentina para Israel, ou por ar, em um avião da companhia israelense El Al, que tinha o inconveniente de não ter voos regulares entre os dois países.[16] O comandante do Mossad ficou com a segunda opção e encontrou um pretexto perfeito para um voo fretado: levar uma delegação de dignitários israelenses para a Argentina por ocasião das comemorações dos 150 anos da independência do país. Nenhum diplomata ficaria sabendo que a aeronave seria usada para um sequestro internacional. O único problema é que o avião decolaria de volta somente no dia 20.

Durante os nove dias de espera, Eichmann permaneceu em cativeiro numa casa alugada e foi interrogado por Aharoni, que tinha sido o interrogador-chefe do Shin Bet, serviço de segurança interna israelense. O Mossad queria mais informações sobre Mengele. Bauer tinha descoberto que ele estava na Argentina, mas os agentes não tinham o endereço. Mentindo descaradamente, Eichmann disse que não fazia ideia de quem era Mengele. Harel não se importou. Estava obcecado em capturar dois nazistas, não apenas um: queria levar Mengele no mesmo avião de Eichmann. Rafi era totalmente contra. Achava que fazer um segundo sequestro poderia pôr em perigo uma operação que já estava dando certo.

Irredutível, o chefe do Mossad inventou uma desculpa e telefonou para a polícia de Buenos Aires pedindo informações

---

**15** Aron Heller, "Mossad Opens Archives on Eichmann Capture". *The Times of Israel*, 8 fev. 2012. Disponível em: <www.timesofisrael.com/mossad-opens--archives-on-eichmann-capture>. Acesso em: 24 out. 2022; Gerald Posner e John Ware, op. cit., p. 140. **16** Entrevista com Rafi Eitan.

sobre Mengele. Para sua surpresa, forneceram o endereço dele e disseram que, até recentemente, o médico tinha vivido na cidade com o próprio nome. O comandante decidiu colocar Aharoni para descobrir aonde Mengele tinha ido e, a contragosto, Rafi cedeu seu interrogador-chefe para essa missão paralela. Um dos vizinhos do médico nazista contou a Aharoni que ele estava de férias e voltaria em alguns dias. Mengele, àquela altura, estava morando no Paraguai, mas costumava voltar para visitar a mulher, Martha, e o enteado, Karl-Heinz, o que significava que havia chances do Mossad pôr as mãos nele.

A decisão, então, foi levar Eichmann imediatamente para Israel e, em seguida, voltar para pegar Mengele. Rafi e mais dois homens ficaram em Buenos Aires a postos, caso ele aparecesse.[17] No dia do voo, os agentes drogaram Eichmann e o levaram até o aeroporto internacional de Ezeiza. Ele chegou dopado, com um passaporte israelense falso e vestindo um uniforme de piloto da companhia aérea. Embarcou no voo fretado da El Al rumo a Israel na primeira classe, passando a impressão de que era apenas um tripulante que não estava muito bem.[18]

A ideia inicial era não divulgar o sequestro para a imprensa até que Mengele também fosse capturado, para evitar que ele fosse alertado e escapasse. Quando Ben-Gurion foi informado sobre o plano, perguntou quantas pessoas já estavam sabendo que Eichmann estava em Israel. Eram cerca de sessenta. Ele raciocinou que esse número, somado ao de mulheres e filhos dos homens que sabiam do segredo, chegava a cem. Era gente demais. Estava na hora de divulgar a notícia ao mundo.[19]

No dia 23 de maio de 1960 Ben-Gurion dirigiu-se ao Knesset, o Parlamento israelense, e anunciou a captura de Adolf Eichmann.

---

**17** Rafi Eitan, op. cit., p. 163.   **18** Aron Heller, op. cit.   **19** Entrevista com Rafi Eitan.

Era um fato tremendo. Eichmann foi o secretário da Conferência de Wannsee, em janeiro de 1942, em que autoridades do Terceiro Reich coordenaram os esforços para implementar a "solução final" da "questão judaica" — eufemismos para designar o extermínio em massa de judeus. Logo depois da conferência, Eichmann tornou-se um perito na remoção forçada de civis. De país em país da Europa ocupada pelos nazistas, os judeus tinham que se registrar, se aglomerar e eram deportados para os centros de extermínio no leste. Antes de partir, eram declarados apátridas, o que impedia qualquer governo de interferir e, ao mesmo tempo, permitia que o país em que moravam confiscasse sua propriedade.[20] Vinte anos depois esse homem estava em Israel, país fundado pelo povo que tentou exterminar. Mas, em vez de vingança, os israelenses preparavam todas as formalidades jurídicas para um julgamento, com direito a defesa.

Em uma reunião com seu gabinete, menos de uma semana após o anúncio no Knesset, Ben-Gurion explicou os princípios que o guiavam:

> O ponto principal não é a punição, porque não vejo uma punição apropriada para esses atos. E daí se enforcarem um homem que matou milhões de crianças, mulheres e idosos? Eu acho o julgamento por si só importante... devemos revelar tudo o que foi feito aos judeus pelos nazistas. Tudo isso deve ser totalmente descrito durante o julgamento. Isso é necessário para nós. Há uma nova geração que ouviu algo sobre isso, mas não viu isso. É necessário para nós e para o mundo inteiro.

---

20 Hannah Arendt, op. cit., pp. 130-1.

Ele defendeu ainda que o julgamento fosse conduzido de acordo com todos os procedimentos.[21] A ordem foi cumprida à risca. A polícia interrogou Eichmann e preparou um inquérito, que foi apresentado ao Ministério Público. O governo decidiu que Gideon Hausner, o procurador-chefe, lideraria a acusação.[22] Quando tudo isso veio à tona, Mengele sumiu de vez da Argentina e os agentes do Mossad que ficaram para trás em Buenos Aires não o viram mais.

A notícia do sequestro feriu o orgulho nacional argentino e as leis internacionais. Como resultado, a Casa Rosada tomou atitudes consideradas enérgicas no universo da diplomacia: convocou seu embaixador em Tel Aviv, levou a questão para o Conselho de Segurança da Organização das Nações Unidas e pediu que Eichmann fosse devolvido. Pode parecer uma piada, o fato é que nada podia ser mais embaraçoso para um país sério do que sofrer uma violação da sua soberania de forma tão aviltante. Ben-Gurion sabia que havia esse risco de criar inimizade com um Estado amigo, e para acalmar os ânimos, o governo israelense mandou uma carta com um pedido de desculpas, contando uma mentirinha: voluntários judeus tinham capturado Eichmann por conta própria. A história não convenceu. Os israelenses tiveram que mudar de estratégia e passaram a colocar pressão sobre o governo de Buenos Aires, usando a informação da presença de Mengele na Argentina como prova de que o país não teria colaborado se Tel Aviv tivesse pedido a extradição de Eichmann. (A Alemanha fez essa solicitação para extraditarem Mengele em 1959 e nada aconteceu.) O Conselho de Segurança ficou ao lado dos argentinos e condenou Israel,

---

21 "Special Publication: Behind the Scenes at the Eichmann Trial". Israel State Archives. Disponível em: <catalog.archives.gov.il/en/chapter/behind-scenes-eichmann-trial/>. Acesso em: 17 jul. 2023. 22 Ibid.

pedindo uma reparação apropriada. Foi o suficiente. A temperatura entre os dois países baixou e, em uma nota conjunta, em agosto de 1960, anunciaram que a crise acabara.[23]

A tensão amainava na diplomacia, mas se mantinha mais alta do que nunca na vida de Mengele. Ele sabia que os israelenses estavam atrás dele e decidiu desaparecer não só da Argentina como do Paraguai. Mengele calculou que era mera questão de tempo até o Mossad chegar à fazenda de Alban Krug em Hohenau, e o amigo, por mais fiel que fosse, não poderia protegê-lo. "Para você, a guerra não acabou ainda, seja cuidadoso", alertou Krug ao se despedir dele. Outro amigo, o piloto Rudel, também estava presente na despedida apressada e forneceu um contato que, mais tarde, se mostraria fundamental na fuga. Martha e Karl-Heinz não aguentaram a vida de fugitivos e preferiram voltar para a Europa.[24] Era a segunda separação de Mengele. Mais uma vez sozinho, no fim de outubro de 1960, ele cruzou a fronteira com o Brasil, onde iria passar os próximos dezoito anos.

Depois que Eichmann embarcou para Israel, Rafi concluiu que Mengele não iria mais aparecer na Argentina e escaparia para um país próximo. Em vez de apostar no Brasil, que seria uma opção óbvia, Rafi e os dois companheiros pegaram um trem até o Chile. Calcularam que era um país bonito, mais desenvolvido que Paraguai e Bolívia, e tinham um contato por lá que poderia ajudar. Contudo, não encontraram nenhuma pista em Santiago ou em Valparaíso, e embarcaram para o Rio. Mas como já viajavam havia dez dias e não tinham nenhuma pista, voltaram para Israel.[25] Nunca mais Mengele perderia o medo de ser encontrado pelos judeus, mesmo vivendo em lugares afastados, em sítios e na periferia.[26] O destino de Eichmann teve um grande impacto sobre ele.

---

**23** Ibid. **24** Gerald Posner e John Ware, op. cit. pp. 158-9. **25** Rafi Eitan, op. cit., p. 158. **26** Depoimentos de Wolfram e Liselotte Bossert à PF.

Em Jerusalém, o julgamento começou em abril de 1961 com enorme interesse da imprensa mundial. Dentro de uma gaiola de vidro, vestindo terno e gravata, Eichmann ouviu as quinze acusações contra ele, que incluíam[27] "crimes contra o povo judeu", "crimes contra a humanidade", "crimes de guerra" e "pertencimento a uma organização hostil".[28] Mais de cem testemunhas prestaram depoimento e os promotores levaram cerca de 1,6 mil documentos, muitos deles com a assinatura do próprio Eichmann. Com riqueza de detalhes, os promotores apresentaram aos juízes e ao público o passo a passo do Holocausto: as leis antissemitas, a incitação à hostilidade contra os judeus, o confisco das propriedades, a prisão em guetos, em campos de concentração e, por fim, os assassinatos em massa. A promotoria demonstrou como Eichmann estava envolvido em cada etapa do processo para implementar a "solução final". O advogado de Defesa, o alemão Robert Servatius, que tinha defendido vários acusados nos julgamentos em Nuremberg, não questionou os fatos nem a autenticidade dos documentos. A linha que ele adotou foi tentar enquadrar Eichmann como uma pequena engrenagem em uma grande máquina de extermínio. Servatius também tentou defender a ideia de que Eichmann não tinha outra escolha a não ser obedecer às ordens de seus superiores. A corte rejeitou esses argumentos por entender que as provas deixaram claro que Eichmann se identificava totalmente com suas funções e tinha uma verdadeira obsessão em destruir completamente os judeus. Isso ficou especialmente evidente quando assumiu a deportação de centenas de milhares de judeus da Hungria para Auschwitz,

---

27 *Eichmann Trial — Session No. 1*. EichmannTrialEN. Disponível em: <www.youtube.com/watch?v=Fv6xbeVozhU>. Acesso em: 27 out. 2022.
28 "About the Eichmann Trial". Yad Vashem. Disponível em: <www.yadvashem.org/holocaust/eichmann-trial/about.html>. Acesso em: 27 out. 2022.

em 1944.[29] O tribunal considerou Eichmann culpado de todas as acusações e o sentenciou à morte. A defesa recorreu da decisão. Foi em vão. A Corte de Apelação, a última instância da Justiça em Israel, aceitou os argumentos da Corte Distrital de Jerusalém, acrescentando apenas uma mudança: o acusado não recebera nenhuma ordem superior porque ele era seu próprio superior e dava todas as ordens relativas às questões que afetavam os problemas judaicos.[30] O clássico argumento de "obedecer a ordens superiores" para se eximir da responsabilidade de crimes de guerra, crimes contra a humanidade ou genocídio já tinha sido usado em Nuremberg. No entanto, essa linha de defesa não é reconhecida no direito internacional, só serve, em alguns casos, para abrandar a pena.[31] A justificativa para isso é a gravidade desses atos, que provocam danos não apenas às vítimas, mas à sociedade como um todo. O réu ainda tentou a clemência do presidente Itzhak Ben-Zvi, que não a concedeu. Nada mais a ser feito, pouco antes da meia-noite do dia 31 de maio de 1962, Eichmann foi enforcado, cremado e suas cinzas foram espalhadas pelo mar Mediterrâneo.

No mesmo ano em que Eichmann foi morto em Israel, agentes do Mossad voltaram para a América do Sul determinados a pegar Mengele. O pior pesadelo dele tinha se tornado realidade: os judeus estavam mesmo no seu encalço e, dessa vez,

---

**29** Ibid.    **30** Hannah Arendt, op. cit.    **31** Anistia Internacional, *Eichmann Supreme Court Judgment: 50 Years On, its Significance Today*. Londres: Amnesty International Publications, 2012. Disponível em: <www.amnesty.org/en/wp-content/uploads/2021/06/ior530132012en.pdf>. Acesso em: 17 jul. 2023. Sobre a linha de defesa, a exceção são os países signatários do Estatuto de Roma, que podem aceitar que "obedecer a ordens superiores" seja uma linha de defesa em caso de crimes de guerra julgados no Tribunal Penal Internacional. O mesmo não é válido para crimes contra humanidade ou genocídio.

com algumas pistas quentes. Uma equipe saiu de Israel para vasculhar a área de Hohenau, no Paraguai. Mengele era cidadão paraguaio e esse era um lugar provável para ele se esconder por causa da grande colônia alemã que havia por lá. A premissa era válida, mas os agentes estavam atrasados. Mengele já não estava mais nessa região fazia uns dois anos. Outra equipe veio para o Brasil atrás de duas pistas: uma em Foz do Iguaçu e outra no estado de São Paulo. A primeira logo se mostrou falsa. A segunda estava corretíssima. Não era à toa. A informação fora obtida com um grande investimento do Mossad.[32] O primeiro grande acerto foi a agência ter se aproximado do jornalista Willem Sassen, que fez parte do círculo de nazistas expatriados em Buenos Aires e também tinha gravado horas de confissões de Eichmann sobre seu trabalho na Segunda Guerra. O material, originalmente pensado para ser um livro, foi vendido para a revista *Life*, nos Estados Unidos, e para a *Stern*, na Alemanha. Os agentes logo raciocinaram que, se Sassen tinha sido próximo de Eichmann na capital portenha, deveria saber onde estava Mengele. Ele não sabia. No entanto, conhecia a única pessoa na Europa que estava mantendo contato direto com o médico nazista: o senhor X. O chefe do Mossad designou Aharoni para convencer Sassen a colaborar com os israelenses. Além de ser um interrogador experiente, Aharoni ofereceu ao jornalista um pagamento mensal de 5 mil dólares, se ele ajudasse. Dessa forma, o agente conseguiu arrancar dele a identidade do misterioso senhor X: era o piloto Hans-Ulrich Rudel.[33] Cerca de dez agentes começaram a seguir seus passos

---

**32** Entrevista com Rafi Eitan. **33** Gerald Posner e John Ware, op. cit., p. 182; David G. Marwell, op. cit., pp. 184-6; Ronen Bergmann, "Mengeles Glück". *Zeit*, 17 set. 2017. Disponível em: <https://www.zeit.de/2017/37/josef-mengele-auschwitz-arzt-mossad-akten>. Acesso em: 6 ago. 2023.

e descobriram que ele servia como um emissário, que a cada seis meses viajava da Alemanha ao Brasil para levar dinheiro.[34]

No fim de junho de 1962, Sassen mandou um telegrama avisando o Mossad que Rudel chegaria a São Paulo. O jornalista também forneceu o nome e o telefone de um farmacêutico chamado Robert Schwedes. Era na casa dele que o ex-piloto costumava se hospedar. Ao desembarcar na cidade, os agentes seguiram Rudel e o viram pegar uma carona em um carro branco conversível. A questão fundamental era descobrir quem era o dono do veículo. Pela placa, chegaram a Wolfgang Gerhard. Foi a primeira vez que o Mossad teve conhecimento do nome do maior protetor de Mengele no Brasil, mas ainda não sabia da proximidade entre os dois.

No dia seguinte, quando Rudel embarcou para Assunção, os agentes passaram a seguir Wolfgang. Aharoni descobriu que ele morava numa casa a vinte quilômetros do centro, numa zona rural. E visitava com frequência um sítio nos arredores de São Paulo, em uma estrada de terra que saía da rodovia em direção ao sul do país, ou seja, a Régis Bittencourt.[35]

O planejamento da operação tinha começado pelo menos quatro anos antes. Assim que Ben-Gurion deu a ordem para caçar nazistas, o Mossad recebeu informações de que os maiores fugitivos estariam no Panamá, na Guatemala, na Argentina ou no Brasil.[36] Rafi, que comandava a divisão de operações, imediatamente entendeu a necessidade de recrutar agentes locais nesses países, que falassem o idioma nativo fluentemente. Por isso, em torno de 1958, muito antes de Mengele cruzar a fronteira brasileira, Rafi já tinha começado a procurar em Israel alguém que pudesse ter um contato por aqui. Primeiro,

---

**34** Entrevista com Rafi Eitan. **35** Yossi Chen, *Looking for a Needle in a Haystack: In Search of the Auschwitz "Doctor of Death"*. Jerusalém: Yad Vashem, 2007, pp. 101-3. **36** Rafi Eitan, op. cit., p. 130.

encontrou o médico Samário Haychuk e, por meio dele, seu irmão Yigal. Ele estava em Israel havia algum tempo e vivia no kibutz Bror Hayil, no sul do país, com outros imigrantes brasileiros.[37] Yigal tinha 32 anos, nascera em Presidente Venceslau, no interior de São Paulo, e falava português como língua materna. Parecia o candidato perfeito para uma missão no estado de São Paulo, com a vantagem adicional de ter sotaque paulista. Ao ser chamado, ele topou imediatamente. Foi assim que o Mossad contatou seu agente brasileiro.[38]

Rafi embarcou para o Brasil como chefe da operação para sequestrar Mengele e levá-lo a Israel, em modo similar ao que tinha ocorrido com Eichmann dois anos antes. Apesar do mal-estar já causado com os argentinos, os israelenses descartaram a possibilidade de contatar as autoridades brasileiras para prender Mengele. A avaliação era de que ele era protegido por europeus fiéis e qualquer aviso serviria apenas para que fugisse e desaparecesse mais uma vez. Mesmo sob risco de criar uma nova crise diplomática, dessa vez com o Brasil, o Mossad preferiu conduzir a operação à sua maneira, sem informar o governo brasileiro. Além de Rafi, a equipe ainda contava com Aharoni, que tinha participado da Operação Eichmann, e o novato brasileiro Yigal Haychuk.

Os agentes rodavam de carro as estradas de terra das redondezas de São Paulo se passando por compradores de propriedade e tentando descobrir alguma coisa.[39] Yigal ficou encarregado de falar com as pessoas em português. Mesmo sem nenhuma experiência prévia em espionagem, sua função era fundamental, caso contrário os agentes israelenses, com suas caras de gringos, teriam que sair por aí fazendo perguntas em inglês para brasileiros que dificilmente entenderiam alguma

---

**37** Ibid., p. 135.    **38** Entrevista com Yigal Haychuk por telefone, realizada em 25 de agosto de 2017.    **39** Yossi Chen, op. cit., p. 106.

palavra. Além de provavelmente infrutífero, seria altamente suspeito e poderia servir de alerta para o fugitivo. O Mossad não sabia, mas, naquela época, Mengele morava em Serra Negra com a família Stammer. Isso não quer dizer que ele não poderia visitar o sítio de Wolfgang, como fez tantas vezes. E pode ter sido isso mesmo o que aconteceu.

A equipe passou cerca de dez dias rodando, até que, de repente, deram de cara com Mengele dentro de um carro. O médico nazista mais procurado do mundo estava na companhia de outras pessoas e não tinha seguranças. Rafi achava que poderiam tê-lo matado ali, naquele momento, se quisessem. Mas preferiram apenas fotografá-lo para terem a prova física de que tinham achado a pessoa certa. Aharoni era um expert da polícia e sabia como tirar fotos para comparar com os arquivos. Já tinha feito isso com Eichmann. O fato de Mengele ter sido encontrado, no entanto, não significava que ele seria sequestrado na mesma hora. Depois de localizar o alvo, o Mossad tinha um modus operandi, com um passo a passo bem definido. O primeiro estágio da operação era coletar todo tipo de informações sobre a pessoa em questão. O segundo era armar um plano com base nesses dados, que precisaria incluir o posicionamento exato de cada agente em campo e uma maneira de levar Mengele até Israel. A terceira etapa seriam os preparativos do plano em si. E a última fase era colocar a missão em prática, ou seja, capturá-lo. Rafi estava convencido de que poderiam pegar Mengele, nunca estiveram tão perto. Só precisavam de tempo.[40]

---

**40** Entrevista com Rafi Eitan. É importante notar que no relatório do Mossad existe uma versão um pouco diferente para essa história. Nesse relatório, Zvi Aharoni teria visto uma pessoa que aparentava ser Mengele perto do sítio de Itapecerica da Serra. No entanto, quando Rafi Eitan e o agente brasileiro vieram ao Brasil para participar da operação, não encontraram

E isso era exatamente o que não teriam mais. Quando os agentes estavam no primeiro estágio da operação, receberam ordens para voltar. No dia 22 de julho de 1962, jornais do Egito, o maior inimigo de Israel naquela época, divulgaram uma bomba: o país testou com sucesso quatro mísseis, capazes de atingir qualquer ponto ao sul de Beirute. Isso significava, em outras palavras, que todo o território israelense estava em perigo. Algumas semanas depois veio a público que cientistas alemães tinham ajudado a desenvolver esses mísseis, reavivando memórias e medos dolorosos entre os judeus. O projeto era liderado por dois ex-nazistas que tinham trabalhado na criação das bombas V1 e V2, as precursoras dos mísseis de longo alcance. Tudo isso aconteceu debaixo do nariz do Mossad, que foi pego de surpresa. Harel colocou todos os agentes em alerta. E usou de todos os subterfúgios para deter o projeto: assassinato, cartas-bombas, intimidação. A gota d'água foi plantar na imprensa a informação de que os alemães estavam construindo uma bomba atômica. A notícia levou pânico à população e o resultado teve um enorme custo político. Harel entrou em conflito com Ben-Gurion e acabou tendo que renunciar. O próprio primeiro-ministro, fundador do estado de Israel, perdeu apoio dentro de seu partido e também deixou o cargo.[41] O novo governo decidiu que os serviços de inteligência teriam outras prioridades que caçar nazistas. O entendimento entre as autoridades era de que não se deveria buscar

ninguém parecido com o médico nazista. Decidi adotar a versão narrada para mim, pessoalmente, por Rafi Eitan, de que ele e os agentes chegaram muito perto de Mengele, fotografaram-no e poderiam, inclusive, tê-lo matado se quisessem, como Rafi disse em outras entrevistas. No relatório do Mossad, existe um aparente desânimo quando os agentes descobrem que o sítio não estava em nome de Wolfgang Gerhard, mas de um homem chamado Mário Fischer. O que eles não sabiam, e que fica evidente nas cartas, é que Wolfgang passou anos tentando resolver com esse vizinho Mário Fischer uma questão fundiária relacionada ao sítio.

41 Ronen Bergman, op. cit., pp. 61-74.

vingança, pois não havia punição suficiente para quem mata crianças pequenas. O julgamento de Eichmann já tinha sido suficiente. O novo comandante do Mossad, Meir Amit, que tinha sido chefe da inteligência militar, ordenou aos agentes: "Deixem Mengele em paz, tenho outro trabalho para vocês".[42] Era o fim da caçada a Mengele pelo Mossad. Por enquanto.

42 Entrevista com Rafi Eitan.

# 13.
## Como Mengele foi parar no Brasil
ou
## A lealdade dos amigos nazistas

A missão para capturar Mengele não vingou como havia sido planejada, mas as poucas semanas que Rafi e Yigal passaram juntos no Brasil renderam uma amizade para a vida toda. Aos 85 anos, Guiga, como Rafi o chamava, estava aposentado, depois de uma longa carreira como negociador de carnes e peixes congelados. Já Rafi, mesmo ligeiramente mais velho, com noventa anos, era ainda uma pessoa muito ativa quando me contou, em seu escritório em Tel Aviv, suas histórias sobre o Mossad. O ex-agente disse que abandonou o mundo da espionagem em 1985 e enveredou pelo empreendedorismo, sempre mantendo uma veia aventureira. Abriu uma empresa de projetos agrícolas que conseguiu um contrato com o governo de Fidel Castro para administrar uma grande fazenda de cítricos em Cuba.[1] Em 2006 deu uma nova guinada na carreira e virou líder de um partido político inédito em Israel, o dos aposentados, e chegou a ser ministro para tratar de assuntos que interessavam esse público. O ex-caçador de nazistas se surpreendeu ao descobrir que havia 53 organizações de sobreviventes

1 Entrevista pessoal com Rafi Eitan e por telefone com Yigal Haychuk.

do Holocausto no país e decidiu centralizar o atendimento a todas elas — obtendo até um orçamento especial para isso.[2] Quando alguém poderia achar que ele não teria mais nada de novo a fazer, apareceu em Hollywood como personagem do filme *Operação Final*, em 2018. O ator americano Nick Kroll interpretou o jovem Rafi Eitan no cinema em uma trama que reconta a missão para sequestrar Eichmann.

A mente afiada daquele velhinho risonho guardava detalhes daqueles acontecimentos distantes. Só não lembrava uma informação importante: a localização do sítio em que Mengele estava escondido quando o Mossad fez sua missão nos arredores de São Paulo em 1962. Pelos relatos de Aharoni, chefe de investigações da operação, o local onde encontraram Mengele ficava a cerca de quarenta quilômetros da capital paulista, em uma estrada de terra que saía da rodovia Régis Bittencourt, no sentido Curitiba.[3] Por essa indicação e pelos depoimentos prestados na PF posteriormente, o mais provável é que o município fosse Itapecerica da Serra. Era lá que Wolfgang Gerhard, o homem que recebeu Mengele no Brasil, tinha um sítio que o fugitivo viria a frequentar durante quase duas décadas. Na época da missão fracassada do Mossad, Mengele já vivia no país havia quase dois anos.

Mas como ele veio parar aqui? A resposta para essa pergunta começa ainda durante sua estadia no Paraguai, quando o médico nazista esquematizou os próximos passos da sua fuga com o apoio de amigos. O piloto Rudel passou o contato de Wolfgang Gerhard, que era o representante em São Paulo do Kameradenwerk, serviço criado por ele em Buenos Aires para ajudar nazistas recém-chegados à América Latina.[4] Essas conexões mostram que o ás da Força Aérea de Hitler

---

2 Rafi Eitan, op. cit., p. 377.  3 Gerald Posner e John Ware, op. cit., p. 184.
4 Ulrich Völklein, op. cit., p. 263.

mantinha uma boa rede de relacionamentos entre os simpatizantes do Terceiro Reich na Argentina, no Paraguai e também aqui no Brasil.

Wolfgang Gerhard venerava Hitler e sua ideologia a ponto de decorar o topo da árvore de Natal da família com uma suástica.[5] Talvez a maior demonstração de amor ao Führer tenha sido dar o nome de Adolf ao filho primogênito. O austríaco, que nasceu em 1925 na cidade de Leibnitz, entrou para a Juventude Hitlerista aos doze anos de idade, antes mesmo de a Áustria integrar o Reich. Assim que completou dezoito, tornou-se membro do partido nazista. Depois que o regime desmoronou, não aguentou mais viver em seu país ocupado pelas Forças Aliadas e emigrou para o Brasil em 1949.[6] Chegou em São Paulo aos 23 anos, com a mãe e a esposa brasileira. Ruth aparentemente compartilhava com o marido o mesmo apreço pelo nazismo. Uma conhecida contou que recebeu dela de presente duas barras de "sabão de judeu" em papel original dos tempos da guerra. Tinha esse nome porque diziam que era feito dos corpos das vítimas do Holocausto.[7] Além de Adolf, o casal teve mais três filhos: Erwin, Karoline e Sieglinde.[8]

No início dos anos 1960, a família morava em uma chácara na estrada do Campo Limpo, um lugar de terrenos baratos na periferia da Zona Sul de São Paulo, aonde nem a linha do ônibus chegava. Mesmo nessas circunstâncias,

---

**5** James M. Markham, "Mengele 'Double' Called Fervid Nazi". *The New York Times*, 13 jun. 1985. Disponível em: <www.nytimes.com/1985/06/13/world/mengele-double-called-fervid-nazi.html>. Acesso em: 20 jul. 2023.
**6** Polícia Federal, "Informações do Consulado Geral da Áustria". Inquérito policial n. 1-0097/86, livro tombo 6, p. 81; Carteira de Trabalho e Previdência Social de Wolfgang Gerhard. **7** James M. Markham, op. cit. **8** Termo de Declaração de Thea Maria Kleyer, dossiê Mengele da PF de São Paulo, arquivo n. 9, 1 jul. 1985, Superintendência Regional de Mato Grosso.

Wolfgang escreveu uma carta para Rudel dizendo que receber o "dr. Mengele" em sua casa era mais que uma prova de confiança, era um prêmio pessoal. O hóspede também estava totalmente satisfeito com seu anfitrião. Ele escreveu em seu diário que sempre desejou encontrar alguém para conversar que entendesse de astronomia e astrofísica mais do que o compêndio habitual. Os dois rapidamente se tornaram amigos e é claro que Wolfgang não saiu por aí apresentando Mengele com seu nome verdadeiro. Rudel tinha providenciado uma carteira de identidade brasileira com o registro de Peter Hochbichler.[9] Era assim que Mengele passava a se chamar em sua nova vida no Brasil. A irmã de Ruth, Thea, fez uma visita nessa época e lembra de ter conhecido um homem que falava espanhol fluentemente com sotaque alemão. Thea contou que ele morou por lá alguns meses. Depois nunca mais o viu.[10]

Por mais disposto que estivesse a ajudar os companheiros nazistas, Wolfgang dispunha de poucos recursos financeiros. Não tinha ensino superior e arrumava trabalho como técnico industrial, soldador ou autônomo.[11] Mesmo quando virou proprietário de uma estamparia têxtil no Campo Limpo, possuía um maquinário bastante obsoleto e precário. Isso se traduzia em uma vida modesta e, aos olhos de conhecidos, parecia até que os Gerhard passavam por privações.[12] Wolfgang, porém, era bem conectado. O austríaco circulava pelas rodas de europeus expatriados, onde era conhecido como "Lange", que quer dizer comprido em alemão. Com 1,92 metro de altura, ele tinha uma presença marcante não só por causa de sua estatura como também por suas opiniões fortes. Nas conversas,

9 Ulrich Völklein, op. cit., pp. 262-3. 10 Termo de Declaração de Thea Maria Kleyer, op. cit. 11 Ibid., p. 263. 12 Depoimento de Ernesto Glawe à PF, p. 62.

não escondia ser nazista e exaltava abertamente a volta do regime, soando por vezes até mentalmente desequilibrado.[13] Distribuía no Brasil o *Reichsruf*, o jornal do Partido Socialista do Reich criado na Alemanha do pós-guerra para reunir ex-nazistas, entre eles Rudel. O partido foi proibido pelo Tribunal Constitucional alemão.[14] Em São Paulo, Wolfgang costumava frequentar as festas promovidas pela colônia austríaca e húngara, e foi em uma dessas ocasiões que conheceu anos antes, em 1957, os Stammer, a família que daria abrigo a Mengele por mais de uma década.[15]

Geza e Gitta Stammer não eram nazistas, mas queriam escapar do comunismo. Depois da Segunda Guerra, os dois deixaram a Hungria e, por razões políticas, se mudaram para a Áustria. As duas nações, que já fizeram parte do mesmo Estado durante o Império Austro-Húngaro, tomaram rumos completamente diferentes na Guerra Fria. Enquanto a Hungria ficou atrás da Cortina de Ferro e virou um país comunista, a Áustria conseguiu escapar desse destino e permaneceu neutra.

Em 1948, o casal veio para o Brasil e começou a viver em São Paulo. Geza, que era formado em engenharia pela Universidade de Budapeste, logo conseguiu emprego em grandes empresas como Volkswagen e Aço Villares. Mal chegaram, tiveram dois filhos, Robert Peter e Miklos Geza. Mesmo distante de suas raízes, aqui conheceram outras famílias de imigrantes que se apoiavam. Tudo parecia ir bem, exceto o clima chuvoso da poluída capital paulista.[16] Gitta não conseguia se adaptar e queria mudar para o interior. Visitou vários sítios e não gostou de nenhum. Um dia, uma austríaca chamada Martha, que era inquilina da família

13 Id., p. 61.    14 Ulrich Völklein, op cit., p. 163.    15 Depoimento de Gitta Stammer à PF, p. 29.    16 Id., pp. 29-32.

Stammer no bairro de Santo Amaro, comentou que seu tio tinha voltado para a Áustria e deixara uma propriedade no interior para seu pai vender. Gitta se interessou e resolveu fazer uma visita. Foi assim que a família Stammer decidiu se mudar, em 1959, para Nova Europa.[17] A cidade, que surgiu no início do século XX e recebeu esse nome em homenagem aos imigrantes europeus, fica a mais de trezentos quilômetros da capital, na região de Araraquara. Lá faz calor quase o ano inteiro — no verão chega a ser insuportável.[18] Geza adquiriu a pequena fazenda, onde plantava frutas, café, arroz e criava algumas cabeças de gado. O caso é que ele não podia ficar lá, porque trabalhava em São Paulo como agrimensor e só voltava aos finais de semana. Portanto, a administração de tudo estava a cargo de Gitta.[19]

Alguns meses após a chegada ao Brasil, Mengele começou a reclamar da vida. Tinha arrumado emprego na estamparia de Wolfgang e registrou em seu diário, em janeiro de 1961, que o trabalho não era muito agradável. O que mais o incomodava, no entanto, era a própria existência naquele lugar, que lhe causava sensações de monotonia, primitivismo, inquietação, tudo isso sem nenhuma garantia de segurança.[20] Nessa época, não se sabe se já com segundas intenções, Wolfgang fez algumas visitas aos Stammer em Nova Europa. Em um dos encontros, propôs que um conhecido de origem suíça, chamado Peter Hochbichler, trabalhasse para eles como administrador.[21] Geza parou para pensar e concluiu que poderia ser um bom

---

**17** Depoimento de Martha Barbist Novak à PF, p. 33. **18** "Histórico". Prefeitura Municipal de Nova Europa. Disponível em: <novaeuropa.sp.gov. br/?pag=T1RjPU9EZz1PVFU9T0dVPU9HST1PVEE9T0dFPU9HRT0=&i dmenu=214>. Acesso em: 8 dez. 2022. **19** Depoimento de Gitta Stammer à PF, p. 29. **20** Ulrich Völklein, op. cit., p. 268. **21** Depoimento de Gitta Stammer à PF, p. 29.

negócio: ajudaria um amigo e, em contrapartida, teria alguém para tocar a fazenda. Isso seria útil, pois ele passava a maior parte do tempo fora. Geza aceitou a proposta. Por volta de agosto ou setembro de 1961, "Peter" foi apresentado à família e, naquele mesmo ano, mudou-se para a fazenda.[22]

Peter começou a trabalhar, mas não aceitava dinheiro por isso. Pelo contrário, fazia questão de pagar por seus alimentos e pela roupa lavada, o que causava estranheza a Gitta.[23] A chegada do tal suíço como administrador da fazenda foi especialmente marcante para um dos funcionários, Francisco Assis de Souza, que fazia de tudo, desde tirar leite das vacas a cuidar da lavoura. Ele descrevia Peter como uma pessoa autoritária, com temperamento nervoso e que discutia muito. Além disso, falava um português arrastado por causa de um forte sotaque castelhano e dizia que tinha vivido um longo período no Uruguai. Francisco percebeu que Peter não saía da propriedade, no máximo andava nas imediações. Impressionado mesmo ele ficou ao vê-lo operando um bezerro que tinha uma hérnia. A operação foi rápida e o animal ficou curado.[24] Qualquer administrador comum teria chamado um veterinário, não faria uma cirurgia sozinho, ainda mais com tanta destreza. O comportamento daquele "suíço" desconhecido era esquisito e causava preocupação a Gitta. A anfitriã achava Peter discreto e calado. Evitava ser fotografado. Quando pessoas desconhecidas faziam uma visita, assim que iam embora, ele sempre perguntava quem eram. Gitta estranhava essa atitude e indagava qual era sua verdadeira identidade. Ele sempre disfarçava e nunca dizia quem realmente era.[25]

---

**22** Depoimento de Geza Stammer à PF, pp. 85-6. **23** Id., pp. 25-32.
**24** Depoimento de Francisco Assis de Souza à PF, p. 35. **25** Depoimento de Gitta Stammer à PF, pp. 25-32.

A vida em Nova Europa não durou muito. A região era um forno e a família Stammer decidiu se mudar para um lugar com um clima mais agradável: Serra Negra. Francisco não quis ir junto, mas Peter foi. Embora ele temesse mudanças, essa logo se mostrou vantajosa. Depois de quase quatro semanas no novo sítio, escreveu em seu diário: "Por mais feroz que fosse minha resistência interior para me mudar para cá, agora me sinto em casa neste lugar, que rejeitei com tanta veemência. Mas ele também tem tudo para poder dar um lar e um lugar para ficar a uma pessoa sem paz".[26] Mesmo mais adaptado, Peter continuava a ter um comportamento estranho, até que um acaso revelou o motivo.

Um homem que comprava frutas do sítio dos Stammer deixou com eles um jornal, algo que não era muito comum naquele lugar. Uma reportagem falava sobre os executores nazistas e estampava uma foto de um jovem de trinta e poucos anos. O rosto parecia familiar para Gitta: tinha um sorriso com um buraco no meio, difícil de confundir. A mulher decidiu confrontar Peter: "Você é tão misterioso, vive com a gente, por favor, seja honesto e nos diga se é você ou não". Peter não respondeu nada na hora. Só após o jantar ele se manifestou e disse que Gitta estava certa. "Eu vivo com vocês e, portanto, vocês têm o direito de saber que, infelizmente, sou eu mesmo", afirmou Mengele.[27]

Depois que os Stammer souberam que Peter Hochbichler e Josef Mengele eram a mesma pessoa, Geza procurou Wolfgang e exigiu explicações. A recepção não foi calorosa, pelo contrário. O austríaco deixou claro que eles não deveriam comunicar às autoridades o que haviam acabado de

---

**26** Ulrich Völklein, op. cit., p. 271.   **27** Gerald Posner e John Ware, op. cit., p. 175.

descobrir. Em tom de ameaça, avisou que amigos de Mengele não aceitariam uma denúncia e poderiam prejudicar a família Stammer. Embora ele não tenha explicado quem seriam esses amigos, Geza logo entendeu que não deveria falar nada, apenas pediu para Wolfgang tirar Mengele do convívio de sua família.

O problema não era tão fácil de equacionar. Hans Sedlmeier, representante da empresa da família Mengele, teve que vir da Alemanha para acalmar os ânimos e arrumar um novo local para o médico nazista morar. Pela memória de Geza, Sedlmeier viajou ao Brasil pelo menos três vezes.[28] Na primeira, trouxe 2 mil dólares, que Geza trocou por cruzeiros, a moeda brasileira da época. O dinheiro aparentemente ajudou a pacificar a situação. Um registro do diário de Mengele afirma também que ele entrou com 25 mil dólares na compra do sítio em Serra Negra e, com isso, tornava-se sócio da propriedade.[29] Os Stammer jamais mencionaram à polícia ter recebido qualquer quantia de Mengele. Sempre justificaram que a razão para terem acolhido o criminoso por tantos anos foi o medo das ameaças. A PF, por sua vez, nunca investigou a questão do dinheiro que estaria envolvido no caso Mengele, porque o foco de sua investigação era outro: determinar se o "Anjo da Morte" de Auschwitz tinha realmente vivido e morrido no Brasil.[30] As pessoas próximas e os diários mostram que o aporte financeiro provido pela família Mengele teve, sim, um papel importante para o sucesso da vida clandestina durante as quase três décadas na América do Sul. Rolf, o único filho

28 Depoimento de Geza Stammer, pp. 85-6. 29 Ulrich Völklein, op. cit., p. 271. 30 Entrevista com o delegado-chefe do caso Mengele, Marco Antonio Veronezzi, realizada em 12 de dezembro de 2022.

de Mengele, disse que ele não sabe ao certo quanto o pai recebeu, mas calcula que a ajuda mensal girava em torno de trezentos a quinhentos marcos alemães.[31] Em todo caso, fosse qual fosse o motivo, o fato é que Mengele permaneceu com os Stammer até 1974.

31 Inge Byham, op. cit., p. 32.

# 14.
## Sem descanso em Serra Negra
ou
## Paranoia constante

Serra Negra, 1961 a 1968

Se havia alguém que merecia sombra e água fresca era Cecília. A vida tinha sido muito dura com ela. "O que nós sofremos, ninguém vai entender", pensava. Só agora, com quarenta e poucos anos, tinha chance de relaxar. A cada seis meses, mais ou menos, largava o trabalho em São Paulo e viajava com o marido e o filho para o sítio da amiga Anézia em Serra Negra. Lá gostavam de ir até a piscina de um hotel próximo onde podiam nadar à vontade. Eram dias de descontração em que Cecília esquecia um pouco do passado. Talvez até do próprio nome, que na verdade era Cyrla. Ninguém mais a chamava assim. Ela foi "rebatizada" na Suécia, no fim da Segunda Guerra, depois de passar por vários campos de concentração e ser resgatada pela Cruz Vermelha em Ravensbrück. Quando ainda era Cyrla, deixou a Alemanha no quarto ônibus de um comboio de cinco. O quinto foi bombardeado pelos alemães que não queriam permitir a fuga dos prisioneiros. Estar viva era realmente um milagre para ela, levando-se em conta todas as adversidades que enfrentou. No final do conflito, aos 23 anos, estava pele e osso. Mesmo já fora dos campos de concentração não podia comer nada além de sopa e aveia. Suas colegas que atacaram a comida com vontade, acabaram morrendo, pois o organismo não estava mais preparado para digerir alimentos. O governo sueco acolheu refugiados de guerra como uma mãe. Arrumou casa, deu alimento, roupa e até um curso de enfermagem ela conseguiu fazer. Nada disso aplacava a solidão de quem tinha perdido toda a família em Treblinka. Apenas um irmão, que se escondeu nas florestas e se juntou aos partisans, sobreviveu e acabou se mudando para os Estados Unidos.

A vinda de Cecília para o Brasil foi por insistência do marido Simon, que logo abrasileirou o nome para Simão. Os dois sobreviventes se casaram na Suécia e parte da família dele tinha emigrado para o Brasil. A decepção ao chegar em São Paulo foi grande. Os parentes perguntaram quanto dinheiro eles traziam. Cecília disse que 59 dólares era tudo o que tinham. Desprezado, o casal achou um apartamento no bairro do Bom Retiro e teve que tocar a vida por aqui porque não tinham mais visto para voltar à Suécia. Muito menos queriam ir para a Polônia, onde Cecília nasceu e viveu as piores experiências possíveis. Até o fim da vida, não conseguiu dormir direito. Teve que parar de tomar remédios por ordem médica. Manter os olhos fechados era difícil, era quando o palco escuro trazia todas as cenas do passado de volta.

Em uma dessas cenas, a então chamada Cyrla estava de pé em mais uma manhã no *Zählappell*, a contagem interminável de prisioneiros em Auschwitz. Mengele a escolheu com outras três moças: uma grega, uma francesa e uma húngara. Ninguém se conhecia. Elas foram encaminhadas para o barracão especial, onde Mengele fazia seus experimentos e algumas banheiras já estavam preparadas. Sem roupa, sem cabelo, Cyrla entrou na primeira. "Ai, está queimando!", ela gritou em alemão, uma língua que aprendeu com a ocupação nazista. "Coloca essa cabeça para dentro, senão eu te mato", disse Mengele.

Nessa água escaldante, Cyrla passou quinze minutos, contados no relógio pelo médico. Ela achou que o suplício tinha acabado, mas estava só começando. Da água fervente, ela foi para a água congelante. A experiência se repetiu de uma banheira para a outra durante todo o dia. Cyrla achou que ia morrer. A menina grega, muito magrinha e pequenina, não aguentou. Foi levada embora numa maca, morta. A noite caiu, o barracão estava vazio e havia barulho do lado de fora. Cyrla gritou por socorro. As colegas arrancaram uma tábua do barracão de experimentos e conseguiram retirá-la de lá pelo buraco. Mas ela não conseguia andar, as pernas tinham inchado e estavam vermelhas por causa das queimaduras. Passou dois dias deitada na parte de cima de um beliche. Mesmo sem andar, tinha que participar do *Zählappell* toda a manhã. Suas colegas se solidarizaram e a carregavam para a contagem. Arrumaram também um lenço para sua cabeça e, talvez assim, Mengele não iria reconhecê-la. Deu certo, não se sabe como. Anos se passaram, décadas e, em seus piores pesadelos, o rosto de Mengele sempre voltava à memória.

Respirar o ar puro de Serra Negra era um alívio. Cercada por morros verdes, essa cidadezinha do circuito das águas fica a 150 quilômetros do agito de São Paulo. O sítio da amiga de Cecília era um lugar ainda mais tranquilo, pois situava-se em um bairro afastado, perfeito para descansar. Em um dos dias de piscina no hotel próximo, um morador da região veio correndo contar uma novidade e tanto. "Sabe quem está morando em Serra Negra?", ele perguntou. Ninguém fazia ideia. "Mengele!", respondeu entusiasmado. Não se sabe como esse morador ficou sabendo da informação, visto que apenas a família Stammer sabia qual era a verdadeira identidade de Peter, mas, ao ouvir esse nome, o corpo de Cecília estremeceu e ela começou a passar mal. Qual era a probabilidade de encontrar aquele homem mais de vinte anos depois, naquele fim de mundo? Não passou por sua cabeça denunciá-lo para as autoridades, apenas fugir. "E se ele estiver aqui para matar os judeus?", pensava Cecília, sem se dar conta de que era uma possibilidade um pouco absurda no novo contexto em que vivia. Tomada pelo medo, empacotou suas coisas e nunca mais voltou para lá.[1] Foi mais um golpe de sorte para Mengele. Com um simples telefonema para a polícia, para a embaixada da Alemanha ou de Israel, ou mesmo para um caçador de nazistas, como Simon Wiesenthal, Cecília poderia ter entregue o criminoso à Justiça. O trauma e as feridas, porém, eram grandes demais e ela preferiu se calar. Como prêmio, jamais teve que encarar frente a frente seu carrasco aqui no Brasil. O episódio estava encerrado.

No sítio Santa Luzia, uma propriedade nas redondezas do hotel em que a família de Cecília aproveitava a piscina, Mengele morava com os Stammer. O médico tinha se transformado em administrador rural e precisava gerenciar os funcionários do sítio, que o chamavam apenas de "seu Pedro", aportuguesando o Peter. Era ele próprio quem contratava os trabalhadores e fazia os pagamentos. Mas logo mostrou que não tinha o menor traquejo social, era muito rude, o que provocava discussões horríveis com o pessoal. Gitta intervinha para evitar problemas. Ela morria de medo de que algum desentendimento pudesse chamar a atenção para a presença de Mengele em sua casa.

Agora que a identidade de Mengele não era segredo para Gitta, ela procurou saber mais sobre o que ele tinha feito durante a Segunda Guerra. Mengele confirmou que esteve em Auschwitz, mas contou que contraiu tifo e foi removido para tratamento em outro local. Em nenhum momento disse se tinha realizado experiências com seres humanos, como aparecia nos jornais. Quando o assunto "guerra" aparecia, Mengele

---

1 Entrevista com Cyrla Gewertz realizada em 14 de julho de 2017.

desviava imediatamente. Do período em que viveu em fuga após o conflito, Gitta conseguiu extrair pouca coisa. Ele falou que fugiu da Alemanha para a Itália e, em seguida, atravessou o oceano Atlântico em um pequeno navio de origem francesa até Buenos Aires. Morou alguns anos na capital argentina até se mudar para o Paraguai. Também contou que esteve pouco tempo no Uruguai e confessou que não morou lá, como tinha dito para justificar seu sotaque castelhano. Na ausência de Geza, as conversas com Mengele se arrastavam noite adentro. Gitta considerava-o culto e inteligente. Ele lia livros de filosofia e história e gostava de música clássica, especialmente Mozart. Ela achava que Mengele mal saía do sítio, indo no máximo até o centro ou, eventualmente, até Lindoia, uma cidade vizinha, conhecida por suas águas termais.[2] Os vizinhos tinham uma visão diferente.

Do outro lado da estrada principal está localizado o sítio da família Silotto, de origem italiana como boa parte dos colonos de Serra Negra. Até hoje, seus membros mais antigos lembram de Mengele como o "hungarês" — provavelmente porque ele vivia com os húngaros. Quando adolescente, Alfeo Silotto costumava sair com os irmãos Stammer e acreditava que Mengele era "amigado" de Gitta. Essa suposição corria à boca pequena, afinal os dois estavam sempre juntos e o marido Geza aparecia só aos finais de semana, isso quando não demorava quinze dias para voltar para casa.

Alfeo conta que todo domingo Mengele ia ao bar de um italiano na hora do almoço. Saía cedo, antes que ficasse cheio. Embora ele se relacionasse com os locais apenas ocasionalmente, algumas histórias ficaram famosas. Uma vez, Mengele salvou um bêbado caído à beira de um riacho que estava subindo rapidamente por causa de uma chuva forte. Ele

2 Depoimento de Gitta Stammer à PF.

atravessou uma pinguela com o homem embriagado e o entregou na casa da namorada. Em outra ocasião, tratou um primo de Alfeo, chamado José Osmar Silotto, que sofria de uma doença popularmente conhecida como "amarelão", causada por vermes. Depois de usar um remédio caseiro receitado por Mengele, ele ficou curado.[3] Aos doze anos, José Osmar ajudou na lavoura de café do sítio Santa Luzia e se impressionou com a habilidade do patrão de empalhar passarinhos, que ficavam perfeitos.[4]

Mengele levava essa vida pacata em Serra Negra quando o colega Adolf Eichmann foi enforcado em Israel, no final de maio de 1962. O medo de ser sequestrado pelo Mossad e ter o mesmo destino era grande, portanto ele decidiu construir uma torre de observação de dez metros de altura. Um pedreiro ajudou nesse trabalho e o próprio Mengele usou suas habilidades com madeira para fazer assoalho, porta, janelas e cumeeira. O sítio Santa Luzia era a última propriedade em cima de um morro e havia um único caminho para chegar até lá. Dos janelões da torre branca, o nazista tinha uma vista panorâmica e conseguia ver quem se aproximava pela estradinha de terra. Enquanto estivesse de sentinela, muitas vezes usando um binóculo, era praticamente impossível ser pego de surpresa. Caso saísse de seu porto seguro, Mengele gostava de andar rodeado por seus quinze cachorros vira-latas.[5] Era assim que costumava acompanhar Gitta até o ponto, onde ela pegava o ônibus para a cidade. Mengele nunca precisou fugir do Mossad em Serra Negra. Naquela época, a equipe de Rafi Eitan chegou perto do sítio de Wolfgang Gerhard, em Itapecerica da Serra, um local que o médico nazista frequentou muitas e muitas

3 Entrevista com Alfeo Silotto em 21 de novembro de 2020.   4 Noedir Pedro Carvalho Burini, *O anjo da morte em Serra Negra*. [S.l.: s.n., 19--], p. 10. 5 "Casa em Serra Negra, agora atração turística". *O Estado de S. Paulo*, 14 jun. 1985.

vezes. No entanto, nenhum agente israelense jamais sonhou em ir até a cidade do circuito das águas no interior paulista. O caso é que o foragido não sabia que estava seguro ali.

A preocupação com segurança era constante para Mengele, principalmente se surgiam notícias sobre criminosos nazistas apanhados pelas autoridades. No dia 28 de fevereiro de 1967, pouco depois das seis e meia da tarde, o austríaco Franz Stangl voltava para sua casa na Zona Sul de São Paulo. Nem chegou a entrar, porque antes foi preso por agentes do Departamento de Ordem Política e Social (Dops). Stangl não reagiu. Ficou aliviado ao ouvir que os policiais falavam português. Seu maior temor era ser pego pelo Mossad.[6] No dia seguinte, o governador do estado, Abreu Sodré, foi pessoalmente até a Secretaria de Segurança Pública para felicitar os policiais e anunciar a prisão à imprensa. Ele devia saber que o nazista detido não era peixe pequeno, apesar de levar uma vida banal. Sem nunca esconder o verdadeiro nome, Stangl trabalhava havia oito anos na Volkswagen, no ABC Paulista, e morava numa casa no bairro do Brooklin com a esposa, três filhas e um neto. Mas o homem ordinário tinha um passado funesto. Durante a Segunda Guerra, ele comandou os campos de extermínio de Treblinka e Sobibor.[7] É difícil ouvir histórias dos sobreviventes desses dois lugares pelo simples fato de que pouquíssimas pessoas saíram vivas de lá.[8]

A partir de 1942, quando o Holocausto começou a acelerar, centenas de milhares de judeus foram transportados para Treblinka, Sobibor e Belzec, um terceiro campo de extermínio. Os três foram construídos para a Operação Reinhard,

---

**6** "A prisão do nazista". *Jornal da Tarde*, 3 mar. 1967.   **7** "Polícia prende chefe nazista". *O Estado de S. Paulo*, 2 mar. 1967; "A Áustria quer nazista de volta". *O Estado de S. Paulo*, 3 mar. 1967.   **8** Nikolaus Wachsmann, op. cit.

codinome de um plano para liquidar todos os judeus da Polônia ocupada pelos nazistas. Diferentemente de Auschwitz, que funcionava também como um centro de trabalho forçado, esses locais foram criados com um único objetivo: o assassinato imediato dos prisioneiros nas câmaras de gás. Os funcionários dos três campos eram recrutados no programa de eutanásia, conduzido em segredo na Alemanha. E é aí que entra Stangl. Ele era *Obersturmführer* da SS, um cargo equivalente a tenente-coronel, e tinha participado da operação para matar secretamente alemães indesejados. Por seu cargo e expertise em extermínio em massa, foi selecionado para comandar Sobibor. Mais tarde, foi convocado para chefiar Treblinka, que estava um caos pelo excesso de corpos espalhados por todos os lados. Os trens que traziam os prisioneiros ao campo tiveram que ser suspensos por uma semana até a SS pôr ordem no lugar. Quando os comboios voltaram a operar, as primeiras vítimas chegaram do gueto de Varsóvia.[9] Juntos, os três campos da Operação Reinhard tiraram a vida de 1,5 milhão de judeus.[10]

Quando Wolfgang Gerhard soube que Stangl tinha sido preso em São Paulo, achou que deveria tomar uma providência. Pensou em uma solução radical: resgatar o colega nazista com sua Kombi, onde costumava carregar a penca de filhos. Wolfgang só precisaria modificar a parte da frente do veículo para criar um fundo falso próximo ao motor. Seria apertado, mas ele achava que o criminoso poderia ir deitado no assoalho. Wolfgang contou seu plano mirabolante para Mengele, que o reprovou sem rodeios. Disse que, agindo assim, iria atrair as atenções das autoridades para ele, para os vários alemães residentes no Brasil e mesmo austríacos. Isso só acarretaria

9 Laurence Rees, op. cit., pp. 345-8.   10 "Operation Reinhard (Einsatz Reinhard)". United States Museum of Holocaust. Disponível em: <encyclopedia.ushmm.org/content/en/article/operation-reinhard-einsatz-reinhard>. Acesso em: 20 fev. 2023.

problemas, principalmente para ele, Josef Mengele, o nazista foragido mais famoso e procurado de todos. Wolfgang não gostou da resposta e tachou o amigo de egoísta, porque considerou que ele estava se furtando a ajudar um companheiro. Era verdade, faltava a Mengele a camaradagem com os colegas nazistas que sobrava em Wolfgang. Em todo caso, o resgate não pôde ser colocado em prática porque a modificação da Kombi era um trabalho demorado e eles não tinham muito tempo.[11] Stangl logo foi transferido para Brasília e, de lá, extraditado para a Alemanha. O comandante de Treblinka e Sobibor foi, finalmente, a julgamento, mas antes de a sentença transitar em julgado, morreu de infarto na prisão em junho de 1971.[12]

O faro de Mengele estava apurado. A prisão de Stangl levantaria a poeira para seu lado. O jornal *O Estado de S. Paulo* publicou, na época, em uma de suas reportagens que

> A presença no Brasil de outros criminosos de guerra nazistas e a existência de entidades clandestinas destinadas a facilitar a entrada no país de ex-colaboradores do regime de Hitler são alguns dos pontos principais em que estão sendo orientados os interrogatórios a que responde o austríaco (Franz) Paul Stangl, que se encontra preso em Brasília. [...] Por outro lado, a Polícia Federal tem indícios de que o médico nazista Mengele esteve no Brasil, mas já teria fugido.[13]

**11** Depoimento de Wolfram Bossert à PF, p. 19. **12** "Um comandante nazista na Volkswagen do Brasil". Deutsche Welle, 20 jul. 2017. Disponível em: <www.dw.com/pt-br/um-comandante-nazista-na-volkswagen-do-brasil/a-39853635>. Acesso em: 20 fev. 2023. **13** "Nazista teria proteção". *O Estado de São Paulo*, 7 mar. 1967, p. 36. Disponível em: <acervo.estadao.com.br/pagina/#!/19670307-28187-nac-0036-999-36-not/busca/Stangl>. Acesso em: 18 fev. 2023.

A informação estava quase correta. Mengele ainda estava vivendo em Serra Negra, mas se mudaria em breve de cidade. Segundo os vizinhos, o motivo seria a construção de um grande hotel perto do sítio Santa Luzia. Havia também outra questão, mais íntima. Depois de algum tempo de convívio, Gitta percebeu que Mengele era uma pessoa bastante autoritária, o que constantemente causava atrito com seus familiares. A mudança para um sítio em Caieiras, a apenas trinta quilômetros de São Paulo, permitiria que o marido Geza não se ausentasse tanto tempo de casa.

## Caieiras, 1968 a 1974

A família Stammer e seu agregado mudaram-se para o sítio em Caieiras em 1968. Geza tinha um motorista para quem dois fatos chamavam a atenção. Primeiro, que seu Pedro permanecia a maior parte do tempo dentro de casa. Segundo, que todos os dias o patrão passava pela agência dos Correios para ver o que havia na caixa postal que alugara. Se Geza tivesse compromisso, o próprio motorista buscava a correspondência, que frequentemente era remetida da Alemanha para seu Pedro.[14] Mengele adorava escrever e receber cartas. Uma troca intensa se estabeleceu com diversas pessoas: o filho Rolf, o enteado Karl-Heinz, a família em Günzburg e, mais tarde, os amigos. Seu maior correspondente seria Wolfgang Gerhard, que em 1971 voltaria para a Áustria. Em uma carta escrita em abril de 1969 e endereçada "para todos" da família Mengele, o fugitivo nazista resumia como era sua rotina no Brasil e como andava seu estado de espírito:

14 "A Vida na Sombra: Mengele teve a proteção de uma rede de amigos em seus dezenove anos de Brasil". *Veja*, 19 jun. 1985.

A todos,

Como vocês realmente sabem muito pouco sobre mim e o curso da minha vida aqui, pensei que poderia ser muito útil contar o que faço, o que penso e como minha vida aqui se desenvolve. Então, gostaria de começar com a descrição de uma rotina diária média:

Normalmente começamos o dia entre as sete e as oito, muitas vezes o dono da casa já saiu para trabalhar com o filho mais velho. Depois tomamos o café da manhã e, em seguida, claro, há muito o que fazer — em casa, no quintal e no jardim. A reforma da casa em ruínas, que agora se tornou uma casa de campo muito imponente, requer trabalho manual constante e, como vocês podem imaginar, o jardim também exige muito trabalho. Os caminhos devem ser mantidos, a grama cortada, novos plantios feitos, além de muitos pequenos trabalhos. A última grande obra foi a cobertura da casa da frente, concluída no ano passado. Nesse ínterim, houve uma pausa nas obras por falta de material. No entanto, sempre há possibilidades e necessidades de melhorias e reparos, para que o trabalho manual ainda tenha o seu devido lugar.

Na maioria das vezes, faço esse trabalho dando uma pequena caminhada nas imediações, acompanhado pelos cães fiéis. À tarde, tenho mais tempo para mim. Isso principalmente nos últimos meses, nos quais coloquei algumas coisas por escrito e também consigo ler mais. No que diz respeito à minha escrita, resolvi registrar a história do meu tempo em um relato mais longo, baseado na minha própria história de vida e, ao mesmo tempo, tecer a história da família. Supõe-se que seja uma representação da ascensão de uma família que tem suas raízes na agricultura e, assim, ascende à classe alta.

Minha própria vida, como destino nacional, deve brilhar. Claro que não sei até que ponto serei bem-sucedido.

O que escrevi há sete anos ainda atende aos meus requisitos hoje, de modo que agora tenho coragem de continuar escrevendo sobre esse assunto. Ocasionalmente escrevo um pequeno incidente ou anedota, também tenho um pequeno diário e por vezes o humor é suficiente para escrever um pequeno poema. Na segunda parte desta descrição, gostaria de lhes dar algumas amostras.

E quando o dia chega ao fim, sentamos juntos à noite, geralmente apenas com Gitta e os meninos, e contamos o que queremos desabafar, discutimos nossos problemas, ouvimos boa música no toca-discos ou fazemos alguma — embora pior — nós próprios. E assim o dia finalmente chega ao fim: mesmo que você não tenha feito muito, você passou o dia, como diz o ditado. No passado, há cerca de um ano, o dia era ainda mais ocupado, na sua maioria com muito trabalho. Havia vacas para serem ordenhadas logo às seis da manhã e muitas outras tarefas e deveres do agricultor e do camponês ocupavam o tempo. Além disso, era preciso cuidar dos animais e de todo o resto que rasteja e voa num grande sítio. Ainda hoje, é claro, ainda há um pouco de dificuldade de vez em quando, sobretudo em relação aos empregados, que, no entanto, são agora apenas uma empregada inapta que foi demitida e um trabalhador agrícola preguiçoso.

Se se tinha de trabalhar mais no passado ou se hoje é muito mais fácil e agradável, pode surgir a impressão e poderia levantar-se a questão de saber se tal existência ainda faz muito sentido. Também me coloco essa questão, mas estou preparado para responder afirmativamente a essa pergunta. Não é muito essencial o que se faz, mas muito mais essencial é o que se ganha com isso para um benefício duradouro. Todo o trabalho, quase todas as profissões, acaba por se tornar rotineiro e, portanto, desinteressante.

Mas eu formei uma ideia diferente do significado da minha existência. Quero provar com esta existência que só quem se entrega está perdido, como um bom camarada uma vez escreveu num dos seus livros, ou como Hemingway fez seu velhote dizer: Pode-se ser destruído, mas não se pode desistir.

Quanto à minha leitura, tenho à minha disposição jornais diários, revistas e afins. Também estou sempre lendo algum livro, atualmente McLuhan. A música é fornecida pelo nosso amigo Musikus. Ele é um fã entusiasta da música de Händel, Bach, Mozart, Haydn, e durante as nossas visitas semanais apreciamos sempre essa maravilhosa música clássica, que pode dar tanto prazer. Ultimamente, também nos tornamos um pouco atrevidos, indo ao pequeno cinema da periferia e vemos sobretudo filmes antigos que já não estão atualizados. Gosto mais das produções do Velho Oeste, porque nesses filmes se podem ver cavalos tão bonitos e cavaleiros brilhantes e, no final do dia, o herói escapa sempre ileso, apesar de lhe serem disparadas muitas munições.

Para além de excursões menores de carro, principalmente aos domingos, nas imediações da nossa localização, houve também algumas excursões maiores. No ano passado, passei nove semanas no Sítio 1, onde introduzi a colheita. Entretanto, fizemos outra visita para fazer alguns arranjos com o novo inquilino. Agora voltei diretamente, também de uma excursão maior, ou seja, mais distante, na selva. Eu fui lá com Musikus, que é um ávido espeleólogo e fotógrafo. Embora não tenhamos conseguido concluir nosso programa porque perdemos uma câmera e o flash havia sofrido com a umidade, essa excursão resultou em várias centenas de fotografias de parasitas, árvores, cachoeiras, plantas, córregos e, finalmente, entradas de cavernas e seus arredores. Como vocês podem ver, minha vida não é tão monótona quanto pode parecer. Mas também se aplica aqui o princípio de que a vida é tão interessante quanto você gosta de moldá-la e isso é uma questão interna.

... A vida real é apenas experiência...

Também tenho boas pessoas para conversar em Gitta, Musikus e Lange, e nessas reuniões há conversas e discussões animadas sobre uma ampla variedade de tópicos. Em particular, temos aqueles sobre a sociedade moderna, astronomia, teoria da relatividade, problemas científicos.[15]

Mengele não costumava assinar as cartas com seu nome. No máximo, um *"Dein..."* [Seu...]. Como um foragido da Justiça, sabia que, se esse material caísse em mãos erradas, ele próprio se trairia e daria as pistas para a polícia chegar ao local onde estava escondido. Também evitava falar nome de cidades, preferindo códigos, como "Sítio 1" para se referir ao sítio Santa Luzia, em Serra Negra. Se referia a parentes e amigos normalmente usando uma sílaba, principalmente nas cartas posteriores. Nesta, Mengele ainda escreve "Lange", o apelido de Wolfgang Gerhard. Mais adiante, só o chama de "La". Musikus é o codinome de Wolfram Bossert, um amigo que vai inaugurar uma nova era na vida de Mengele no Brasil e selar de vez sua Baviera Tropical.

---

**15** "Carta de Mengele para família". Museu Nacional da Polícia Federal, arquivo n. 67, Brasília.

# 15.
## Amizade com os Bossert
### ou
## O círculo íntimo de Mengele

Caieiras, 1968 a 1974

Era uma noite de verão em fevereiro de 1968. Wolfram e Liselotte estavam na casa do grande amigo Wolfgang e de sua esposa Ruth, que visitavam toda semana. Normalmente, os Bossert levavam frios austríacos e salsichas alemãs para os adultos e chocolates para as crianças. Eram hábitos que remetiam às suas origens em comum. Os filhos se divertiam juntos enquanto os adultos conversavam, sempre em alemão. Wolfgang e Wolfram costumavam se trancar em um quarto, pois estavam trabalhando na confecção de um livro sobre exploração de cavernas.[1] Mas naquela noite houve uma novidade: mais um amigo. Era um viúvo, que disse se chamar Pedro. Wolfgang explicou para os Bossert que o convidado era muito solitário, estava com problemas e precisava do maior número possível de pessoas a seu lado. Wolfram procurou ser solícito. Conversou bastante com Pedro e lhe deu seu endereço, convidando o recém-conhecido para passar um dia

---

1 "Filho de Gerhard acusa os Bossert". *O Estado de S. Paulo*, 12 jun. 1985; PF, inquérito policial n. 1-0097/86, livro tombo 6, p. 125.

na sua casa, quando quisesse. Uma coincidência facilitaria a amizade. Wolfram trabalhava na empresa Melhoramentos em Caieiras, que ficava a apenas quatro quilômetros do sítio onde Pedro morava.[2]

Essa comodidade permitiu que os dois logo engatassem uma rotina conjunta. Toda semana, Wolfram saía do trabalho, passava para pegar Pedro e o levava para jantar em sua casa. Os dois gostavam de ouvir discos alemães, beber vinho e bater papo até altas horas. Entre os assuntos preferidos do "viúvo" estavam medicina e como domesticar animais. Nas manhãs seguintes, Wolfram dava-lhe uma carona de volta até o sítio. A cada encontro, a afinidade entre eles só aumentava. Liselotte e as crianças também se afeiçoaram a Pedro, que passou a ser chamado de "titio" por toda a família. Quase um ano depois de se tornarem amigos, Pedro confessou: ele era Josef Mengele, estava sendo procurado no mundo todo, mas não era o que diziam.[3] Essa revelação certamente seria um tremendo baque para qualquer pessoa. Não para os Bossert. Isso não afetou o relacionamento. E a vida seguiu normalmente, sem que fizessem ideia do que estava acontecendo.

A adormecida caçada do Mossad a Mengele ganhou um novo e inesperado ímpeto justamente no início de 1968. Uma mulher de 35 anos procurou o cônsul de Israel em São Paulo e afirmou que seu cunhado estava abrigando Mengele no Brasil. A denunciante era Thea Maria Kleyer, irmã de Ruth. Ela disse que Wolfgang ameaçou matar as duas e, portanto, decidiu contatar o consulado. Em meio às diversas denúncias que as autoridades israelenses recebiam, essa chamou a atenção por um motivo: Thea comentou que o esconderijo

---

**2** Depoimento de Gitta Stammer à PF, p. 30.     **3** "Assustado, agressivo, vivia com medo". *O Estado de S. Paulo*, 7 jun. 1985.

do fugitivo era um sítio em Itapecerica da Serra. Essa informação acendeu uma luz vermelha para o Mossad. Os representantes locais da agência decidiram falar com ela, deixando de lado as formalidades do cônsul. Thea contou sua história pessoal. Havia se casado duas vezes, teve um filho com cada marido e se divorciou dos dois. Em um segundo encontro, contou que tinha medo de Wolfgang. Confessou também que o principal motivo para procurar o consulado era uma querela com o último ex, que lhe tirou o filho mais novo, de oito anos. Ela se ofereceu para ajudar os israelenses a encontrar Mengele em troca de assistência para recuperar seu caçula. Eles concordaram.

Thea começou a contar tudo o que sabia. Disse que Mengele passou o Natal na casa de Wolfgang, em 1962, e, em seguida, mudou-se com "uma mulher muito simples de origem húngara" — referindo-se a Gitta. Afirmou que Mengele tinha comprado um sítio no estado de São Paulo e que a esposa dele, Martha, estava morando na Europa — o Mossad sabia disso, porque a vigiava exaustivamente. Thea disse ainda que Wolfgang tinha uma estamparia têxtil ilegal em casa, além do sítio em Itapecerica. A cada seis ou oito semanas o cunhado ia com sua Kombi encontrar Mengele para lhe entregar os cheques que recebia da Alemanha em uma caixa postal.

Para dar mais credibilidade ao seu testemunho, Thea começou a elencar nomes de pessoas do círculo íntimo do cunhado: Hans Rudel, o ex-piloto da Força Aérea alemã que ajudou Mengele a chegar ao Brasil; Erich Lessmann, um empresário e grande amigo de Wolfgang. Ambos viajavam juntos para encontrar o médico nazista. (Eric também empregaria Wolfgang como técnico em sua oficina de soldas. O registro aparece na carteira de trabalho dele, que mais tarde seria herdada por Mengele.) Thea ainda revelou mais um nome: Wolfram Bossert. Contou que ele morava em Caieiras e visitava Wolfgang toda semana. Algumas pessoas, como Rudel, já eram bastante conhecidas pelo Mossad. Sem dúvida, as pistas eram quentes.

Preparativos para capturar Mengele começaram imediatamente em três continentes: Ásia, Europa e América do Sul. A agência designou um agente de codinome Mirambo para coordenar a missão de identificar o criminoso nazista. Em fevereiro de 1968, mesmo mês em que Mengele conhecia os Bossert, Mirambo desembarcou em São Paulo com uma série de orientações. Ele não deveria criar problemas com as leis locais, não deveria fazer nada que pudesse alertar o fugitivo e, ao contrário da operação de 1962, não deveria sequestrar Mengele à la Eichmann. Dessa vez, a ordem era apenas identificar o foragido, ajudar a prendê-lo e a extraditá-lo para a Alemanha, onde havia um mandado de prisão desde 1959. Dois dias depois de sua chegada, Mirambo conduziu uma análise da situação in loco e estabeleceu um plano relativamente simples. O agente seguiria Wolfgang assim que ele recebesse o dinheiro para entregar a Mengele. No entanto, algumas dúvidas não estavam resolvidas: quando chegaria a próxima remessa? Quando Wolfgang viajaria? Seria possível organizar uma vigilância sem alertar ninguém?

Enquanto os israelenses se preparavam para a operação, paralelamente continuavam a ter encontros com Thea para obter mais informações. Olhando para trás, é realmente impressionante a quantidade de dados corretos que ela fornecia. O único problema é que estavam desatualizados. Mirambo logo percebeu que tudo o que Thea dizia correspondia aos anos de 1962 e 1963, quando convivia com o cunhado. Mas a informante não sabia, por exemplo, que Mengele estava morando em Caieiras nem onde ficava o sítio da família Stammer. Sem ter como avançar, Mirambo fez uma sugestão ousada: sequestrar Wolfgang e tirar as informações dele à força.

O método de Mirambo era violento e a posição do chefe do Mossad, Meir Amit, permanecia inequívoca: a missão para localizar Mengele deveria ser tranquila. A contragosto, Mirambo teve que voltar a Israel. Ele lamentou porque acreditava que nunca estiveram tão perto de chegar até Mengele. Para ficar em seu lugar, o Mossad enviou ao Brasil o agente Zohar.[4] Ele foi brifado sobre Wolfgang, Thea e as atividades de Mirambo. Apesar dos vários esforços, não achou nada e o contato com a denunciante terminou.

Em setembro de 1968 o comando do Mossad mudou novamente. O novo chefe, Zvi Zamir, informou o primeiro-ministro Levi Eshkol sobre as buscas a criminosos nazistas. O comandante disse que a agência era inundada de denúncias, principalmente sobre o paradeiro de Mengele e Bormann, secretário particular de Hitler. Muitas dessas denúncias eram sinceras, outras eram apenas tentativas de extrair dinheiro. Para examiná-las, Zamir disse que precisaria de mais recursos. Eshkol determinou, então, que apenas recolheriam as informações sobre nazistas, que seriam passadas aos governos interessados por meio do Ministério das Relações Exteriores de Israel. Não haveria mais ação direta do Mossad. Eshkol abriu uma exceção para Mengele e Bormann. "É apropriado e adequado que sua equipe receba instruções de que eles podem fazer algo sobre esse assunto", disse o primeiro-ministro ao chefe do Mossad.[5] O problema é que, naquele ponto, tinham perdido o rastro de Mengele.

Caçadores de nazistas famosos, como Tuviah Friedman e Simon Wiesenthal, sinalizavam de tempos em tempos que Mengele estaria no Paraguai. Em resposta a uma carta de Friedman, o presidente da Alemanha, Gustav Heinemann, pediu a Assunção a extradição de Mengele em novembro

4 Yossi Chen, op. cit., pp. 135-40.  5 Ibid., p. 151.

de 1970. Como hoje se sabe, mas na época ninguém acreditava, o governo paraguaio dizia que o criminoso não estava no país. Portanto, não tinha como prendê-lo e, muito menos, extraditá-lo. Para contentar os alemães, as autoridades paraguaias emitiram uma ordem de prisão contra Mengele, deixando claro, porém, que só agiriam se ele aparecesse. Wiesenthal logo anunciou ao mundo que o governo alemão estaria oferecendo 10 milhões de marcos em troca da extradição.[6] Em períodos normais, o embaixador israelense no Paraguai recebia uma pista de Mengele por mês. Depois do bafafá criado naquele mês, duas pessoas por dia apareciam, em média, na embaixada com informações sobre Mengele.[7]

Enquanto isso, no Brasil, a possibilidade de seguir Wolfgang para chegar até Mengele desapareceu de vez em 1971. Naquele ano, o grande protetor do médico nazista decidiu voltar para a Áustria. Sua esposa e o filho mais velho, Adolf, estavam com câncer e a família considerou que um tratamento na Europa seria a melhor coisa a se fazer. Dali em diante Wolfram e Liselotte assumiram a função de zelar pelo bem-estar de Mengele em terras brasileiras. Entretanto, Wolfgang manteria contato frequente por uma intensa correspondência.

Na troca de cartas, algumas características da escrita de Mengele chamam a atenção. Primeiro, seu estilo tortuoso e pretensamente poético, o que torna, em vários momentos, a leitura difícil. Em segundo lugar, os codinomes que ele usa para descrever as pessoas com quem convive. "Mu" é a abreviação de Musikus, ou seja, Wolfram. A "sra. Mu" refere-se à Liselotte. Já o "tio" é ele mesmo, Mengele. Por último, é interessante notar que ele adota em seu vocabulário palavras em português, como "sítio". Em outros trechos, menciona

6 Ibid., pp. 152-3.   7 Ibid., p. 153.

"foice" e "João de Barro". Uma prova de que Mengele misturava o novo idioma com o materno, repetindo uma maneira de falar muito peculiar dos expatriados da comunidade germânica.

Em uma das primeiras cartas, Mengele enviou um relato sobre o sítio em Itapecerica da Serra. O mesmo onde a missão do Mossad chegou muito perto, quase uma década antes. Mengele voltou ao local, agora com a família Bossert, no feriado da Proclamação da República. Em vez de perseguição de agentes de inteligência, encontrou momentos de descontração e felicidade.

Em dezembro de 1971, Mengele escreveu a Wolfgang: "Por tantos anos escutei falar do sítio e, no entanto, permaneceu um desconhecido para mim. Agora, porém, a curiosidade crescia além do controle, nem o mau tempo nos faria desistir: faríamos a viagem mesmo assim".[8] No percurso até o sítio, com Wolfram ao volante, foram pegos por uma intempérie, provavelmente uma tempestade. Mesmo nessa situação adversa, Mengele demonstrou contentamento. "Que mal faz? Fazemos mais umas piadas bobas, rimos e cantamos um pouco mais alto." Chegando perto do sítio, ele começa a ter algumas lembranças, deixando a entender que fazia muito tempo que não visitava o lugar: "A minha memória, que inicialmente se referia à pequena igreja na estrada, só começa a funcionar novamente quando chegamos à frente da casa dos Fischer. Talvez também não haja 'nada a recordar' para mim, já que tudo mudou tanto".

Mengele continua a carta, parecendo em êxtase com a flora e a fauna, comentando sobre cada detalhe da Mata Atlântica exuberante.

---

**8** "Carta de Mengele a Wolfgang Gerhard", dez. 1971. Museu da Academia Nacional de Polícia, arquivo 38, Brasília.

Tivemos que voltar ao carro para pegar o resto da bagagem. Assim, caminhamos em outra direção pelo verde amistoso do caminho da floresta, descobrimos o tranquilo e raro esplendor de uma bromélia em flor azul-violeta e, finalmente, abrimos um grande apetite para o frango assado que trouxemos conosco, que depois devoramos na mesa do terraço. Pensei sobre a refeição leve, como deve ter sido a disposição dos assentos de sua grande família — principalmente com hóspedes e convidados — e me lembrei de uma observação de minha mãe de que, de acordo com a etiqueta vienense, você também pode ajudar com seus dedos ao manusear as coxas de frango.

Se não parecia uma pessoa feliz, era ao menos alguém vivendo um momento feliz com os amigos, em meio à natureza e com lembranças afetivas do passado. Algumas passagens que ele relata a Wolfgang lembram um comercial de margarina. Nada parecido com as teorias de que Mengele teria se tornado um velho depressivo, com uma vida miserável no Brasil. Este trecho também desmente essa ideia: "Antes de as crianças irem dormir, há muita risada. [...] O aconchego da sala de estar mantém-nos presos até altas horas da noite e conto o que sei sobre as origens do sítio e assim parte da história da nossa amizade e de um tempo ilustre e inusitado". Mengele relata que no dia seguinte, "as crianças dão vida à pacífica manhã de domingo e expulsam os mais velhos que dormem até tarde. [...] A dona de casa prepara um farto café da manhã. [...] Mu já está esperando o tio e os filhos irem passear na mata".

Depois de descrever a exploração pela propriedade, o nazista faz mais um retrato da dinâmica familiar da qual ele, o agregado querido, faz parte. "Mu estica-se no assento do canto, lê as aventuras de Plüschow, a sra. Mu faz barulho com seu almoço, as crianças brincam de barbeiro com o tio e o tempo está melhorando." Aqui cabem mais algumas observações: Gunther Plüschow é um aviador alemão que lutou na Primeira Guerra e ficou famoso por ser o primeiro piloto a filmar do alto a Terra do Fogo e a Patagônia argentina. Uma pequena amostra de que a família se mantinha conectada com sua própria cultura e história. Não à toa alguns livros encontrados posteriormente com os Bossert, pela PF, tinham sido comprados em uma tradicional livraria alemã no bairro do Brooklin, em São Paulo.

A longa carta continua e, aparentemente, mais um dia perfeito chega ao fim junto da família Bossert. "Ao cair da noite, um pequeno fogo brilha no gramado em frente ao terraço, entregando um feliz domingo na floresta à noite e suas estrelas. Mais algumas canções da juventude, depois nos retiramos para o ar sigiloso da casa à luz de velas e terminamos o dia comendo, lendo e conversando." Ao terminar a extensa narrativa da visita ao sítio, Mengele espera que o amigo não tenha se sentido nostálgico. "Talvez algumas coisas despertem lembranças em você sem que seu coração fique muito pesado." A reflexão final faz um paralelo com sua própria vida em fuga: "Provavelmente é o destino dos tempos ter que deixar 'algo' para trás. Uma casa em B.A. [Buenos Aires], uma selva em Br. [Brasil] ou uma mala em Berlim. O importante aqui é o que o item significava para você".[9]

Em abril de 1972, Wolfgang respondeu a carta e agradeceu o relato que Mengele mandou sobre seu sítio. Wolfgang aproveitou para contar sobre uma visita que fez a Günzburg, a cidade natal do amigo. Sempre começando as cartas com "Caro velho", Wolfgang escreveu:

9 Id.

você sabe melhor do que ninguém como é bom ouvir algo de casa. Coincidentemente, também pude dar uma olhada na "sua casa". Mesmo que com olhos de "estrangeiro", mas com o coração e a alma tão perto de você, tentado ver e experimentar por você, que, por um tempo, pensei que caminhávamos juntos por vielas e praças. Nada fácil, em uma tarde curta, levar algo duradouro dessa pequena cidade rica em cultura, ter que passar por mil experiências estranhas e desconhecidas e ainda assim sentir-se tão próximo quanto o próprio coração manda.[10]

Com seu estilo sentimental e filosófico, Mengele enviou a resposta em agosto de 1972.

Gostaria de agradecer muito por seus cartões-postais ocasionais e ainda mais por sua querida e bem vivida "experiência de cidade pequena" que tanto alegrou (e machucou) meu coração. Agora você conhece outra parte de mim. Você costumava me ouvir bem e com atenção, de que outra forma teria sido capaz de descrevê-la de forma tão vívida e apropriada? Isso me fez pensar e me fez perceber que eu era apenas um humilde viajante em minha amada velha cidade. Sim, ela é dura e só retribui amor e lealdade a quem nela permanece instalado. Assim foi com uma série de gerações que cresceram nela, mas depois se foram novamente, como vieram antes. O cidadão comum mal sabe seus nomes. [...] Provavelmente tem algo a ver com a história mundial, que de acordo com O. Spengler é "a história das guerras", no passado

10 "Carta de Wolfgang Gerhard a Mengele", 15 abr. 1972. Museu da Academia Nacional de Polícia, arquivo 3, Brasília.

e, provavelmente, também no futuro, apesar do falatório sobre compreensão internacional e humanidade![11]

A rotina de Mengele parecia ir bem, mesmo com Wolfgang do outro lado do Atlântico. Em outubro de 1972, porém, houve um abalo súbito. Wolfram, que trabalhava e morava em Caieiras, foi demitido pela Melhoramentos durante um processo de reestruturação da empresa. Isso colocava em risco os jantares semanais na sua casa e as visitas a Mengele no sítio da família Stammer. Em novembro, Wolfram escreveu ao amigo em comum Wolfgang contando a novidade e disse que estava estudando as possibilidades sobre o que iria fazer no futuro.

A ideia de voltar para a Europa surgiu novamente. Mas o que sabemos sobre a Europa de hoje, além do fato de que Willy Brandt[12] foi reeleito? Não sabemos nada sobre trabalho, rendimentos, condições de vida ou as importantes relações humanas das quais depende em grande parte o nosso bem-estar. [...] Não quero nem falar de política, que foi o principal motivo da minha saída na época e na qual provavelmente nada mudou entretanto. [...]

11 Carta de Mengele a Wolfgang Gerhard, ago. 1972. Museu da Academia Nacional de Polícia, arquivo 5, Brasília; Oswald Spengler é um historiador e filósofo alemão, mais conhecido pela obra *O declínio do Ocidente*. Ele tentava negar os princípios políticos e filosóficos do Iluminismo e teve grande influência sobre outros historiadores e pensadores do século XX.
12 Willy Brandt era um político social-democrata que foi primeiro-ministro da Alemanha Ocidental entre 1969 e 1974. Ganhou o prêmio Nobel da Paz, em 1971, pela política de aproximação com os países do Leste Europeu, conhecida como Ostpolitik, um dos movimentos que ajudaram a acabar com a Guerra Fria.

Provavelmente não há outro lugar no mundo que seja tão confortável e jovial quanto aqui no Brasil.[13]

Retornar para a Áustria não era nada simples e não parecia ser uma opção para Wolfram. A família de Wolfgang, que tinha voltado no ano anterior, enfrentou grandes dificuldades financeiras, agravadas pela doença de Ruth e Burli, apelido do filho mais velho. Wolfgang decidiu, então, pedir ajuda diretamente à família Mengele. A seu ver, os ricos industriais da Baviera tinham uma dívida de gratidão com ele, que recebeu de braços abertos o irmão criminoso no Brasil e lhe emprestou dinheiro em momentos de necessidade. Agora estaria na hora da compensação. No entanto, isso provocou uma tremenda briga com Mengele, que registrou em nove páginas datilografadas seu descontentamento com Wolfgang, em uma carta em que o destinatário não fica claro:

A visão da amizade, segundo a qual os amigos devem apoiar uns aos outros mesmo em dificuldades materiais, é obviamente compartilhada, apenas com a restrição de que essa dificuldade não deve ser culpa da pessoa. De maneira razoável, o "apoio em caso de necessidade" não pode ser um arranjo permanente para um homem saudável. Estamos todos lutando para sobreviver, temos que sustentar nossos próprios

---

**13** Carta de Wolfram Bossert a Wolfgang Gerhard, 22 nov. 1972. Museu da Academia Nacional de Polícia, arquivo 48, Brasília. Trechos dessa carta foram publicados pelo jornal *Folha de S.Paulo* em 24 nov. 2004, por Ana Flor e Andrea Michael, "Mengele trabalhou dez anos no Brasil". Disponível em: <www1.folha.uol.com.br/folha/brasil/ult96u65893.shtml>. Acesso em: 20 jul. 2023. Na matéria, a carta foi atribuída erroneamente a Mengele, o que resultou na afirmação de que o médico teria trabalhado para a Melhoramentos. Por meio de nota, a empresa negou categoricamente que Mengele tenha feito parte do seu quadro de funcionários.

parentes ou não temos meios de ganhar nosso próprio dinheiro por motivos bem conhecidos.[14]

Mengele escreveu isso porque achava que Wolfgang usava a saúde do filho como desculpa para explicar sua ruína econômica na Europa. Na visão do velho nazista, o amigo deveria ter guardado dinheiro para imprevistos e deveria arrumar um emprego com renda regular, mesmo que ganhasse pouco. Em vez disso, ele se meteu em um negócio de relógios, um empreendimento incerto, que o obrigava a viajar por toda parte.

Abrindo um parêntese na briga entre os dois, vale ressaltar uma revelação importante feita nessa carta: Wolfgang emprestou dinheiro a Mengele para a compra do sítio em Serra Negra, no início dos anos 1960. Na época, faltava o equivalente a 1666 dólares para ele adquirir a propriedade, e o austríaco tinha essa quantia em um banco brasileiro. Ele se dispôs a adiantar o valor até que Mengele conseguisse fazer uma transferência, algo que era muito complicado e demorado na condição de foragido da Justiça. O médico nazista acreditava que não havia o menor risco para Wolfgang em toda a operação, pois tudo fora acertado em dólar, uma moeda forte. Para Mengele, essa assistência foi apenas uma "cortesia amigável não muito diferente de emprestar a um amigo um livro que você não precisa no momento". Esse registro do pagamento de Mengele para a compra do sítio em Serra Negra reforça, mais uma vez, que ele era um sócio dos Stammer, não apenas um "suíço" que apareceu na vida deles e depois revelou ser um criminoso de guerra.

Voltando ao rompante de fúria de Mengele na máquina de escrever, ele acusou Wolfgang de só pensar em dinheiro e saiu

---

**14** Relato de Mengele provavelmente a Wolfram Bossert. Museu da Polícia Federal, arquivo 43, Brasília.

em defesa de sua família em Günzburg. Especialmente de seu irmão mais novo Alois, que sucedeu o pai no comando dos negócios: "Para um empresário do calibre do meu irmão, o dinheiro é apenas um meio para um fim, para a realização criativa". Depois Mengele revelou que dividia com Wolfgang o pouco dinheiro que recebia.

Como devo avaliar seus "serviços de amizade altruísta" pelos quais ele agora exige pagamento de meus parentes. Enviei a ele meu último pé de meia para protegê-lo das piores necessidades de sua família sem pensar no meu futuro e, em uma situação de crise pessoal, pedi um empréstimo ao meu irmão para provar o que ele disse em sua carta [...] sobre "obrigado e amizade". Se ele me pede para fazer esse sacrifício, é um conceito de amizade que talvez ainda possa ser discutido.

Mesmo tendo xingado e criticado Wolfgang duramente, Mengele reconheceu seu valor:

Ao final de minhas declarações, gostaria de mencionar e enfatizar expressamente minha gratidão por sua camaradagem em minha difícil situação. Mas logo me pergunto se alguma vez violei esta obrigação, nunca fiz segredo dos meios à minha disposição e sempre os administrei de forma que todos os "participantes" estivessem sempre protegidos das piores necessidades. Pessoalmente, usei apenas uma fração ridícula desse dinheiro de apoio de meus parentes. Isso em si é desinteressante e relevante apenas na medida em que a restrição imposta a mim liberou os fundos para outros usos.

A vinda de Mengele ao Brasil está intrinsecamente ligada a Wolfgang, de quem tanto reclama. Muito mais que seu primeiro contato no país, foi o homem que prometeu cuidar de um camarada em apuros e lhe apresentou todos seus futuros amigos. Pouco se sabia, porém, como esse contato utilitário se transformou em um relacionamento profundo. Nesta descrição, Mengele abriu uma porta da sua intimidade que nos permite entender como a amizade entre eles floresceu.

Gostaria de me referir novamente à relação que existia entre La [Wolfgang] e eu. Sempre foi enfatizado com razão que foi sustentada pelos esforços espirituais de dois buscadores. Foi assim que a recepção prestativa em uma emergência política levou a um encontro espiritual e a uma amizade. Conheci um homem que se orientava mentalmente quase exclusivamente pelas ideias de Kolbenheyer[15] e o considerava o segundo maior "acrobata mental" alemão depois de Goethe. Naquela época, eu ainda estava envolvido principalmente com meus interesses em ciências naturais, mas logo encontrei prazer na ideia de considerar os resultados da ciência natural em um contexto mais amplo. [...] Gostei de sua originalidade de pensamento, entretanto, na época não pensei que pudesse me dar bem com ele, pelo menos a longo prazo. [...] Depois de me mudar para S. N. [Serra Negra], suas visitas se tornaram mais frequentes e eu também fiquei muito feliz por ter nele um bom camarada e parceiro de intercâmbio intelectual. [...] Ninguém cobrava nada do outro, ninguém falava de obrigações, todos acreditavam que o outro estava fazendo a coisa certa. Mais tarde, ele [Wolfgang] não me contou sobre seu

---

15 Erwin Guido Kolbenheyer (1878-1962), escritor de língua alemã que escreveu romances defendendo ideias nazistas.

crescente empobrecimento e eu ainda pensava nele como um empresário ambicioso até que meus olhos se abriram.

Mengele destacou ainda o começo do relacionamento com Wolfram:

> Uma nova fase em nossa amizade começou quando me mudei e conheci Mu ao mesmo tempo. [...] Eu esperava que um círculo maior de amigos pudesse se desenvolver, mas certas razões só permitiram que ele prosperasse de forma mais restrita. De qualquer maneira, foi um período frutífero de encorajamentos mútuos. Meu isolamento foi aliviado e seu fardo se espalhou um pouco.

E, para finalizar, Mengele reconheceu o apoio financeiro da família durante todo o período em que permaneceu em fuga. Concluiu que o "povo de lá" teve que suportar "um destino pesado" desde o final da guerra, e forneceu "uma enorme quantidade de dinheiro".[16]

Havia um forte triângulo de amizade entre Mengele, Wolfgang e Wolfram. Este último queria que os outros dois se acertassem, como deixou claro em algumas cartas para Wolfgang.

> Estou mais uma vez na situação embaraçosa de estar no meio de duas partes que não se entendem, tendo que compreender as opiniões e motivações de uma e da outra, embora não aprove totalmente e tente apenas criar clareza a fim de ajudar a evitar erros futuros. Devo pedir seu perdão antecipadamente e sua compreensão de que serei forçado a lhe contar muitas coisas desagradáveis, mas para que mais

---

16 Relato de Mengele provavelmente a Wolfram Bossert. Museu da Academia Nacional de Polícia, arquivo 43, Brasília.

serviria uma amizade real do que ajudar os outros através da verdade.[17]

Em outra carta, Wolfram foi, mais uma vez, direto ao ponto:

As pessoas de lá [família Mengele] não têm nada a ver com você, comigo ou com qualquer outra pessoa, portanto, não têm obrigações de saldar dívidas de gratidão, obrigações de amizade ou camaradagem, ou o que quer que seja. A sua única ligação é com o "velho", quem você deveria ter contatado e que teria feito a mediação. Ele teria, provavelmente, conseguido mais do que apenas mil marcos alemães, apesar das relações tensas entre ele e a família (que você, assim como eu, conhece e que deixa claro que não fica feliz quando seus amigos vão até lá por dinheiro). Você provavelmente não vai acreditar que o relacionamento teria melhorado de alguma forma como resultado de sua ação.[18]

Os mil marcos a que Wolfram se refere é uma quantia que Wolfgang aparentemente recebeu da família Mengele quando os procurou na Baviera — ele esperava ganhar muito mais. Apesar desse grande desentendimento por causa de dinheiro, mais adiante Mengele e Wolfgang retomaram a amizade, a ponto de um virar oficialmente o outro em um futuro próximo.

Se o estremecimento entre os dois amigos foi superado, o mesmo não podia ser dito em relação aos Stammer. A situação com eles ia de mal a pior. Gitta dizia que Mengele gostava de interferir constantemente no andamento familiar. Ela estava

17 Carta de Wolfram Bossert a Wolfgang Gerhard, 22 nov. 1972. Museu da Academia Nacional de Polícia, arquivo 49, Brasília.    18 Carta de Wolfram Bossert a Wolfgang Gerhard, 29 nov. 1972. Museu da Academia Nacional de Polícia, arquivo 47, Brasília.

decidida que não queria mais a presença do velho nazista em sua casa, embora não soubesse o que fazer com ele.[19]

Mengele passava tanto nervoso — medo do Mossad, briga com amigo, falta de dinheiro — que acabou provocando em si mesmo um problema de saúde grave e, no mínimo, bizarro. Ele engoliu uma quantidade excessiva de fios do próprio bigode e acumulou uma bola de pingue-pongue de pelos na saída dos intestinos. Em um primeiro momento, os médicos não sabiam o que era. Só uma radiografia deixou evidente do que se tratava. Mengele foi operado no Hospital Santa Elisa, em Jundiaí, para remover o que classificaram como um tricobezoar no reto. Um caso raríssimo em humanos e que deu o que falar no meio médico, ficando na memória do profissional que lhe atendeu, o dr. Eduardo Fredini Júnior. No entanto, ele não fazia a mais vaga ideia de que aquele homem que falava português com sotaque era um criminoso de guerra procurado pela Justiça. Anos mais tarde, viu suas fotos e o reconheceu pelo vasto bigode e pelo chapéu, sem o qual não gostava de sair de casa.[20]

O destino quis que o irmão mais velho da família Mengele, logo o que passou mais da metade da vida em fuga, sobrevivesse aos outros dois. Em fevereiro de 1974, Alois, o mais novo, que comandava a empresa e quem Mengele admirava, morreu aos sessenta anos. A notícia rapidamente chegou ao Mossad, que mandou fotógrafos se infiltrarem no enterro em Günzburg. Era a oportunidade de descobrir se Mengele ainda estava vivo. Ele poderia aparecer no funeral, que foi marcado cinco dias depois da morte para dar tempo de os convidados do exterior chegarem. No dia do funeral, a neve caía, os presentes

19 Depoimento de Gitta Stammer à PF, p. 30.  20 Depoimento de Fredini Júnior à PF, p. 69.

estavam enrolados em seus casacões de inverno e muitos carregavam sombrinhas. O resultado é que os fotógrafos não conseguiram identificar ninguém. Mesmo nas fotos que saíram no jornal do dia seguinte, não havia nenhuma pessoa parecida com ele.[21]

Foi um ano difícil e, àquela altura, Mengele tinha virado uma batata quente. Ninguém queria ficar com ele. Sem saber mais o que fazer para se livrar do estorvo, Geza pediu para Wolfram levá-lo para morar em sua casa. Embora fossem muito amigos, o austríaco não aceitou a proposta. Em vez disso, aconselhou Geza a alugar um imóvel e arranjar uma empregada para Mengele. Assim, todos teriam uma vida mais tranquila. Mesmo tendo se mudado para a capital depois de perder o emprego em Caieiras, Wolfram se comprometeu a continuar buscando o amigo toda semana para jantar.[22]

Mais uma vez, o fiel funcionário da empresa Mengele, Hans Sedlmeier, teve que vir da Alemanha para resolver o impasse com os Stammer. Em dezembro de 1974, Geza, Gitta e os filhos instalaram-se em uma casa no bairro da Água Fria, na Zona Norte de São Paulo. Dessa vez Mengele não os acompanhou. Ele ficou morando sozinho no sítio em Caieiras até fevereiro de 1975, quando mudou-se para seu último endereço, no bairro de Eldorado. Era nesse lugar, na periferia da Zona Sul, que Mengele passaria seus últimos quatro anos de vida. O dinheiro para a compra das duas casas — tanto a de Mengele quanto a dos Stammer — veio da venda do sítio em Caieiras. Os sócios estavam desfazendo o negócio, que durou mais de uma década. Mas manteriam ainda alguma ligação.[23]

---

**21** Yossi Chen, op. cit., p. 156. *O Estado de S. Paulo*, 7 jun. 1985.   **22** "Assustado, agressivo, vivia com medo". **23** Depoimento de Gitta Stammer à PF, p. 30.

# 16.
## Sozinho em Eldorado
ou
## Fim da vida na periferia

São Paulo, 1975 a 1979

Mengele estava prestes a completar 64 anos quando teve que começar uma nova fase em sua vida. Só restava agora a opção de morar sozinho na pequena casa em Eldorado, à beira da represa Billings. A essa altura, o peso da idade já dava seus sinais. Ele sofria de reumatismo e tinha um inchaço fora do comum na perna esquerda. Era impressionante. Liselotte observou que ela inchava tanto a ponto de ficar quase com o dobro do tamanho da outra. Além disso, o velho nazista[1] tinha câimbras frequentes e, às vezes, dificuldades para andar. Para Gitta, ele contou que esse problema surgiu depois de contrair uma doença no Paraguai ou Uruguai. Mengele também padecia de enxaquecas insuportáveis, que apareceram ainda na adolescência e nunca mais o abandonaram.[2] Naquele momento, essas eram suas condições de saúde, que piorariam ainda mais no ano seguinte. Mas ele preferia seguir a filosofia de que não deveria se render, em nenhum sentido. Na essência de seu pensamento, quem se rende está morto.

---

1 *Lieber Alter* [querido velho], era como os amigos se referiam a Mengele nas cartas.  2 Depoimento de Gitta Stammer à PF.

Essa nova fase trazia grande preocupação para o círculo íntimo de Mengele. Uma carta, provavelmente escrita pelo filho Rolf, registrou considerações sobre seu estado físico e mental:

> É minha firme convicção de que P. não pode mais viver sozinho. Humanamente, ele não aguentaria e, além disso, ele se movimenta de maneira tão atabalhoada que são possíveis lesões constantes, insolação, ataque cardíaco ou algo parecido. Mesmo a ajuda de uma empregada doméstica não resolveria, porque lhe faltaria a conversa, uma troca intelectual de ideias, a que ele se acostumou nos longos anos com Gitta.

O texto se refere a Mengele como "P.", o que pode significar *Papa* uma forma carinhosa de se chamar o pai em alemão. De qualquer maneira, o fato é que quem a escreveu demonstrou também uma apreensão com a segurança de Mengele, afinal ele era um fugitivo da Justiça:

> Todos sabemos que toda mudança, mesmo em condições propícias, sempre envolve riscos. Tudo está quieto há mais de dez anos. Ninguém mais esquenta a cabeça com ligações familiares ou comportamentos de parentes, porque "sempre foi assim" e acostumou-se com isso. Mesmo num lugar muito favorável, existem sempre momentos de risco — inquietação, alterações, curiosidade dos vizinhos, parentes e conhecidos.

Esse trecho deixa claro como raciocinava a pequena rede de apoio do criminoso. Mudar de endereço poderia ser perigoso e levantar suspeitas.[3]

---

3 Carta de remetente desconhecido, 4 set. 1974. Museu da Academia Nacional de Polícia, arquivo 41, Brasília.

Quando algum desconhecido aparecia em seu portão na estrada do Alvarenga, Mengele tremia de medo. Não se atrevia a abrir. Se o seu jardineiro, Luís, estivesse em casa, pedia que ele olhasse primeiro quem era. Enquanto isso, esperava escondido do lado de dentro. Normalmente, era só gente pedindo informações.[4] Todo esse temor se dissolvia ao passear a pé pela nova vizinhança, sempre de chapéu, como se ficasse mais seguro debaixo da proteção de feltro. Achava que vivia em um lugar bonito, o que era verdade em certo sentido. As bromélias nas árvores, os pinheiros e a represa tinham sua beleza. Em suas andanças, fez amizade com Jaime, um metalúrgico aposentado que trabalhava como caseiro em um sítio vizinho. Jaime conta que o estrangeiro com sotaque forte ficou conhecido como "seu Pedro" e era uma pessoa benquista nas redondezas, pois tratava todos com respeito e cordialidade. A mulher do ex-metalúrgico lavou as roupas de "seu Pedro" por alguns anos, até que ela morreu em 1978. O caseiro recordava ainda que, quando o gringo adoecia, o dr. Roberto, um médico da região de Eldorado e Diadema, cuidava dele.[5]

Em sua solitária rotina diária, o criminoso nazista costumava jantar salada para "manter a linha". Quando a noite caía, ligava a televisão para ver a primeira novela. Às sete, acompanhava a segunda e, às oito, a terceira. Apenas às quartas-feiras quebrava esse hábito. Era o dia da semana reservado para receber Wolfram. Às vezes, Liselotte e os filhos também apareciam para jantar com o titio. Mengele adorava conversar em alemão e filosofar sobre os tempos que estavam vivendo. Aos domingos, recebia a visita do seu jardineiro Luís, que ainda era adolescente quando começou a trabalhar para ele. O jovem levava sua irmã mais nova e, juntos, os três assistiam à televisão.

4 Depoimento de Luís Rodrigues à PF, p. 51.    5 Depoimento de Jaime Martins dos Santos, caseiro num sítio da estrada do Alvarenga, à PF, p. 50.

Nessas ocasiões, o anfitrião mantinha o costume alemão de servir café da tarde com pão e geleia.[6]

Sem jamais revelar quem era, "seu Pedro" comentou algumas vezes que estivera na Segunda Guerra e que depois fora obrigado a fugir e dormir sozinho no mato. Em suas longas conversas com Luís, dizia que não gostava de pretos e aconselhava o jardineiro a não se relacionar com essa raça. "Seu Pedro" apontava para pessoas negras que passavam pela estrada do Alvarenga e comentava: "Olha, como elas são feias". Com base nesse racismo odioso, ele criticava a novela *Escrava Isaura*, um dos maiores sucessos da televisão brasileira. Dizia que não gostava da produção porque havia muitos negros. Mas assistia mesmo assim pelo prazer em ver os escravizados serem maltratados. O patrão afirmava que "negro merecia mesmo apanhar", sem disfarçar seu sadismo e sua intolerância repugnantes.[7]

Depois das novelas, Mengele costumava passar horas a fio escrevendo e lendo. Devorou a biografia de Joseph Freiherr von Eichendorff, um grande autor do romantismo alemão. E também a de Georg Büchner, precursor do teatro expressionista com a peça *Woyzeck*. (Aqui vale um pequeno parêntese para uma ironia na escolha de Mengele. De forma resumida, Woyzeck é um soldado judeu que aceita participar dos experimentos malucos de um médico. Para tanto, precisa se alimentar apenas de ervilhas. O "cientista" exulta em ver a degradação do corpo de Woyzeck. Nesse ínterim, sua mulher o trai e seu superior no Exército o acusa de imoral por não ter se casado na Igreja. Como se a imoralidade tivesse sido essa...).

Mengele também leu E. T. A. Hoffmann, um dos maiores nomes da literatura fantástica, cujas histórias inspiraram o

---

6 Carta de Mengele para Martha, fev. 1976. Museu da Academia Nacional de Polícia, arquivo 75, Brasília.　7 Depoimento de Luís Rodrigues à PF, p. 53.

balé *O Quebra-Nozes*, a ópera *Os Contos de Hoffmann* e o conceito psicanalítico de Sigmund Freud *"Das Unheimliche"*, que poderia ser traduzido como algo que é familiar, porém estranho. Com o estudo desses três autores alemães — Eichendorff, Büchner e Hoffmann — Mengele queria se aprofundar no contexto da Revolução Francesa.[8] Ele também apreciava pesquisar outros assuntos históricos, por exemplo, a imigração alemã para o Brasil. Quando assistia a filmes, geralmente eram os antigos, com atrizes como Sophia Loren ou Natalie Wood. Acabava indo para cama tarde, bem depois da meia-noite.

De manhã, preparava seu café. Dizia que era "sua própria dona de casa", apesar de ter uma empregada. Às quartas-feiras, quando Luís vinha cuidar do jardim, acordava cedo para preparar o café dele também. Em seguida, os dois começavam a trabalhar juntos. O rapaz capinava o gramado e os canteiros e o patrão retirava as folhas que caíam das árvores, especialmente as de uma seringueira. Além disso, aparava a trepadeira e tudo o que crescia demais. Colhia as framboesas, que depois viravam parte da sua sobremesa. Se não tinha nada mais para fazer no jardim, sempre havia algo para consertar na casa — a iluminação ou uma torneira pingando.

De vez em quando, Mengele saía para fazer compras: bebidas, leite, frutas, carne e o que mais estivesse precisando. Quando voltava carregado, seus "meninos", os cachorros Zigan e Buxi, já o esperavam para um passeio numa propriedade vizinha. Lá vasculhavam o mato e, às vezes, se perdiam. Durante a caminhada na floresta, Mengele colhia mais framboesas, que cresciam por todo lado. Uma ou duas vezes por semana o médico nazista ia até a "cidade". Com isso queria dizer os bairros mais urbanizados da Zona Sul de São Paulo, onde

---

8 Carta de Mengele para Wolfgang, 10 mar. 1976. Museu da Academia Nacional de Polícia, arquivo 55, Brasília.

resolvia todo tipo de questão. Enviava cartas, pagava a conta de luz, comprava alguma coisa na livraria alemã e um pedaço de strudel na confeitaria, também alemã. Eram seus pequenos prazeres, como explicou numa carta a Martha, sua ex-mulher. Levava uma vida tão prosaica que nem parecia ser a tenebrosa pessoa que enviara milhares de inocentes para as câmaras de gás em Auschwitz. Embora sempre carregasse consigo a angústia de poder ser pego a qualquer momento, principalmente pelo Mossad, tinha liberdade suficiente para fazer o que gostava. Em carta, contou a Martha mais um dos seus pequenos prazeres. Tinha comprado móveis novos para sua casa: um sofá, duas poltronas e uma mesinha em estilo provençal para a TV. "Minha jaula está se tornando cada vez mais habitável, mas eu me pergunto: para que tantos lugares para sentar? É raro alguém dos poucos que conheço vir!", escreveu à ex-mulher, mantendo seu costume de reclamar, um traço forte da sua personalidade.

Ainda na conversa com Martha, Mengele revelou que teve uma agradável troca de ideias com Karl-Heinz, filho dela e, ao mesmo tempo, seu enteado e sobrinho. O assunto eram dois livros de Peter Bamm, um médico alemão que esteve no front na Segunda Guerra e virou escritor best-seller. Mengele morou com Karl-Heinz em Buenos Aires e tinha com ele uma relação mais próxima do que com o próprio filho Rolf. "Eu sempre esperei por essa conexão espiritual. Karl-Heinz também descreveu sua nova casa para mim, na qual desejei a ele um bom lar e uma esposa. Ele ainda não descobriu o quanto é melhor viver a dois. Ou você tem uma opinião diferente?", questionou.[9]

---

**9** Carta de Mengele para Martha, fev. 1976. Museu da Academia Nacional de Polícia, arquivo 75, Brasília. Na carta, Mengele se refere a Karl-Heinz apenas como "KH". Para clareza do trecho, foi usado o nome completo.

Na virada do ano de 1975, Mengele recebeu a visita do grande amigo Wolfgang. Ele veio ao Brasil porque estava tendo dificuldades com sua propriedade em Itapecerica da Serra. A filha Karoline veio junto porque ganhou a viagem de presente de Natal do pai. Ela disse à polícia, mais tarde, que ele tinha que resolver problemas de registro de terras ou questões de advogado.[10] Os dois passaram o réveillon no Rio, visitaram a família Bossert e o sítio. Wolfgang aproveitou para deixar com Mengele versões atualizadas dos seus documentos brasileiros: a carteira de identidade de estrangeiro, a de trabalho e a habilitação. Mengele apenas trocou as fotos 3×4 originais de Wolfgang pelas suas e assim se tornou um estrangeiro legalizado. O único detalhe era a diferença de idade entre os dois, catorze anos. Mas isso nunca se mostrou um problema.

Sempre na ânsia de aumentar a rede de apoio a Mengele, Wolfgang decidiu contatar um conhecido que poderia ter alguma afinidade com o velho: Ernesto Glawe, um engenheiro têxtil que morava na Zona Sul de São Paulo. Ele tinha pai alemão e mãe argentina. Nasceu em Buenos Aires, mas falava alemão fluentemente. Wolfgang procurou Ernesto, disse que estava voltando para a Áustria e perguntou se ele poderia prestar assistência a um amigo, uma pessoa de idade, de origem austríaca. Essa assistência corresponderia a visitas para conversar e auxiliar no que fosse necessário. Ernesto estranhou a atitude de Wolfgang porque não tinha amizade suficiente com ele para receber tal proposta. No entanto, aceitou conhecer o senhor "austríaco" porque dizia que gostava de ajudar o próximo.

Wolfgang levou Ernesto até a casa na estrada do Alvarenga, onde lhe apresentou Mengele com o nome de Peter Gerhard,

---

10 Bundeskriminalamt, *Dossiê Mengele*. Wiesbaden, 28 jun. 1985, p. 7, arq. 15.

mais um de seus disfarces. Depois do primeiro encontro, o engenheiro passou a visitar "Peter" mensalmente. Chegava sempre com alguma coisinha — como biscoitos e chocolates —, e os dois batiam papo. "Peter" era muito educado e cortês. Às vezes, os familiares de Ernesto iam junto, especialmente o filho Norberto, que logo passou a chamá-lo pela versão brasileira, Pedro. Em uma dessas visitas, Ernesto encontrou o casal Bossert. Foi então que descobriu que eles também tinham amizade com "Peter". Ernesto conhecia a família Bossert fazia anos porque Liselotte tinha sido professora dos seus filhos. Por causa das conexões em comum — todos falavam alemão e apreciavam programas na natureza —, as famílias passaram a se frequentar.[11] Era uma comunidade onde todos se conheciam, se não diretamente, muito provavelmente por algum conhecido em comum.

Tudo estava encaminhado para o círculo social do velho se ampliar e, então, Wolfgang voltou para a Europa. O retorno do amigo foi difícil para Mengele.

A primeira semana após sua partida trouxe meus dias de volta à consciência. É compreensível que eu tenha achado a solidão ainda mais dolorosa. Além disso, eu não tinha dinheiro até que Wolfram finalmente veio para uma visita de rotina e peguei algum emprestado. Nesse ínterim, também esteve presente Ernesto, com quem tive uma boa conversa durante toda a noite

escreveu Mengele numa carta para Wolfgang em março de 1976.[12]

---

[11] Depoimento de Ernesto Glawe à PF, p. 61.    [12] Carta de Mengele para Wolfgang, 10 mar. 1976. Museu da Academia Nacional de Polícia, arquivo 55, Brasília. Nessa carta, Mengele refere-se a Wolfram como "Mu", mas foi usado o nome verdadeiro para facilitar a leitura.

O criminoso solitário contou ainda ao amigo que visitou Geza e Gitta para saber como andava a venda do apartamento que tinha em São Paulo — que obviamente não estava no seu nome, como nenhuma outra propriedade que comprou em parceria com os Stammer. Mengele relatou a Wolfgang que o casal húngaro havia sido bastante simpático e prestativo. "Ao mesmo tempo, pude constatar com clareza que meu grande adversário é o Pe, que aparentemente impede as visitas a mim." "Pe" é o codinome para Robert Peter, o filho mais velho dos Stammer. Wolfgang recomendou que Mengele comprasse um barco a vela para espairecer, afinal havia uma represa bem em frente a sua casa e os alemães que moravam por ali adoravam velejar. Ele respondeu que às vezes pensava nisso, mas argumentou que não era tão fácil sem apoio. Para concluir, Mengele disse que estava se preparando mental e moralmente para o seu aniversário, no dia 11 de março, quando faria 65 anos. "Não sei se devo considerá-lo como símbolo de uma conclusão ou de um novo começo. Em todo caso, resolvi que ficaria mais calmo depois dele, como convém com a idade."[13]

Em meados de maio de 1976, Norberto, filho de Ernesto, fazia uma visita a "Pedro" com sua noiva. Quando estavam se despedindo, por volta das nove da noite, o velho começou a se sentir mal. De repente, teve dificuldades para falar e se movimentar. Norberto foi a uma clínica perto da represa Billings para pedir ajuda. Depois de descrever o quadro, um médico o aconselhou a levar "Pedro" a um hospital mais aparelhado. Pelos sintomas, provavelmente era um derrame.

Norberto voltou para casa para pedir socorro ao pai, porém ele não podia ajudá-lo porque estava com hepatite. O jovem precisava resolver a questão sozinho. Ligou para Wolfram e pediu que ele fosse junto até a casa de "Pedro". Norberto

13 Id.

pegou o carro do pai e, com o auxílio de Wolfram, transportou Mengele até o Hospital Santa Marta, atrás da Santa Casa de Santo Amaro. Chegando lá, descobriram que ele precisaria ser internado. Norberto ficou responsável pela internação e apresentou os documentos de "Pedro". Eram os mesmos que tinham sido adulterados e que, na realidade, pertenciam a Wolfgang. Norberto também teve que deixar um depósito, pago com uma nota de cem dólares que "Pedro" lhe entregou.[14] Ao receber alta, Mengele não podia ficar sozinho. Portanto, foi acolhido por Ernesto por quase duas semanas. Enquanto isso, o filho Norberto ficou cuidando da casa em Eldorado para que não ficasse abandonada.[15] Como sempre costumava fazer com quem entrava no seu círculo, Mengele criou um codinome para se referir a Ernesto. Ele era o "Santiago", porque tinha uma casa numa praia com esse nome, localizada entre Bertioga e São Sebastião.[16] Para a família na Alemanha, Mengele descreveu o derrame e sua recuperação da seguinte forma:

> No dia 16 de maio, sofri uma espécie de acidente vascular cerebral, que me paralisou temporariamente o lado esquerdo do corpo. À exceção da mão esquerda, que já consigo utilizar 50% do tempo, todas as sequelas desapareceram rapidamente. De vez em quando, continuo a ser atormentado por dores de cabeça e queixas urgentes dos meus intestinos, que agora quero mandar examinar minuciosamente num laboratório. Na próxima semana, vou receber os meus dentes novos e a sucata vai voltar a ter um aspecto mais ou menos decente. Continuo a viver com o Santiago, onde estou em boas mãos em todos os aspectos.

14 Depoimento de Norberto Manfredo Glawe à PF, pp. 58-9.   15 Ibid., p. 59.
16 Ibid., p. 60.

Como ele próprio está doente com icterícia infecciosa, sua mulher é mais enfermeira do que dona de casa.

No entanto, em breve, voltarei para a minha casinha, onde o filho de Santiago está atualmente segurando o forte, embora com algumas dificuldades por parte do Luís. Os dois jovens ficaram noivos, ao mesmo tempo, e pretendem se casar por volta de fevereiro. Ainda não está decidido se vamos viver juntos depois que a edícula do jardim for reformada, ou numa casa nova, em outra área. [...] Com o tempo, tudo "voltará a ficar bem", o que é um dos filhos mais queridos da esperança humana.[17]

Quando "Pedro" voltou para sua casa, o jovem continuou morando com ele por mais um mês.[18] O velho estava muito isolado e precisava de companhia. Como mencionou na carta, cogitou até mesmo que Norberto se mudasse de vez para lá com a futura esposa. Isso não aconteceu porque ela não aprovou a ideia.[19] Para comemorar a melhora de "Pedro", Norberto organizou um churrasco e convidou sua noiva, a irmã dela com o namorado e um casal de amigos.[20] A célebre foto do evento foi parar, anos depois, na PF e na imprensa: o fugitivo nazista rodeado de jovens curtindo uma tarde de domingo. Norberto contou posteriormente às autoridades que "Pedro" era de maneira geral muito atencioso com as moças que iam a sua casa e demonstrava um interesse pela juventude. "Pedro" certa vez disse a Norberto que estivera no front de batalha da Segunda Guerra, mas não revelou que era Josef Mengele. Em 1985, Norberto contou ao delegado que só soube dessa informação quando a notícia foi parar nos jornais e o mundo todo

17 Carta de Mengele à família, 25 jun. 1976. Museu da Academia Nacional de Polícia, arquivo 76, Brasília. 18 Depoimento de Norberto Manfredo Glawe à PF, p. 59. 19 Depoimento de Ernesto Glawe à PF, p. 66. 20 Depoimento de Norberto Manfredo Glawe à PF, p. 59.

descobriu que o criminoso tinha vivido no Brasil. Norberto disse ainda que se afastou de "Pedro" porque percebeu que ele era muito autoritário e afirmou que não o viu mais. A versão de Mengele é diferente. Ele escreveu que

a princípio as coisas correram muito bem, mas tornou-se cada vez mais evidente que o menino, obviamente muito mimado por sua mãe, não estava disposto a sustentar nossa comunidade doméstica, mas me considerava mais ou menos como sua empregada. Já que ele quase só ia para casa para dormir (geralmente depois das onze horas), eu estava sempre sozinho, até mais do que antes, porque o Luís havia se demitido porque ele não se dava bem com o jovem senhor.[21]

Pouco mais de um mês depois do derrame, Mengele fez um novo registro de sua recuperação. Escreveu que estava progredindo lentamente, mas de acordo com o planejado. "As únicas coisas anormais em minha existência são o estresse, a tristeza deprimente de me sentir abandonado e, às vezes, a decepção atormentadora com minha própria vida", relatou em tom dramático. Mengele contou também que, nas férias, Ernesto queria aproveitar para viajar com a esposa para uns terrenos que possuía nas montanhas e no litoral. E o convidou para ir junto. Ele aceitou o convite e a viagem parece ter lhe feito muito bem. "O belo ar e as paisagens da serra me alegraram o coração, assim como a nova e atraente estrada ao longo da costa", escreveu.[22] De acordo com Mengele, a gota d'água para o fim do relacionamento com Norberto foi uma invasão à casinha da estrada do Alvarenga. A partir daí, o velho nazista considerava que não

---

**21** Museu da Academia Nacional de Polícia, arquivo 52, Brasília.   **22** Carta de Mengele para Wolfgang, 2 jul. 1976. Museu da Academia Nacional de Polícia, arquivo 53, Brasília.

podia mais confiar no rapaz. Ele conta que num sábado de manhã Wolfram foi buscá-lo para tirar fotos. Algo raro, aliás, porque Mengele detestava ser fotografado, o que poderia ser usado para identificá-lo. Naquela manhã, Norberto também decidiu sair para ver os pais e a noiva. Quando Mengele voltou à tarde, encontrou sua casa arrombada. Os ladrões tinham levado objetos fáceis de transportar, relógios, lâminas de barbear, calculadoras, guarda-chuvas e a arma de Geza. Nada tinha muita importância, a não ser esse último item. O roubo trouxe um novo elemento de incerteza e preocupação. A pistola poderia cair nas mãos de pessoas que estavam investigando o paradeiro do fugitivo nazista. Embora ela estivesse registrada no nome de Geza, o húngaro não quis prestar queixa porque isso implicaria que todos fossem até a delegacia. De toda essa história, Mengele concluiu: "o experimento com Santiago Jr. deu um resultado ruim, mas foi interrompido no momento certo, pelo menos antes de a casa receber o nome dele, o que fui repetidamente instado a fazer".[23]

Em outra carta para Wolfgang, Mengele escreveu:

Provavelmente cometemos um erro com Santiago, e assim que puder colocar meu dinheiro depositado com ele em outro lugar (seguro), quero me distanciar dele [...]. Aliás, ele comprou um carro caro (Maverik) e um apartamento para o filho, embora não tenha devolvido a Wolfram um centavo. Duvidoso?! Você não pode falar com essas pessoas sobre nada além de coisas do dia a dia, o que descobri recentemente quando eles me visitaram novamente, muitas semanas depois.[24]

---

**23** Carta de Mengele para Wolfgang Gerhard, 10 nov. 1976. Museu da Academia Nacional de Polícia, arquivo 50, Brasília. **24** Id. Nessa carta, Mengele refere-se a Wolfram como "Mu", mas manteve-se o nome verdadeiro para facilitar a leitura.

A vida seguiu em frente sem os "Santiagos". Mengele contou a Wolfgang que agora tinha um motorista e podia assumir seus próprios afazeres. O principal eram as visitas regulares a Geza e Gitta para tratar de negócios. O húngaro tinha, finalmente, arrumado um comprador para seu apartamento. Como mencionado, o imóvel era de Mengele, mas não estava registrado em seu nome. Numa carta, ele explica como funcionava o esquema: "todas as compras anteriores da propriedade foram feitas sem registro. Alguns deles existem há muitos anos. Geza, que sempre foi o dono da escritura, nunca disse uma palavra sobre isso".[25]

Em meio aos problemas de ordem prática, sempre havia uma pausa para um respiro fora da cidade. Cinco meses depois da viagem com Ernesto, Mengele fez mais uma visita ao sítio de Itapecerica da Serra acompanhado dos Bossert. Foi um grande evento passar alguns dias com Wolfram, Liselotte e as crianças, longe do confinamento e da monotonia. A aventura começou com Mengele dormindo na casa dos Bossert na sexta-feira para que saíssem no dia seguinte de manhã. No caminho, passaram pelo cemitério em Embu das Artes. Fazia um dia de sol e calêndulas amarelas brilhavam sobre o túmulo da mãe de Wolfgang. Mengele fez um tour com a família, falou sobre os mortos e chegou a dizer que aquele poderia ser seu último local de descanso. "Mas isso ainda tem um pouco de tempo", comentou. Exatamente lá ele seria enterrado dois anos e quatro meses mais tarde. Antes de seguir viagem, passaram numa churrascaria, onde comeram fartamente.

Era novembro de 1976, a primavera estava no seu apogeu. Ao chegar ao sítio, admiraram-se com a beleza das flores que tinham plantado em visitas anteriores: lírios-amarelos,

---

**25** Carta de Mengele para Wolfgang Gerhard, 6 set. 1976. Museu da Academia Nacional de Polícia, arquivo 52, Brasília.

hortênsias azul-claras e margaridas brancas. Havia ainda estrelícias de bico vermelho e radiantes manacás com flores branco-arroxeadas. O churrasco imoderado esgotou as energias de todos. Precisaram de um breve descanso antes de Wolfram levá-los ao orquidário, abaixo da casa. O titio e as crianças deixaram os pais ali e saíram para um passeio. Colheram flores com as quais fizeram um buquê para Liselotte.

Durante os dias no sítio, entraram pela mata e visitaram uma cachoeira. Mengele também mencionou um vizinho chamado Mário Fischer, que aparece com frequência nas cartas de Wolfram para Wolfgang, o dono do sítio. Aparentemente, a situação da propriedade não estava regularizada, e os dois sempre falavam da necessidade de ir ao Instituto Nacional de Colonização e Reforma Agrária (Incra), o órgão responsável por manter o cadastro nacional de imóveis rurais.[26] Talvez por isso, na década de 1960, o Mossad chegou a cogitar que a propriedade não era de Wolfgang, um fator de desânimo nas buscas ao nazista. Pelos relatos, a papelada realmente não estava em dia, mas o dono era, sim, Wolfgang.

Mais um Natal se aproximava na distante casa na estrada do Alvarenga.

Para os idosos, a data significa acima de tudo memórias. Primeiro da minha própria infância, dos presentes que concretizaram desejos ardentes, depois das experiências profundas com entes queridos — com a noiva, a esposa, o "filho" e talvez (ainda) com os netos. No meio, há o Natal em território inimigo com camaradas cujos nomes são desconhecidos,

---

26 Carta de Mengele para Wolfgang Gerhard, 10 nov. 1976. Museu da Academia Nacional de Polícia, arquivo 50, Brasília.

escreveu Mengele para o enteado Karl-Heinz, em dezembro de 1976. A carta continua com o relato de um episódio natalino, de quando Mengele tinha apenas doze anos de idade, que revela muito da sua personalidade e maneira de pensar desde a infância. Numa tarde de 24 de dezembro ele foi conhecer uma pista de trenó com dois amigos da escola. O ponto de encontro era a casa do guarda-florestal, mas os colegas não apareceram. Embora estivesse anoitecendo, Mengele decidiu seguir sozinho naquele cenário ermo e cercado de neve. Acabou voltando tarde justo naquela noite especial. A mãe e o pai ficaram descontentes, mas o receberam com carinho.

Recuperei o meu bem-estar num banho quente e satisfiz o meu apetite voraz com o tradicional presunto natalino. Depois, passei uma das muitas noites de Natal inesquecíveis com os meus pais, irmãos e a prima Lina. [...] A história inofensiva parece-me muito característica de mim e do curso da minha vida. Sempre fui levado a fazer algo de especial, e isso começou com o reconhecimento das imediações da minha casa. Uma vez estabelecido um objetivo, era difícil dissuadir-me dele, estava pronto para qualquer compromisso pessoal e tinha muita paciência. Cada acordo e cada promessa eram para mim uma obrigação indiscutível.

Escreveu Mengele, mostrando seu lado obstinado e a crença de que estava destinado a fazer algo "especial".[27]

No ano de 1977, a rotina na casa de Eldorado ganhou uma novidade. Elsa Gulpian, uma paranaense de Rolândia, começou a trabalhar como doméstica para "seu Pedro". A moça de 25 anos era responsável pela limpeza e alimentação, o que

27 Carta de Mengele para Karl-Heinz, 18 dez. 1976. Museu da Academia Nacional de Polícia, arquivo 74, Brasília.

incluía fazer todas as compras. Mengele disse que era primo de Gitta, embora Elsa nunca a tenha visto. Quem fazia uma visita, todo mês, era o marido, Geza. Chegava sempre portando uma pasta e ia conversar com "seu Pedro" numa sala a portas fechadas. Ficava menos de meia hora. "Seu Pedro" dizia que o "primo" lhe trazia dinheiro. Quando Geza ia embora, o patrão começava a fazer os pagamentos a Elsa e ao jardineiro Luís, que tinha voltado a trabalhar na casa.

A empregada considerava "seu Pedro" uma pessoa boa e querida pela vizinhança, embora ele tivesse poucos amigos. Quando Wolfram aparecia nas noites de quarta-feira, geralmente a moça já tinha ido embora. Apenas em três ocasiões ela se alongou no serviço e acabou preparando o jantar para os dois. Numa outra vez, quando Wolfram veio de dia, Elsa conheceu também Liselotte e serviu o almoço para todos. Os três conversaram bastante, mas ela não entendia nada, porque só falavam alemão.[28]

O patrão chamava a jovem de "Perle", ou seja, Pérola. Luís logo notou que havia algo a mais naquela relação. "Seu Pedro" tinha um carinho todo especial por Elsa. Deu-lhe uma pulseira de ouro e outros bons presentes. Às vezes, levava-a ao cinema e até saíam para jantar. A irmã dela costumava ir junto nos encontros. Um desses momentos — no restaurante Santo Antônio, em São Bernardo — ficou registrado em mais uma foto que se tornou famosa anos mais tarde.

Nas conversas, "seu Pedro" deixava claro que não gostava de pretos. "A escravidão nunca devia ter terminado", dizia o velho nazista a Elsa. Quando dava o horário de ir embora, o próprio patrão fazia questão de acompanhá-la até em casa. Um dia, ele contou para o jardineiro Luís que estava apaixonado, mas não falou quem era a mulher que amava. Ele

---

**28** Depoimento de Elsa Gulpian de Oliveira à PF, p. 48.

costumava chamar o rapaz para ouvir música, e quando era valsa, "seu Pedro" chegava a dançar.[29] Elsa lembra que o patrão tinha muitas fitas gravadas com músicas clássicas, gostava especialmente da *Sinfonia nº 5* de Beethoven. Elsa também conheceu Rolf, que ficou na casa por alguns dias e lhe foi apresentado como um sobrinho de "seu Pedro" que tinha vindo da Alemanha a passeio.[30]

Desde adolescente, Rolf não tinha visto Mengele pessoalmente (na ocasião do primeiro encontro, na Suíça, em 1956, ele achou que estava conhecendo o "tio Fritz"). O encontro entre pai e filho só ocorreu em outubro de 1977, em São Paulo. Nos anos anteriores, os dois trocaram cartas intensas. Numa delas, de 1969, Mengele descobriu que tinha virado avô:

> Como sou biologicamente orientado e acostumado a pensar em termos de gerações, o feliz acontecimento me atraiu de maneira especial. São aqueles acontecimentos fundamentais que tiveram o mesmo significado em todos os tempos e entre todos os povos, porque nos conectam tão diretamente com o natural, ou seja, com os princípios ligados a esta Terra, que chamamos de vida. E que possibilidades existem ao lado de pessoas tão pequenas por conta própria. Mas ele será o que fizer dele. Meio ambiente e educação não são esquecidos. Mas eles também estão ligados à família. Na verdade, não conheço nenhum dos atores envolvidos neste evento, mas mesmo assim me sinto ligado ao líder de uma nova geração, como alguém que também me pertence. Todos os meus melhores desejos vão para ele.[31]

**29** "Antes da morte, a depressão". *O Estado de São Paulo*, 11 jun. 1985, p. 17.
**30** Depoimento Elsa Gulpian de Oliveira à PF, p. 48. **31** Carta de Mengele para Rolf, abr. 1969. Museu da Academia Nacional de Polícia, arquivo 57, Brasília.

Um ano depois, Mengele emocionou-se com mais um passo na vida do filho: "Não posso expressar o quanto fiquei feliz com a conclusão bem-sucedida de seus estudos, mas você acredita em mim quando digo que foi muito bom. Apesar do relato tardio do sucesso, na verdade nunca duvidei disso".[32]

A viagem de Rolf para São Paulo foi discutida durante muito tempo antes de se tornar realidade. Mengele era extremamente cauteloso em cada movimento. Fez um "conselho de guerra" com seu pequeno círculo íntimo para considerar todos os fatores, dos quais os dois mais importantes, na sua opinião, eram a necessidade de uma visita e o risco decorrente dela. "Na ausência de uma razão verdadeiramente válida, o risco eleva-se ao limite do que é responsável. Dessa vez, o comportamento de terceiros não obriga a aceitar grande risco", ele escreveu. Por outro lado, considerava necessário para seu bem-estar receber alguém "de lá", da Alemanha, todo ano.

Rolf viajou ao Brasil com o passaporte de um amigo, Wilfred Busse. Se viesse com seu próprio documento, levantaria suspeitas e poderia ser seguido. Ele trouxe consigo 5 mil dólares, fornecidos pela família Mengele e que entregaria a seu pai no mesmo esquema feito em anos anteriores por Hans Sedlmeier e Hans Rudel.[33] O encontro com Rolf era, certamente, o mais aguardado.

Infelizmente ele só conseguiu se dedicar a mim por uma semana, passou mais três dias com um colega de faculdade (franco-suíço) no Rio. Cumprimos também um respeitável programa em que visitamos todos os amigos e conhecidos, prestigiamos com uma visita os sítios I [Serra Negra] e II [Caieiras] acompanhados de Geza, passamos um belo dia

---

**32** Carta de Mengele para Rolf, 15 abr. 1970. Museu da Academia Nacional de Polícia, arquivo 68, Brasília.   **33** Yossi Chen, op. cit., p. 203.

(de ônibus) em Santos-Guarujá-Bertioga e um domingo no sítio de Itapecerica da Serra com visita à cachoeira. O reencontro foi como eu esperava, então, no geral, foi positivo. Nós dois nos dávamos bem, apesar de não termos muitas semelhanças. Em nossas visões políticas, porém, estamos tão distantes que considerei as discussões inúteis e as evitei. Ele estava entusiasmado com o país e as pessoas daqui (ele esperava condições abismais) e, portanto, quer voltar em breve (provavelmente com sua segunda esposa) para passar umas "férias de sonho" comigo de soslaio. No entanto, temo que seu estabelecimento como advogado, seu negócio de exportação e a construção de uma casa grande adiem seus planos sul-americanos, se não os frustrarem. É claro que a visita satisfez muitos desejos por coisas que valem a pena saber e sobre as quais normalmente não se escreve. Sua mãe sofreu um acidente automobilístico gravíssimo, que deixou alguns danos irreparáveis (distúrbios instantâneos, comprometimento da memória etc.). Isso me levou a contatá-la novamente.[34]

A mãe de Rolf era Irene, com quem Mengele se casou quando jovem e que depois o visitou em Auschwitz.

A caçada a Mengele tinha esfriado desde que o primeiro-ministro Levi Eshkol assumiu o governo israelense no início dos anos 1960. Poucas ações foram tomadas durante quase uma década. No entanto, em 1977 uma eleição sacudiu Israel. O novo primeiro-ministro, Menachem Begin, tinha uma visão diferente dos outros. A partir dali seria uma tarefa permanente do

---

**34** Museu da Academia Nacional de Polícia, arquivo 51, Brasília. Nesse trecho escrito por Mengele, ele usa apenas "Ge" para Geza, "sítio I e II" e "La-Sítio". Todos esses são códigos usados nas cartas, mas, para clareza da leitura, foram escritos os nomes e as cidades.

Mossad caçar criminosos nazistas e Mengele seria o número um da lista. No imaginário nacional, Mengele era o símbolo da crueldade, um homem responsável por mandar pessoalmente centenas de milhares de judeus para a morte, além de abusar de suas vítimas, matar com as próprias mãos e ainda conduzir experimentos médicos. Em resumo, na consciência coletiva judaica, ele era a encarnação do próprio Satã.

Quando o Mossad recebeu a incumbência de encontrar esse criminoso, a agência teve que se reorganizar. Por vários motivos, isso demorou e só foi possível em março de 1978. O Mossad abriu uma seção chamada Messer — codinome para Mengele —, que se dedicaria a encontrar o fugitivo de uma vez por todas. Uma das maiores apostas era que ele estaria no Paraguai, porque havia informantes que apontavam para lá. Para retomar as buscas, os agentes decidiram preparar uma lista de todos os antigos contatos de Mengele, como Alban Krug (fazendeiro que o acolheu no Paraguai) e Hans Rudel (piloto de Hitler que o apresentou a Wolfgang Gerhard).[35] Mas até o Mossad dar os próximos passos, seria tarde demais para pegar Mengele com vida.

O ano de 1978 já estava chegando ao fim. Elsa encontrou um novo amor e decidiu se casar. Isso significava parar de trabalhar na casa de "seu Pedro". Quando soube, ele chorou. Mas logo arrumou outra "Pérola" para seu lugar, Inês Mehlich. "Seu Pedro" se entristecia quando os empregados iam embora e o deixavam só. Vária vezes, pedia para dona Inês ficar mais um pouco para ver a novela com ele.[36]

Enquanto isso, na Áustria, o grande amigo Wolfgang passou a morar apenas com os dois filhos, Adolf e Erwin. A mulher

---

35 Yossi Chen, op. cit., p. 163. 36 "Antes da morte, a depressão". *O Estado de S. Paulo*, 11 jun. 1985, p. 12.

Ruth havia falecido de câncer e as duas filhas estavam seguindo suas próprias vidas. Na tarde do dia 11 de dezembro de 1978, Wolfgang saiu com o filho mais velho e um conhecido para um bar. Lá começou a se sentir mal e foi levado para casa. Vomitou e decidiu ir para cama cedo. No dia seguinte, em vez de melhorar, como era esperado, tinha piorado muito. Decidiram contatar a médica que tinha cuidado de Ruth e que acompanhava a saúde dos meninos. Ela o mandou direto a um hospital neurológico e uma ambulância foi buscá-lo. Três dias depois Wolfgang estava morto. A causa da morte foi um derrame cerebral.[37] Às duas horas da tarde do dia 20 de dezembro o corpo foi enterrado na cidade de Graz. Foi um funeral social, porque os filhos não tinham dinheiro para pagar. Depois do enterro, Adolf ligou para os Bossert e deu a notícia.[38]

Foi justamente ao lado dos Bossert que Mengele passou o fim de ano no sítio de Itapecerica.

O Natal foi marcado para mim pela perda de um amigo e camarada tão único. Ele também é insubstituível como correspondente, com quem posso discutir minhas preocupações intelectuais. É lamentável que ele não tenha conseguido fazer pleno uso de seu talento acima da média devido à falta de disciplina e aspiração,[39]

escreveu Mengele para o enteado Karl-Heinz, em sua última carta.

---

37 Telex do Ministério Federal do Exterior da Áustria, enviado em 12 de junho de 1985 ao Consulado Geral da Áustria em São Paulo (PF, inquérito policial n. 1-0097/86, livro tombo 6. p. 79).   38 Bundeskriminalamt, *Dossiê Mengele*. Wiesbaden, 28 jun. 1985, p. 9, arq. 15.   39 Carta de Mengele para Karl-Heinz, fev. 1979. Museu da Polícia Federal, arquivo 56, Brasília.

Gostaria primeiramente de agradecer a você e ao Dieter por sua disposição em ajudar quando meu amigo Wolfgang morreu repentinamente. Se alguém pode apresentar algumas coisas não muito agradáveis sobre seu modo de vida, por outro lado, deve-se apontar que ele é um camarada e patriota exemplar. Sua prontidão para agir a qualquer momento, quando um homem fosse necessário, não experimentei uma segunda vez em minha vida — pelo menos depois da guerra. Dificilmente alguém teria corrido tais riscos, mesmo por quantias muito maiores de ajuda material.

Dieter é filho de Alois, o irmão mais novo de Mengele. Quando seu pai morreu, ele assumiu a empresa junto com o primo Karl-Heinz. O tio pediu para os dois providenciarem ajuda financeira aos filhos de Wolfgang, que estavam órfãos, e prometeu fornecer os detalhes para enviar o dinheiro.

Ultimamente tenho tido estados muito depressivos, talvez desencadeados pela doença e morte súbita de Wolfgang. Então, eu me sinto sozinho e abandonado (o que os locais chamam de "solidão", um termo muito intraduzível), o que para mim é doloroso e quase insuportável. Às vezes tenho um estranho medo de estar à mercê de uma realidade fria em que não há mais vestígio de calor humano. Se uma empregada cozinha e cuida bem de você, no final, só o físico encontrará seu cuidado. O que se pode e se deve falar com uma mulher assim? Sobre o passado, o perdido, o não cumprido, o existencial ou o simples, questões práticas? Devido ao meu isolamento e ao estilo de vida isolacionista quase mórbido de Wolfram, não há possibilidade de conhecer alguém interessante.

Embora eu devesse consertar minha bomba de água, que quebrou de novo, vou para a praia amanhã para sair do círculo da vida cotidiana. Wolfram só está lá esta semana de férias e por isso tenho que me apressar. Talvez eu possa organizar acomodação para o período depois da temporada também. Espero ter sorte com o tempo.[40]

Nesse estado de espírito, aos 67 anos, Mengele pegou o ônibus para Bertioga para encontrar com os Bossert. Era fevereiro de 1979. Naquele verão, naquela viagem, Mengele morreria nos braços de seus amigos, afogando-se no mar. Apesar do temor profundo de terminar sua existência sem amor, sem afeto, deu seu último suspiro cercado por seus fiéis protetores. Era o fim da vida para ele, mas não o fim da sua história. Essa ganharia todos os holofotes do mundo seis anos mais tarde.

---

**40** Carta de Mengele para Karl-Heinz, fev. 1979. Museu da Polícia Federal, arquivo 56, Brasília.

# 17.
# A maior caçada a um nazista
# desde a Segunda Guerra
ou
# A descoberta da morte
# de Mengele

Frankfurt, 1981

Quase dois anos tinham se passado desde a morte de Mengele quando o Tribunal de Justiça de Frankfurt expediu uma nova ordem de prisão contra o nazista. O mandado de junho de 1959 foi cancelado e substituído por esse muito mais amplo, com mais evidências. Lá estava escrito que Mengele era "fortemente suspeito de ter matado, de ter tentado matar e de ter instigado, auxiliado e incentivado a morte de pessoas" de forma "maldosa e cruel". O número exato de assassinatos era impossível de determinar, mas por uma série de fatos e depoimentos detalhados em 35 páginas pode-se dizer que estava na casa dos milhares. Como exemplo, essa é uma das acusações que constam da ordem de prisão: em 1944, uma mulher tinha acabado de chegar a Auschwitz do gueto de Lódz e não queria se separar da filha de treze anos. Mengele resolveu a questão dando um tiro na mãe e na filha. Em seguida, "só de raiva", mandou todas as pessoas daquele transporte para a câmara de gás, mesmo quem já tinha sido selecionado para trabalhar.[1] Os registros de atrocidades eram abundantes.

Uma das pessoas que documentaram os crimes de Mengele foi Horst von Glasenapp, que ocupava na Alemanha Ocidental o cargo de juiz investigador, uma função que no Brasil seria a de promotor. Seu trabalho começou depois do grande julgamento de Auschwitz, na década de 1960, quando membros da SS foram julgados em Frankfurt. Mengele escapou do banco dos réus porque não se sabia onde ele estava. A partir daí, o caso dele se descolou dos processos de Auschwitz e passou a ser analisado separadamente por Von Glasenapp. O juiz viajou para diversos países e coletou mais de trezentas entrevistas ao redor do mundo. As testemunhas contaram o que viram no campo de extermínio: as atividades de Mengele e como ele tratou suas vítimas. Todo esse esforço hercúleo de investigação, no entanto, teve que ser engavetado em 1974. O motivo era simples: não havia o que fazer com as acusações sem saber o paradeiro de Mengele.[2] Numa entrevista a um documentário exibido na TV britânica em 1978, o juiz Von Glasenapp declarou que não acreditava que o criminoso fosse ser preso.[3] Assim, o novo mandado emitido em 1981 renovava as esperanças de uma prisão, ainda que tardia. O problema, porém, é que o endereço do acusado permanecia desconhecido e, sem saber onde ele estava, nada se podia fazer.

Enquanto isso, o Mossad também tentava chegar até Mengele. A caçada tinha sido retomada no fim da década de 1970,

---

1 Ordem de prisão de Josef Mengele, Frankfurt am Main, 19 jan. 1981.
2 David G. Marwell, op. cit., p. 208.  3 "The Hunt for Doctor Mengele". *World in Action*, temp. 15, ep. 5. Produção: Michael Beckham e Brian Lapping. Edição: Ray Fitzwalter. Música: Shawm Phillips. Reino Unido: Granada Television, 20 nov. 1978 (30 min). Disponível em: <www.youtube.com/watch?v=W2UjdyZLBrs>. Acesso em: 6 jun. 2023.

a pedido do governo israelense. Em 1982, a agência considerou sequestrar o filho do ex-piloto Hans-Ulrich Rudel. A ideia era usar o menino para obrigar o pai a dizer onde estava Mengele. Mas Rudel morreu em dezembro daquele ano, antes que o Mossad pudesse conduzir a operação. Segundo os amigos, ele teve um AVC.[4] O enterro na Baviera atraiu centenas de pessoas, incluindo líderes neonazistas. Um sobrevoo com jatos da Força Aérea alemã provocou polêmica. O Ministério da Defesa declarou que eles estavam apenas numa missão rotineira da Otan, a aliança militar do Atlântico Norte. Mas testemunhas alegam que era claramente uma homenagem ao piloto mais condecorado de Hitler. Um promotor abriu uma investigação sobre as pessoas que fizeram a saudação nazista durante o funeral.[5]

O Mossad decidiu, então, se concentrar em outro possível elo com Mengele: o próprio filho dele. Os agentes israelenses instalaram escutas na casa, no escritório e nos telefones de Rolf, que estava morando em Berlim no início dos anos 1980. Ele e o pai faziam aniversário no mesmo dia, 16 de março. A expectativa era interceptar algum telefonema entre os dois nessa data. Obviamente, isso não foi possível, porque Mengele já estava morto.[6]

Em 1984, houve uma nova tentativa de se aproximar de Rolf, quando ele colocou um anúncio no mercado imobiliário. O agente israelense Rafi Meidan se apresentou como um potencial interessado. Uma mulher, também do Mossad, disse

4 "Why Did Israel Let Mengele Go?". *The New York Times*, 6 set. 2017. Disponível em: <www.nytimes.com/2017/09/06/sunday-review/israel-mengele-auschwitz-holocaust.html>. Acesso em: 13 jun. 2023. 5 "Controversy over Alleged Tribute to Dead Nazi War Hero". Jewish Telegraphic Agency, 30 dez. 1982. Disponível em: <www.jta.org/archive/controversy-over-alleged-tribute-to-dead-nazi-war-hero>. Acesso em: 13 jun. 2023. 6 "Why Did Israel Let Mengele Go?", op. cit.

ser sua secretária. Durante um encontro num restaurante, Rolf revelou aos dois alguns detalhes interessantes sobre si mesmo. Disse que era antinazista e pacifista. Além disso, minimizou a importância de uma ascensão do neonazismo e disse que era alemão apenas por causa de suas raízes, porém não estaria disposto a lutar pela Alemanha. Chamou o regime nazista de um "grupo pequeno e maluco" e nunca mencionou o nome do pai. A "secretária", que era muito atraente, marcou um encontro sozinha com Rolf, com o objetivo de seduzi-lo. Contudo, isso também não funcionou. Ela reportou aos superiores que, na sua opinião, a única maneira de extrair informações significativas de Rolf seria por meio de violência, sequestro ou extorsão. O Mossad respondeu que "levar adiante um ato desses, não rotineiro, é o caminho que nos resta para obter informações sobre seu pai". Os registros não dão detalhes do que aconteceu em seguida.[7] O fato é que somente com um esforço conjunto internacional seria possível chegar até Mengele, ainda que morto.

## Várias partes do mundo, 1985

Foi necessário o simbolismo do ano de 1985 para catapultar todas as forças na mesma direção. Em janeiro, a liberação de Auschwitz completava quarenta anos. Os gêmeos vítimas de Mengele, liderados por Eva Mozes Kor, fizeram a marcha pelo campo de concentração na Polônia. Em fevereiro, ocorreu o julgamento em Jerusalém, que escancarou para o mundo os crimes de Mengele. Pessoas, em carne e osso, contaram o

7 "The Hunt for the Nazi 'Angel of Death': How Israel Tried — and Failed — to Capture Dr. Josef Mengele". *Haaretz*, 9 set. 2017. Disponível em: <www.haaretz.com/israel-news/2017-09-09/ty-article/.premium/how-israel-tried-and--failed-to-capture-dr-josef-mengele/0000017f-db30-df9c-a17f-ff3809da0000>. Acesso em: 12 jun. 2023.

sofrimento inimaginável que vivenciaram nas mãos do médico nazista. Os depoimentos transmitidos pela TV pareciam ter finalmente convencido a opinião pública de que não dava mais para um criminoso dessa estatura ficar à solta. No dia seguinte à audiência, o promotor-geral dos Estados Unidos anunciou que o Departamento de Estado abriria uma investigação para localizar Mengele.

A pressão sobre as autoridades estava aumentando em toda parte. No fim de fevereiro, o ministro-presidente do estado da Baviera visitava Israel quando um repórter o confrontou. O jornalista queria saber sobre uma suposta conta na Suíça usada pela empresa da família Mengele para mandar dividendos ao fugitivo. O político disse que não sabia de nada, mas prometeu uma investigação. Pela primeira vez, os sobrinhos de Mengele, Karl-Heinz e Dieter, se viram obrigados a se posicionar publicamente. Eles declararam que não pagavam e não pagaram nada para o tio, quanto mais por uma conta na Suíça. Afirmaram ainda que "Mengele nunca esteve envolvido na firma". Optaram, assim, por não contar a verdade, apesar da comoção crescente para saber o destino de Mengele.[8]

Em maio daquele mesmo ano, mais um episódio se somou à busca mundial por uma resposta. A famosa caçadora de nazistas alemã Beate Klarsfeld saiu de Paris, onde morava, para protestar em frente ao Palácio da Justiça em Assunção. Pouco mais de vinte jovens paraguaios se juntaram a ela, que segurava um cartaz dizendo "Stroessner, você mente quando diz que não sabe onde Mengele está". Cerca de cem policiais armados chegaram para dispersar a manifestação. Beate e o marido Serge Klarsfeld já tinham conseguido levar à Justiça o nazista Klaus Barbie, que se escondia na Bolívia. Ele ficou conhecido pelo apelido de "carniceiro de Lyon" por causa da sua atuação como

8 Sven Keller, op. cit., pp. 173-4.

chefe da Gestapo nessa cidade francesa. Agora, a ativista estava convencida de que poderia fazer o mesmo com Mengele e estava certa de que ele morava no Paraguai. "Se você pensar logicamente, não existe outro lugar onde ele possa estar. Se ele foi embora, a polícia precisa saber, tem que estar nos arquivos dela", declarou aos jornalistas.[9] Beate prometeu dar 25 mil dólares por informações que levassem a Mengele, que se tornara o nazista mais procurado do mundo. A recompensa oferecida por ela se somava a outras que totalizavam 3,4 milhões de dólares.

O apelo público estava no auge, o que levou ao grande ponto de virada dessa história ainda em maio de 1985. Os Estados Unidos, a Alemanha Ocidental e Israel anunciaram um esforço coordenado para encontrar Mengele. Era a maior caçada internacional a um nazista desde a Segunda Guerra. Representantes dos três países se reuniram por dois dias em Frankfurt e concordaram em abrir uma linha de comunicação direta nas investigações. O objetivo era saber onde Mengele estava e levá-lo a julgamento por crimes contra a humanidade.

Não está claro por que o caso tomava proporções tão extraordinárias justamente naquele momento. Segundo o jornal *The New York Times*, algumas autoridades diziam que era por causa dos quarenta anos da derrota da Alemanha nazista e por uma demora em abordar as questões relacionadas ao Holocausto. São pequenas explicações para lidar com algo muito maior: grandes momentos históricos em que todas as forças confluem para resolver uma questão latente há décadas, mas que de repente parece urgente, um caso de vida ou morte. As principais apostas davam conta de que Mengele

9 "Nazi Hunter, in a Protest in Paraguay, Demands Mengele's Arrest". *The New York Times*, 25 maio 1985. Disponível em: <www.nytimes.com/1985/05/25/world/nazi-hunter-in-a-protest-in-paraguay-demands-mengele-s-arrest.html>. Acesso em: 8 jun. 2023.

estava vivo, com 74 anos, vivendo no Paraguai. Se sabia também que havia uma enxurrada de desinformação e até fotos falsas, o que poderia estar atrapalhando a investigação e ajudando o criminoso.[10]

No fim daquele longo mês de maio, a pista certa finalmente chegou. E veio da Alemanha. Um professor universitário contou à polícia que conheceu um homem chamado Hans Sedlmeier quando estava de férias. Era o fiel funcionário da empresa da família Mengele, que depois de tomar umas e outras, começou a se gabar de ter ajudado o médico nazista, levando pessoalmente dinheiro para ele na América do Sul. Essa conversa ocorrera quase um ano antes, mas o professor decidiu relatar só agora o que ouvira. Ele tinha a esperança talvez de conseguir uma recompensa ou simplesmente estava se rendendo ao Zeitgeist.[11] Sedlmeier já tinha prestado depoimento a respeito de Mengele quatro vezes: em 1964, 1971, 1984 e em março de 1985. Desde a primeira vez, ele confessou às autoridades alemãs ter se encontrado com Mengele na Argentina, no fim de 1957, e no Paraguai, no início de 1960. No entanto, afirmou que tinha cortado o contato com ele depois disso, o que era uma tremenda mentira.[12]

A partir do relato do professor universitário, os policiais estavam decididos a revistar a casa de Sedlmeier. No entanto, o pedido para um mandado de busca foi negado.[13] Os investigadores não se deram por vencidos e apresentaram mais um argumento para a operação: uma carta interceptada numa prisão

---

10 "3 Nations Joining to Hunt Mengele". *The New York Times*, 11 maio 1985. Disponível em: <www.nytimes.com/1985/05/11/world/3-nations-joining-to-hunt-mengele.html>. Acesso em: 13 jun. 2023.  11 "Mengele Trail: Clues of Paper, Then of People". *The New York Times*, 23 jun. 1985. Disponível em: <www.nytimes.com/1985/06/23/world/Mengele-trail-clues-of-paper-then-of-people.html>. Acesso em: 14 jun. 2023.  12 Yossi Chen, op. cit., pp. 201-2. 13 "Mengele Trail: Clues of Paper, Then of People", op. cit.

da Alemanha. O remetente era Gert Luk, um alemão que morava no Paraguai. Ele escreveu para Manfred Röder, líder de um movimento neonazista que estava preso por ter planejado um ataque a bomba contra imigrantes. A mensagem dizia que o "tio" tinha morrido fazia algum tempo "nas praias do Brasil". As autoridades alemãs desconfiavam de que o "tio" era Mengele. Com esse novo argumento, um juiz autorizou policiais da agência federal de investigações a entrarem na residência de Sedlmeier, em Günzburg, na Baviera, na manhã do dia 31 de maio.

## Günzburg, 31 de maio de 1985

Sedlmeier e a mulher Renate foram pegos de surpresa. Dessa vez, seu informante na polícia local não ficou sabendo da ação e não conseguiu alertá-los, como em outras ocasiões. Só lhe restou correr para pegar uma jaqueta pendurada em um armário, mas os investigadores chegaram antes e encontraram dentro dela uma agenda.[14] Nela estavam registrados vários contatos no Brasil, entre eles uma caixa postal de Geza Stammer, o endereço completo de Liselotte Bossert, o da estrada do Alvarenga e o nome Glawe.[15] A polícia alemã também achou algumas cartas que a mulher de Sedlmeier mantinha guardadas num armário, sem que ele soubesse. A própria Renate tinha sido uma amiga próxima de Mengele antes da guerra, e os dois trocaram correspondências enquanto ele morou no Brasil. Entre as cartas estava aquela enviada por Wolfram Bossert avisando que Mengele estava morto: "com profundo pesar anuncio a morte do nosso amigo em comum", sem citar diretamente o nome do

---

14 Ibid.  15 PF, inquérito policial n. 1-0097/86, livro tombo 6, pp. 11-3.

médico nazista.[16] Em outra, o remetente dizia ter um número de telefone novo no Brasil. E havia ainda uma carta que dava instruções para uma visita: "Como nossa pequena rua é quase desconhecida aos taxistas, eu aconselho denominar a rua Guararapes, 650, de onde a nossa tem início". Essa era a indicação exata para se chegar à casa dos Bossert no Brooklin, em São Paulo.[17] A descoberta era uma bomba para os protetores de Mengele no Brasil. Em pouquíssimo tempo, a polícia chegaria até eles.

Nesse mesmo dia, os policiais colocaram Sedlmeier em prisão domiciliar e contataram o consulado alemão em São Paulo.[18] Era fundamental agir rápido, antes que a informação vazasse e pudesse alertar o círculo íntimo de Mengele. Embora já fosse sexta-feira à tarde, o fuso horário jogava a favor. O cônsul-geral adjunto, Sepp Wölker, entrou em contato com o gabinete do delegado Romeu Tuma, superintendente regional da PF, e conseguiu marcar uma reunião para as duas horas da tarde. Ele prontamente concordou em prestar auxílio aos alemães. Mas o dr. Aparecido Laertes Calandra, chefe de operações e assessor direto de Tuma, adiantou que não seria possível fazer uma investigação no fim de semana. Por coincidência, o dr. Calandra era um graduado do curso de treinamento da agência federal de investigações da Alemanha (Bundeskriminalamt, BKA), uma espécie de FBI alemão, e propôs aos colegas uma reunião por telefone na segunda-feira para avaliar os próximos passos táticos. Os alemães concordaram com o intervalo, que daria mais tempo para decifrarem os códigos usados por Mengele. Cruzando o número de telefone escrito em uma carta com o que aparecia na agenda

16 Gerald Posner e John Ware, op. cit., p. 315.    17 PF, inquérito policial n. 1-0097/86, livro tombo 6, pp. 11-3.    18 Gerald Posner e John Ware, op. cit., p. 315.

de Sedlmeier, um dos policiais descobriu, por exemplo, que "Mus" se referia a Wolfram Bossert.[19] O que os colegas alemães talvez não soubessem é que Calandra tinha sido apontado como um torturador do Destacamento de Operações de Informação — Centro de Operações de Defesa Interna (DOI-Codi) de São Paulo, durante a ditadura militar brasileira. Em seu passado sombrio, ficou conhecido entre os presos políticos pelo codinome de capitão Ubirajara. Ele nega ter cometido tortura.[20] Agora estava atrás de um homem que também negara ter cometido os crimes de que era acusado em outra ditadura, a do Terceiro Reich.

Frankfurt, segunda-feira, 3 de junho de 1985

Na segunda-feira à tarde, o procurador-geral do estado de Hesse, Hans-Eberhard Klein, que estava à frente do caso Mengele na Alemanha, reuniu-se com autoridades alemãs para informar sobre as descobertas na casa de Sedlmeier. Apesar de o país ter se comprometido a manter uma linha de comunicação direta com Israel e os Estados Unidos para notificar novas pistas, ficou decidido naquela reunião que nada seria revelado até haver mais clareza sobre o que estava acontecendo. Também a imprensa deveria ficar no escuro por enquanto. Mais tarde, nesse mesmo dia, a agência federal de investigações entrou novamente em contato com o dr. Calandra. Eles combinaram que dois agentes federais alemães, além de um do estado de Hesse, viajariam até São Paulo para acompanhar as investigações.[21]

---

19 David G. Marwell, op. cit., pp. 232-3. 20 "Aparecido Laertes Calandra", em Memorial da Resistência de São Paulo. Disponível em: <memorialdaresistenciasp.org.br/pessoas/aparecido-laertes-calandra/>. Acesso em: 24 jun. 2023. 21 David G. Marwell, op. cit., p. 235.

## São Paulo, terça-feira, 4 de junho de 1985

Na terça-feira, o consulado da Alemanha mandou um telex para o dr. Tuma com uma solicitação urgente das autoridades alemãs: uma oitiva da dona Liselotte Bossert e do sr. Wolfram Bossert. A mensagem dizia que "eles estão envolvidos em dar apoio de homizio ao nazista procurado Dr. Josef Mengele, suspeito de assassínio".[22] Em outras palavras, os dois eram suspeitos de esconder da Justiça um criminoso. O dr. Tuma chamou o delegado-chefe do Dops, Marco Antônio Veronezzi, e lhe passou a incumbência. Mas ele não iria sozinho. Embora uma das cartas encontradas na casa de Sedlmeier anunciasse a morte do "amigo em comum", tudo aquilo poderia ser uma encenação para despistar as autoridades. Portanto, naquela altura, não estava claro se Mengele estava vivo ou morto.[23]

Calandra destacou uma equipe para descobrir quem morava na rua da família Bossert. A ordem era investigar se Mengele estava lá e prendê-lo, se fosse o caso. Foi uma grande sensação de euforia, afinal não era todo dia que se cuidava de um caso dessa magnitude. Os policiais montaram uma campana e começaram a observar a movimentação na casa. Um senhor e uma senhora entravam, saíam e voltavam para casa. Passados dois dias, o homem saiu e não retornou mais. Os investigadores começaram a ficar desconfiados. Seria ele o próprio Mengele, que teria suspeitado da presença policial e fugido? A sensação de euforia deu lugar à de frustração. Como se diz na linguagem policial: será que eles teriam perdido a "cana" de uma figura tão importante? O próximo passo era entrar na residência.[24]

---

**22** PF, inquérito policial n. 1-0097/86, livro tombo 6, p. 10. **23** Entrevista com Marco Antônio Veronezzi realizada em 12 de dezembro de 2022. **24** *Eldorado: Mengele Vivo ou Morto*. Direção: Marcelo Felipe Sampaio. São Paulo: Laguna Films, MS Pictures, 2019 (71 min.).

São Paulo, quarta-feira, 5 de junho

Para surpresa geral, não houve resistência alguma. Liselotte mostrou-se solícita e colaborou prontamente com Veronezzi, a primeira autoridade a ouvir toda a história. Ela contou ao delegado que Mengele tinha morrido afogado em Bertioga, seis anos antes. Também falou do enterro com nome falso no cemitério de Embu das Artes. Ele pediu, então, os documentos. Ela pegou um envelope e, num sinal de afeto, apertou-o contra o peito antes de entregá-lo ao delegado. Dentro havia um saco plástico com toda a papelada: a identidade de estrangeiro, a habilitação e a carteira de trabalho. Todos os documentos levavam a foto de Mengele, mas os dados eram de Wolfgang Gerhard. Nesse mesmo pacote estavam diversas fotografias do velho nazista no Brasil. Algumas incluíam os familiares de Liselotte com o titio.[25] Veronezzi levou todo o material para a superintendência da Polícia Federal. Os policiais apreenderam na casa dos Bossert uma máquina de escrever na qual Mengele datilografava a maior parte de suas cartas. Havia ainda uma pasta em que estava escrito "A-Z Briefe Gerhard", onde estavam guardadas as cartas do amigo Wolfgang Gerhard e recortes de jornais. Também encontraram uma pasta denominada "Weihnachts Briefe", só para a correspondência de Natal. E um item importante, que corroborava a história contada por Liselotte: um recibo da taxa de sepultamento da prefeitura de Embu. Ninguém foi preso. Naquele mesmo dia, ela e o marido tiveram que ir à PF para prestar o primeiro de muitos depoimentos.[26] Para Veronezzi não restava mais dúvida: Mengele estava morto. A questão agora era confirmar se o corpo enterrado no Embu era mesmo o do criminoso. Uma confirmação

---

**25** Entrevista com Marco Antônio Veronezzi. **26** PF, inquérito policial n. I-0097/86, livro tombo 6, pp. 14-5.

extremamente difícil de se obter numa época em que ainda não se fazia exame de DNA e sob uma tremenda pressão internacional. Ainda naquele longo dia 5 de junho, Veronezzi apresentou uma solicitação ao juiz federal José Kallás para exumar os restos mortais de Mengele do túmulo 321 no Cemitério do Rosário. No dia seguinte, o juiz autorizou a exumação, que se tornaria um grande circo midiático divulgado no mundo todo.[27]

27 Ibid., p. 25.

Na página anterior, fotos de Josef Mengele no período em que viveu no Brasil, tiradas pelo amigo Wolfram Bossert.

Um dos endereços de Mengele em Vicente López, nos arredores de Buenos Aires. A casa pertencia ao simpatizante nazista Gerard Malbranc, que lhe abriu as portas para o círculo de argentinos e alemães admiradores do Terceiro Reich.

Casa na estrada do Alvarenga, no bairro de Eldorado, na divisa entre São Paulo e Diadema. Foi lá que Mengele viveu seus últimos anos.

Sobrado onde vivia a família Bossert, no Brooklin, em São Paulo, e local onde Mengele era convidado para jantar e até pernoitar.

Sítio Santa Luzia em Serra Negra, no interior de São Paulo. Mengele construiu uma torre para observar quem se aproximava da propriedade.

Acima, à esq., casa alugada pela família
Bossert para as férias em Bertioga.

Acima, à dir.: Espedito Dias Romão em foto atual. O policial
registrou a morte de Mengele na praia como afogamento.

Praia da Enseada, em Bertioga, onde Mengele
morreu afogado em fevereiro de 1979.

Sabine e Andreas Bossert andando de barco com o "titio", como chamavam Mengele.

Mengele, Liselotte Bossert e os filhos em Bertioga.

"Seu Pedro" convidou Elsa Gulpian para jantar no restaurante Santo Antônio, em São Bernardo do Campo. Ela costumava levar a irmã nessas ocasiões.

Mengele em churrasco na casa da estrada do Alvarenga, em 1976.

Mengele consertando o que parece ser um brinquedo com ajuda de Andreas e Sabine, Caieiras (SP), construindo o barco com o qual se divertia com as crianças e consertando o telhado de sua casa, uma entre as várias atividades manuais que costumava realizar.

Na página ao lado, Liselotte Bossert com os filhos e o amigo Mengele.

Visita de Rolf ao Brasil em 1977. Foto tirada em frente à casa dos Bossert.

Mengele e Rolf durante sua visita ao Brasil em 1977.

Os três grandes amigos no Brasil: Wolfgang Gerhard, Josef Mengele e Wolfram Bossert.

Carta escrita por Josef Mengele à família na Alemanha, em 1969, em que relata um pouco de sua vida no Brasil e fala de seus amigos: Gitta Stammer, Musikus (Wolfram Bossert) e Lange (Wolgang Gerhard).

À dir., Geza Stammer, o húngaro que acolheu Mengele em sua casa por treze anos.

Mengele trabalhando na lavoura no interior de São Paulo.

Livros de Mengele encontrados pela Polícia Federal na casa da família Bossert em 1985.

Momento shakespeariano: dr. José Antônio de Mello, vice-diretor do IML de São Paulo, mostra o crânio de Mengele a jornalistas estupefatos, em junho de 1985.

Cemitério do Rosário, em Embu, lotado de jornalistas, policiais e curiosos que acompanham a exumação do esqueleto de Josef Mengele, em junho de 1985.

Ossos de Mengele são colocados em caixão do IML sem proteção, o que levou a críticas dos especialistas alemães.

Coveiro vai passando osso por osso para o dr. José Antônio de Mello. A imprensa do mundo todo acompanha a exumação com grande interesse.

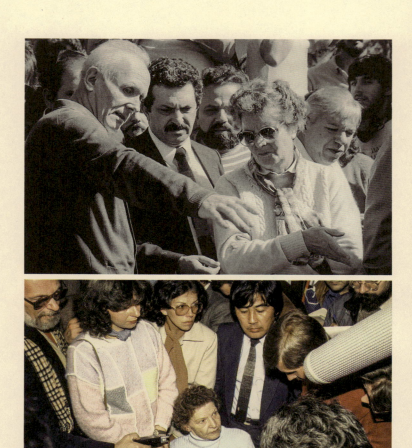

Da esq. para a dir.: Wolfram Bossert, delegado Romeu Tuma e Liselotte Bossert.

Gitta Stammer dá entrevista aos repórteres para falar da passagem de Mengele pelo Brasil.

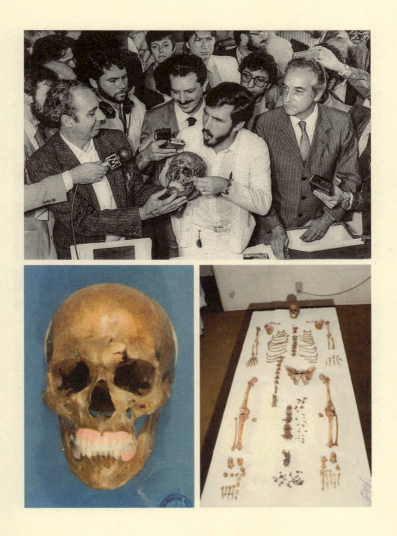

Daniel Romero Muñoz, médico-legista do IML de São Paulo, foi o responsável pela perícia no esqueleto de Mengele. Atrás dele, à esq., o delegado Romeu Tuma.

Crânio de Mengele.

Esqueleto de Mengele montado no IML de São Paulo depois da exumação no Cemitério do Rosário. Alguns ossos tiveram que ser colados.

O dr. Daniel Romero Muñoz usa o crânio de Mengele para dar aulas de medicina forense na Faculdade de Medicina da Universidade de São Paulo (USP), em 7 de dezembro de 2016.

Na página ao lado, certidão de óbito com o nome de Wolfgang Gerhard, mas o corpo era de Josef Mengele. Liselotte Bossert apresentou os documentos falsos para fazer o registro.

Nas páginas 306-7, técnica de sobreposição de imagens, desenvolvida pelo antropólogo alemão Richard Helmer, para confirmar que o crânio exumado em Embu era de Josef Mengele.

# REPÚBLICA FEDERATIVA DO BRASIL

ESTADO DE
São Paulo

COMARCA DE
Santos

MUNICÍPIO DE
Santos

DISTRITO DE
Bertioga

## CARTÓRIO DO REGISTRO CIVIL

, PU 32!

Walter Pereira Prado
Escrivão do Registro Civil das Pessôas Naturais

REGISTRO CIVIL BERTI…
DISTRITO DE BERTIOGA
Município e Comarca de Santa
WALTER PEREIRA PRADO
OFICIA

## CERTIDÃO DE ÓBITO

CERTIFICO que sob n.º __56__ às fls. __56__ do livro n.º __C-1__

de Registros de Óbitos, encontra-se o assento de WOLFGANG GERHARD

_____, faleci do dia 07 de Fevereiro de 1. 979

às 17:45 horas em BERTIOGA

do sexo MASCULINO , profissão TECNICO MECANICO

natural de AUTRIA

com 53 anos de idade, estado civil VIUVO

filh o de ERNESTO GERHARD

e de FRIDERICA FELINER GARHARD

Foi declarante LISOLOTTE BOSSERT

Atestado de óbito firmado p or Dr. Jaime Edson Andrade Mendonça

que deu como Asfixia por Submerssão n'água

_____;e o sepultamento foi realizado no

Cemitério de Embú -

O registro foi efetuado no dia 08 de Fevereiro de 1. 979

Observações: _____

O referido é verdade e dou fé

Bertioga , 08 de Fevereiro de 19 79

ESCRIVÃO

Ordem 507

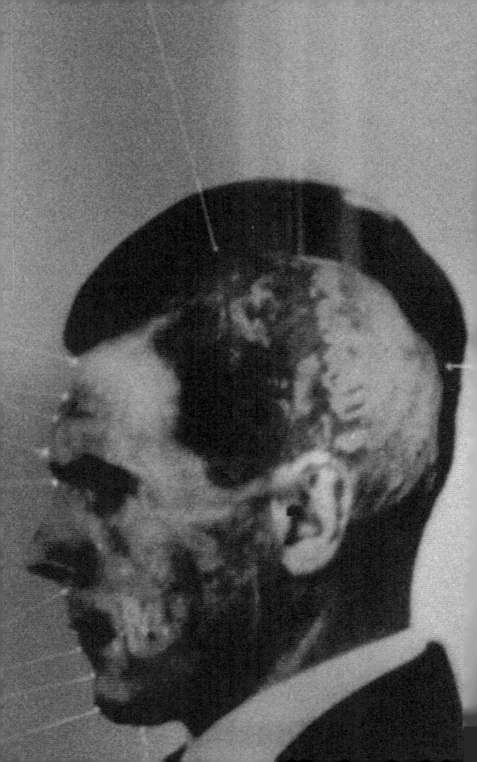

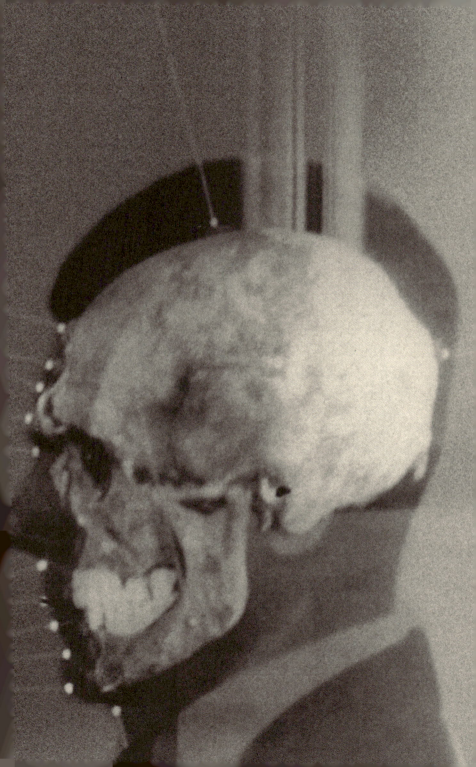

# 18.

## A exumação do corpo de Mengele

ou

## A dúvida mundial: Será ele mesmo?

São Paulo, quinta-feira, 6 de junho de 1985

"Tenho uma bomba para a gente resolver", com essas palavras José Antônio de Mello, vice-diretor do Instituto Médico Legal de São Paulo, começou seu telefonema. Ele disse que havia um corpo enterrado no cemitério de Embu das Artes suspeito de ser o de ninguém menos que Josef Mengele, o nazista mais procurado do mundo. Do outro lado da linha, estava o jovem legista Daniel Muñoz, responsável pelo Setor de Antropologia do IML e, aliás, único funcionário desse departamento. O chefe queria que ele fizesse a identificação da ossada, e a PF pedira a exumação para aquele mesmo dia. Por essa, o doutor Muñoz não estava esperando no começo do feriado prolongado de Corpus Christi. Naquela quinta-feira que prometia ser ensolarada, ele deixou em casa sua escadinha de três filhos pequenos e correu para o IML. Obviamente o dr. Muñoz não trabalharia sozinho naquela missão grandiosa e já pensava em nomes de colegas que poderia escalar para sua equipe. No mínimo, precisaria de alguém que fosse especialista na parte dentária e de um anatomista para ajudar na montagem do esqueleto.[1]

## Embu das Artes

Às sete horas da manhã, os primeiros agentes da PF já circulavam com seus walkie-talkies pelo Cemitério do Rosário, em Embu das Artes, a 25 quilômetros do centro de São Paulo. Os policiais precisavam esperar a ordem do juiz para poder iniciar a exumação. O delegado Tuma chegou acompanhado do cônsul adjunto da Alemanha e do casal Bossert. Os dois austríacos tiveram que ser acomodados dentro da capela sob forte esquema de segurança, tamanho era o interesse da imprensa.[2] A autorização judicial para exumar o corpo veio apenas no início da tarde, quando o sol estava forte, apesar de ser quase inverno.

A essa altura, a notícia de que o corpo de Mengele poderia ter sido encontrado espalhou-se pelos quatro cantos do planeta e dezenas de jornalistas — brasileiros e estrangeiros — lotaram o pequeno cemitério de Embu. Cinegrafistas e fotógrafos disputavam espaço para ver quem pegaria o melhor ângulo do túmulo 321, onde o mato tinha crescido tanto que parecia estar completamente abandonado. Só depois de um olhar mais atento, dava para notar que havia uma placa dizendo que ali estava enterrada Friderieke Gerhard, a mãe de Wolfgang. Em meio àquela balbúrdia, Liselotte e Wolfram se aproximaram da sepultura como se fossem astros de cinema. Num certo sentido, eles eram mesmo a grande atração daquele evento de dimensão internacional.

Munidos de enxadas, botas sete léguas e luvas de borracha, dois coveiros deram início ao espetáculo. De golpe em golpe,

1 Entrevista com Daniel Romero Muñoz realizada nos dias 2 e 15 de agosto de 2017. 2 "6 de junho de 1985". *O Estado de S. Paulo*, 7 jun. 1985.

foram tirando a terra do buraco. Quando já devia ter passado dos tradicionais sete palmos, um deles abriu a urna funerária, que se desfazia de tão apodrecida. Lá do fundo da vala, ele alcançou o crânio para o dr. Mello. O médico do IML exibiu a caveira com uma mão como se fosse um prêmio diante dos jornalistas estupefatos com a cena shakespeariana. O coveiro seguiu tirando osso por osso, que ia entregando ao médico para serem depositados dentro de uma caixa. Para desespero dos três policiais alemães que acompanhavam a exumação, não havia qualquer proteção nos dedos, nos sapatos ou no recipiente, onde dr. Mello pisava como se estivesse numa canoa. Num relatório posterior, os alemães criticaram a falta de profissionalismo dos colegas brasileiros e afirmaram que as botas do coveiro danificaram a parte facial do crânio.[3] Mas o que faltava em método, sobrava em humor. Em tom solene, Tuma declarou aos repórteres: "Posso afirmar categoricamente que esse homem está bem morto".[4]

Liselotte acompanhava tudo perto do túmulo. Perguntou ao dr. Mello se o defunto tinha sido enterrado com os braços ao lado do corpo — como ela mesma havia solicitado ao serviço funerário seis anos antes. Ele confirmou que sim. A professora reconheceu os pedaços da camisa, da calça, do cinto e das meias, as roupas com que o amigo tinha sido sepultado. Foi ela quem assinou o auto de reconhecimento atestando que aquele era o mesmo caixão que disse ter enterrado.[5] Antes de tudo acabar, Liselotte pediu para ir embora, alegando que não estava passando bem. Naquele dia, teve que enfrentar uma enxurrada de repórteres, que estavam loucos para extrair qualquer informação daquela história extraordinária. Mas havia

---

**3** Ulrich Völkein, op. cit., p. 310.     **4** Alan Riding, "Key Man in Mengele Case: Romeu Tuma". *The New York Times*, 16 jun. 1985.     **5** PF, auto de reconhecimento, inquérito policial n. 1-0097/86, livro tombo 6, pp. 14-5.

muitas perguntas e poucas respostas — que, sabemos, são totalmente inverídicas. Liselotte contou que Mengele arriscou a vida muitas vezes para tratar prisioneiros de Auschwitz com doenças contagiosas (talvez ela estivesse se referindo ao "método Mengele" acabar com o tifo no campo de concentração, sem mencionar a matança inútil de centenas de mulheres para a estratégia dar certo).

A professora declarou também que Mengele reclamava, porque tinha sido "pintado como o diabo" mundo afora. Ele dizia que as experiências horrendas que tinha sido acusado de fazer eram mentiras.[6] O que Liselotte pensaria se tivesse conversado com Eva Mozes Kor, Ruth Elias ou Cyrla Gewertz, suas contemporâneas que passaram pelos piores pesadelos nas mãos do nazista? E para completar, ela afirmou ainda que Mengele tinha sido mandado contra sua vontade para o campo de extermínio. Realmente, Liselotte não conhecia os objetivos profissionais do jovem Mengele e não sabia da ligação entre Auschwitz e o Instituto Kaiser Wilhelm em Berlim.

Wolfram também defendeu o nazista ferrenhamente. "Ele era meu amigo, morreu nos meus braços, frequentava a minha casa, era estimado pelos meus filhos. Era um homem bom e diversas vezes disse que, por ser um soldado, cumprira ordens, negando tudo que lhe atribuíam", afirmou com convicção.[7] O austríaco deixou-se seduzir pelos argumentos mais frouxos, começando pelo fato básico de que Mengele não era um soldado, mas um oficial da SS. E, como já vimos, seu próprio chefe em Auschwitz, dr. Eduard Wirths, atuou de forma muito diferente da dele, o que prova que Mengele não estava ali simplesmente cumprindo ordens, ele tinha seu próprio plano.

6 "Sepultado em posição de sentido". *O Estado de S. Paulo*, 7 jun. 1985, p. 26.
7 "Assustado, agressivo, vivia com medo". *O Estado de S. Paulo*, 7 jun. 1985, p. 26.

## São Paulo

Só por volta das três horas da tarde a ossada foi levada ao IML em São Paulo. Chegando lá, o dr. Muñoz estava a postos para iniciar sua missão. Mas, logo que começou, o legista notou um problema: faltavam algumas partes. Decidiu voltar ao Cemitério do Rosário, retirou novamente o caixão e trouxe de lá dezesseis sacos de terra da cova recém-aberta. No IML, tudo teve que ser cuidadosamente peneirado para se achar ossinhos minúsculos, dentes e até fios de cabelo que tinham ficado para trás. Foi um trabalho arqueológico, como definiu o dr. Muñoz. Os ossos maiores, como o fêmur e a tíbia, ainda estavam em bom estado. No entanto, alguns menores estavam quebradiços e esfarelavam na mão só de pegar. O cemitério de Embu é muito úmido, o que acelerou a deterioração.[8]

Na mandíbula de Mengele foram encontrados sete dentes naturais: quatro molares superiores e três inferiores. Além disso, havia uma incrustação de ouro. O dr. Mello animou-se com a descoberta e afirmou aos jornalistas que os dentes poderiam ajudar na identificação.[9] Mas não seria tão simples assim. Ele disse que precisariam de, pelo menos, quinze dias. O delegado Tuma declarou que havia 90% de chance de que a ossada fosse mesmo de Mengele e deixou claro que os brasileiros conduziriam a perícia.[10] Fez isso de maneira elegante, mantendo a porta aberta aos estrangeiros: "Estamos no comando, mas a ciência não tem fronteiras". Foi o suficiente para o jornal *The New York Times* declarar que Tuma era o chefe de polícia mais habilidoso do país.[11]

---

8 Entrevista com Daniel Romero Muñoz.  9 "Sete dentes, chave da resposta". *O Estado de S. Paulo*, 7 jun. 1985.  10 "Descoberto em SP corpo que pode ser de Mengele". *Folha de S.Paulo*, 7 jun. 1985.  11 Alan Riding, op. cit.

O Brasil de 1985 dava os primeiros passos como uma nação democrática após o regime militar. Isso significava que muitas das autoridades que atuaram no caso Mengele tinham participado da perseguição a dissidentes políticos durante a ditadura. Foi o caso de Calandra, apontado como torturador, e do dr. Mello, denunciado, décadas mais tarde, por emitir laudo necroscópico fraudulento como médico-legista do IML. Segundo o Ministério Público Federal, em 1976, o dr. Mello, junto com outro perito, atestou a ausência de sinais de agressão no operário Manoel Fiel Filho. Na verdade, o metalúrgico tinha morrido em resultado de tortura no DOI-Codi de São Paulo.[12]

Já o dr. Tuma dirigiu a Delegacia de Ordem Política e Social de São Paulo, o Dops, que combatia as organizações políticas clandestinas de esquerda e os movimentos grevistas na região do ABC paulista. As coisas só começaram a mudar em novembro de 1982, quando o candidato da oposição, Franco Montoro, venceu as eleições para o governo do estado. Assim que saiu o resultado, o governador José Maria Marin ordenou que Tuma transferisse os arquivos do Dops para a Superintendência da Polícia Federal, evitando assim que a oposição tivesse acesso aos documentos. Foi dessa forma, com a extinção do Dops, que Tuma passou a integrar a PF em 1983.[13] Apesar de ter dirigido um órgão de repressão política durante a ditadura, declarou condenar o uso da tortura por razões éticas, morais e

12 "Veja a lista dos 377 apontados como responsáveis por crimes na ditadura". GI, 10 dez. 2014. Disponível em: <g1.globo.com/politica/noticia/2014/12/veja-lista-dos-377-apontados-como-responsaveis-por-crimes-na-ditadura.html>. Acesso em: 2 jul. 2023. "José Antônio de Mello", Memorial da Resistência de São Paulo. Disponível em: <memorialdaresistenciasp.org.br/pessoas/jose-antonio-de-mello/>. Acesso em: 2 jul. 2023. 13 "Tuma, Romeu", CPDOC-FGV. Disponível em: <www.fgv.br/CPDOC/acervo/dicionários/verbete-biografico/tuma-romeu>. Acesso em: 4 ago. 2023.

por considerá-la ineficiente. Achava que investigar e encontrar provas era muito melhor.[14]

Ubatuba, sexta-feira, 7 de junho de 1985

Era sexta-feira do feriado prolongado de Corpus Christi. Wilmes Teixeira, diretor do IML de Mogi das Cruzes, estava descansando em sua casa de praia em Ubatuba quando o telefone tocou. Era seu assistente, dizendo para ele ligar a televisão. O dr. Wilmes ficou sabendo pelo noticiário da exumação do esqueleto que poderia ser de Mengele. Em seguida, mais um telefonema: era um perito americano ávido por informações. O colega conseguiu o número de Wilmes no registro da Academia Americana de Ciências Forenses, em que ele figurava como um dos dois brasileiros credenciados. Wilmes era um entusiasta da medicina legal. Viajou mais de trinta vezes aos Estados Unidos para fazer cursos e treinamentos. Em Mogi das Cruzes, conseguiu autorização do prefeito para exumar restos mortais e montou, por conta própria, uma coleção com quarenta esqueletos.

Foi por esse grande interesse que acabou fazendo amizade com peritos americanos. O antropólogo forense Clyde Snow achou muita coincidência Wilmes ser de São Paulo e o caso estar acontecendo por aqui, e perguntou se poderia acompanhar o que seria a maior perícia da história até então. Wilmes explicou que estava no estado de São Paulo, mas que sua circunscrição era Mogi das Cruzes. Ele mesmo não tinha nada a ver com a capital. Contudo, o diretor do IML de São Paulo, Rubens Brasil Maluf, acabou concordando que ele coordenasse a equipe de cientistas estrangeiros. Afinal, os peritos brasileiros precisavam de alguém que falasse bem

14 Alan Riding, op. cit.

inglês e pudesse comunicar aos gringos o que estava acontecendo ali.[15]

## São Paulo

No fim das contas, nove cientistas americanos acabariam vindo ao Brasil para acompanhar o caso Mengele: três do Departamento de Justiça, três do Centro Simon Wiesenthal, de Los Angeles.[16] O governo americano mandou ainda três especialistas em documentos e caligrafia. A Alemanha também enviou um expert nesse assunto, além de um odontologista e um antropólogo forense.[17] De Israel, veio Menachem Russak, chefe da divisão da polícia responsável por investigar nazistas. Naquela sexta-feira, desembarcou no aeroporto internacional em Guarulhos, Neal Sher, o chefe do OSI, a unidade americana responsável por ações penais contra nazistas.

Apesar de desconfiarem da competência dos brasileiros, os estrangeiros só poderiam acompanhar a investigação na condição de observadores. Ainda durante o feriadão, o dr. Muñoz montou sua equipe com profissionais gabaritados. Convidou o especialista em odontologia legal Moacyr da Silva, da Universidade de São Paulo (USP), e os médicos Ramón Manubens, professor de anatomia da Faculdade de Medicina de Marília, e Marcos de Almeida, da Escola Paulista

---

**15** Entrevista com Wilmes Teixeira realizada em 9 de setembro de 2017.
**16** *In the Matter of Josef Mengele: A Report to the Attorney General of the United States*, op. cit., pp. 149 e 152. Entre os peritos do Departamento de Justiça estavam o médico-legista Ali Hameli, o antropólogo Ellis Kerley e o dentista Lowell Levine. Do Centro Wiesenthal vieram o radiologista John Fitzpatrick, o médico-legista Leslie Lukash e o antropólogo Clyde Snow. Os especialistas em documentos eram Gideon Epstein, Antonio Cantu e David Crown.   **17** Rolf Endris, odontologista da Universidade Johannes Gutenberg em Mainz, e Richard Helmer, antropólogo forense da Universidade de Kiel.

de Medicina. O dr. Muñoz também precisava dos registros dos dados físicos do nazista para poder confrontar com os do esqueleto. Para isso contou com a colaboração do OSI, que trouxe ao Brasil o arquivo de Mengele da SS.[18]

Enquanto isso, Veronezzi prosseguia com seu trabalho na Superintendência da Polícia Federal. Naquela sexta-feira, Gitta prestou seu primeiro depoimento — Geza não a acompanhou porque estava viajando. Os novos detalhes que ela revelou sobre a vida de Mengele no país confirmavam as informações dadas por Liselotte e Wolfram. O delegado intimou também a ex-empregada Elsa e o vizinho Jaime, que morava na estrada do Alvarenga. Os dois participaram de um teste de reconhecimento de fotos. Os policiais dispuseram sobre uma mesa sete fotografias de Mengele fornecidas pelos Bossert, misturadas com outras dez de uma pessoa com características físicas semelhantes. Tanto Elsa quanto Jaime souberam identificar com segurança "o sr. Pedro", nome pelo qual conheciam o nazista.[19]

A investigação estava a todo vapor. O diretor do serviço de perícia datiloscópica enviou à PF duas fotos de Wolfgang Gerhard da época da primeira identificação dele no Brasil, em 1950. Só de bater o olho estava claríssimo que Wolfgang não era o velho bigodudo que aparecia na identidade de estrangeiro com seu nome. Naquele mesmo dia, autoridades na Argentina também colaboraram fornecendo os documentos de Helmut Gregor e Josef Mengele, que na prática eram o mesmo homem. Os policiais brasileiros compararam as impressões digitais com as de Wolfgang e concluíram que pertenciam a duas pessoas diferentes.[20]

---

**18** *In the Matter of Josef Mengele: A Report to the Attorney General of the United States* op. cit., p. 241.   **19** PF, inquérito policial n. 1-0097/86, livro tombo 6, p. 49.   **20** Ibid., p. 70.

A história contada pelos Bossert parecia fazer cada vez mais sentido. Mas o caso era complicado. Mengele tinha escapado da Justiça por décadas e muitas pessoas achavam que ele pudesse estar dando um golpe para despistar seus perseguidores. Em Nova York, Simon Wiesenthal disse que não acreditava que os restos mortais exumados em Embu fossem de Mengele. O caçador de nazistas mais famoso do mundo afirmou que havia "provas concretas" de que o criminoso havia passado em 1984 pelos Estados Unidos e que alguns anos antes estivera em Assunção.

> Todos os dias, repórteres se colocam em frente da casa da segunda mulher de Mengele, na Itália, em busca de informações sobre seu paradeiro, e ela é obrigada a se proteger até com cães para não ser importunada, assim como trocar constantemente o número de seu telefone. Acredito que, assim que ele morrer, a própria família dará a notícia para poder finalmente ter mais sossego,

declarou Wiesenthal. Talvez o caçador de nazistas não quisesse se render à incrível descoberta das polícias alemã e brasileira porque ela mostrava que ele, uma grande autoridade no assunto, estava totalmente equivocado. Para completar, Wiesenthal jogava uma dúvida no ar: "Quem estará enterrado no lugar de Mengele?".[21]

Outra caçadora de nazistas, Beate Klarsfeld, que viajara ao Paraguai em maio daquele mesmo ano para protestar, estava convicta de que "o governo do general Alfredo Stroessner teria todo interesse em informar que Mengele está morto, se isso fosse verdade".[22] Em uma única declaração

21 "Wiesenthal, o caçador, contesta". *O Estado de S. Paulo*, 7 jun. 1985.
22 "A Exumação do Enigma". *Veja*, 12 jun. 1985.

ela reforçava o estereótipo negativo que muitos europeus e americanos tinham das autoridades paraguaias e brasileiras, como se a Alemanha, os Estados Unidos ou Israel tivessem feito o suficiente para capturar Mengele em 34 anos de fuga. O ex-chefe do Mossad, Isser Harel, também se mostrou cético. Numa entrevista ao jornal *O Estado de S. Paulo*, ele disse que no passado muitas pessoas já tinham espalhado rumores de que Mengele estava morto com o objetivo de interromper as buscas. Portanto, sua impressão é de que se tratava de uma mentira.[23]

Da mesma forma, o sobrevivente do Holocausto Ben Abraham, que vivia em São Paulo, não engolia a notícia. "Mengele é muito inteligente, tão inteligente que me recuso a acreditar que tenha deixado tantas fotos, documentos e outros sinais de sua passagem por aqui, a menos que fosse com o propósito de nos ludibriar. Não acredito que tenha se afogado em Bertioga. A esta hora Mengele deve estar rindo de nós", afirmou.[24] Com tanta gente descrente e tantas supostas tramas para enganar as autoridades, o IML achou melhor manter a ossada sob vigilância permanente até que o mistério fosse resolvido.

Sábado, 8 de junho de 1985

Adolfo Krause era o diretor da escola alemã onde Liselotte dava aulas no ensino infantil. Seu primeiro nome era derivado de Adolf Hitler. Uma pessoa apressada poderia rapidamente concluir que isso significava, portanto, que ele era um nazista. Nada podia estar mais equivocado. Filho de alemães, ele foi batizado dessa forma por um modismo da época em

23 "Wiesenthal, o caçador contesta". *O Estado de S. Paulo*, 7 jun. 1985.
24 "Carrasco empregava cobaias humanas em suas experiências". *Folha de S.Paulo*, 16 jun. 1985.

que nasceu. Seu pai era pastor da Igreja luterana e veio ao Brasil para passar seis anos, depois retornaria à Alemanha. Mas quando esse período terminou, em 1944, a Europa estava em plena guerra e a família Krause decidiu permanecer por aqui. Herr Krause, como era respeitosamente chamado na escola, tinha um leve sotaque gaúcho, um jeito agregador e atencioso e jamais apoiou qualquer ideia nazista.[25]

Naquele sábado, ele almoçou fora com a família, tomou um café e disse que queria estar em casa à noite para assistir ao *Jornal Nacional*, era a maneira como gostava de saber o que estava acontecendo no mundo. Quando ligou a televisão, lá estava Liselotte, sua funcionária, dando entrevista para explicar o motivo de ter acobertado Mengele no Brasil. Foi assim que ele soube o que a professora fizera. Não demorou quinze minutos e ela mesma telefonou para a casa dele: "O senhor viu a notícia no *Jornal Nacional*?", Liselotte perguntou. "Vi, sim, senhora", respondeu. "É verdade. E eu não vou mais trabalhar na escola", completou. Herr Krause não tinha tido tempo suficiente para digerir o que acontecera e a própria Liselotte já tinha pedido demissão. No entanto, a decisão não foi tão espontânea quanto pareceu. Na hora ela não revelou o verdadeiro motivo. Só anos mais tarde admitiu que o governo alemão a pressionou e a alertou de que o colégio não receberia mais um centavo de subsídio da Alemanha caso ela continuasse como professora. Achou melhor sair logo, sem esperar ser mandada embora, o que era inevitável.

## Domingo, 9 de junho de 1985

No domingo, Evelyn estava com a família no clube Náutico Paulista, à beira da represa Guarapiranga, quando se deparou

---

**25** Entrevista com Adolfo Krause realizada em 25 de agosto de 2017.

com a revista *Veja* daquela semana.[26] A edição tinha acabado de sair com uma grande notícia: "O mistério do caso Mengele pode estar chegando ao fim". A reportagem dizia que "Foram apreendidas algumas cartas do próprio Mengele, duas delas remetidas por um casal de austríacos, Wolfram e Liselotte Bossert". Outro trecho afirmava que "em meio a uma crise de choro, disse que ela e o marido haviam acobertado Josef Mengele em São Paulo". Foi um choque terrível. Liselotte, a professora de seus dois filhos pequenos, tinha protegido o homem que marcou de forma profunda a vida da sua família.

A ligação com Mengele começou em Auschwitz. Helga, a mãe de Evelyn, fora enviada do gueto de Theresienstadt para o campo de extermínio ainda adolescente. Ao desembarcar do trem de gado, Mengele pessoalmente a separou dos pais e os mandou entrar na fila para a câmara de gás. Helga sobreviveu até o último dia naquele lugar, onde passou por experiências pavorosas. Ficou temporariamente cega por trabalhar como escrava numa mina, recebeu ossos de cavalo para comer e precisou dividir um cobertor mirrado com outra menina. As duas respiravam juntas embaixo dele na tentativa de se esquentar. O fato de a colega ser tuberculosa não importava. Aliás, nada mais importava para ela, que era filha única e tinha ficado órfã por uma ordem de Mengele. Helga carregou essas memórias dolorosas para o resto da vida. Acordava no meio da noite gritando, mesmo depois de velha, quando já estava morando no Brasil. Era uma pessoa dividida. Apesar de ter nascido na Alemanha, odiava os alemães. Ainda assim, seus netos frequentavam a escola alemã. "Mas não pisariam mais lá", pensou a filha dela.

---

26 Entrevista com Evelyn (que preferiu não divulgar seu sobrenome) realizada em 8 de setembro de 2022.

Evelyn cresceu ouvindo as histórias de perseguição da mãe, de Auschwitz e de tanta morte. Por isso nunca contou para ninguém em São Paulo que era judia. Abandonou o sobrenome da família — que soava muito judaico, em sua opinião — e adotou o do marido. Batizou os filhos aos dois meses de idade porque considerava importante terem um documento desde bebês, caso precisassem provar que não eram judeus. Dizia para os dois nunca contarem sua origem, tinha pavor disso. E mesmo com todo esse medo, não via problema algum na comunidade da escola alemã. Muito pelo contrário. Se sentia bem lá. As mães eram simpáticas, não tinham preocupação excessiva com roupas ou aparência e as crianças se davam bem. Nas rodas de conversa, jamais ouviu qualquer apologia ao nazismo, senão seria impossível a convivência, em sua avaliação. A notícia da revista *Veja* abalava esse seu pequeno universo. Evelyn não tinha a mínima ideia do que faria com os filhos, mas naquela escola não iriam mais ficar.

Enquanto isso, naquele domingo de manhã, o cônsul da Alemanha telefonou para Herr Krause com um pedido: "Como o senhor conhece muito bem a Liselotte, poderia ir até a casa dela e verificar se toda essa história é realmente verdadeira ou não?", perguntou. Os dois combinaram de se encontrar no consulado para falar a respeito. Lá, Sepp Wölker explicou que a Alemanha queria ter mais clareza sobre os fatos. A princípio, Herr Krause concordou em ajudar. No entanto, quando já estava de volta no carro, pensou melhor: como diretor, iria se meter numa história dessas, fazendo as vezes de policial? Se seu nome aparecesse em qualquer lugar, seria inevitavelmente tachado de conivente. Com isso em mente, ao chegar em casa, ligou para o cônsul e disse que tinha mudado de ideia. "Não vou fazer esse papel de maneira alguma, tenho que preservar a imagem do colégio."

## Segunda-feira, 10 de junho de 1985

Como fazia de segunda a sexta-feira, às sete horas da manhã Herr Krause já estava na escola. Cerca de quinze minutos mais tarde, um dos porteiros avisou: "Tem um pessoal da televisão aqui". Era uma equipe de TV americana querendo falar com ele e entrar no colégio. Mais uma vez, Herr Krause teve que tomar uma decisão rápida naquele momento de crise, nunca vivido antes. "Deixa todo mundo entrar", ordenou. Ele deu uma entrevista e permitiu que a equipe desse uma volta, fazendo imagens. Tudo durou cerca de 45 minutos e os jornalistas foram embora.

Pouco tempo depois, o diretor começou a receber telefonemas desaforados de pais questionando o fato de uma equipe de TV americana ter entrado na escola. "Nossos filhos foram filmados, vão ser apresentados como nazistas na televisão dos Estados Unidos", disse um deles. Com a calma e a sensatez habituais, ele respondeu: "Imaginem vocês se eu não tivesse deixado entrar? Eles teriam saltado o muro e anunciado em todos os jornais: 'Taí a prova, são neonazistas, não deixaram a gente ver!'". Para cada um que ligava, o diretor manteve firme seu raciocínio. Era melhor abrir as portas do que fechar.

Acabado o estressante incidente com a imprensa, Herr Krause preparou os documentos de demissão e foi até a casa de Liselotte, no Brooklin. Estacionou o carro a cerca de três quarteirões de distância. Ao se aproximar a pé, não teve jeito, os jornalistas o atacaram. Ele explicou aos repórteres que ia à residência dos Bossert, mas não responderia nada naquela hora. Talvez mais tarde. Lá dentro, protegida das câmeras, Liselotte contou toda a história. Repetiu que, de início, não sabia que o amigo era Mengele. Contou também que os filhos gostavam muito do "tio". "O que eu iria fazer?", perguntou, buscando cumplicidade. Herr Krause escutou por pelo menos meia hora.

A decisão, no entanto, já estava tomada. O contrato de trabalho seria extinto e ela não voltaria mais ao colégio.

Quando contratou Liselotte, no fim da década de 1970, o diretor não notou absolutamente nada de estranho nela: nenhuma simpatia pelo nazismo, por ideias radicais e muito menos que ela pudesse estar acobertando o nazista mais procurado do mundo. Olhando em retrospecto, ele se lembrou da festa junina em que a professora lhe apresentou um parente alemão mais velho na porta da escola. Só podia ser *ele*. Como iria adivinhar? Agora, porém, estava claro: desde que foi contratada, Liselotte já tinha amizade com Mengele.

Seria ingênuo imaginar que a comunidade alemã de São Paulo estava totalmente alheia aos nazistas. Nas décadas posteriores à Segunda Guerra, havia, sim, alguns incrustrados na sociedade. Prova disso é Franz Stangl, o comandante dos campos de extermínio de Treblinka e Sobibor, que trabalhou abertamente usando o próprio nome na Volkswagen, como vimos. Seu sucessor como chefe de Sobibor, Gustav Wagner, foi caseiro de um sítio em Atibaia. A propriedade pertencia a uma família do colégio alemão, de acordo com Herr Krause. Coincidentemente, o delegado Tuma participou da prisão de Wagner em 1978, um caso que ganhou repercussão internacional.

Havia ainda outro criminoso nazista em São Paulo, o piloto letão Herberts Cukurs, que montou uma empresa de táxi-aéreo na represa Guarapiranga, não muito longe da Billings, onde Mengele morava. Durante a ocupação nazista da Letônia, Cukurs, que integrou um grupo que ficou famoso por assassinar milhares de judeus, recebeu o apelido de "carniceiro de Riga". No Brasil, ele fez amizade com um empresário austríaco chamado Anton Kuenzle, que o convenceu a expandir seus negócios para o Uruguai. Em fevereiro de 1965, os dois viajaram para Montevidéu. Lá, Cukurs descobriu que seu amigo era, na verdade, um agente do Mossad e acabou assassinado.[27] O agente era Yaakov Meidad, um judeu nascido na Alemanha que perdeu os pais no Holocausto. Anos antes tinha participado do sequestro de Adolf Eichmann, na Argentina.[28]

Histórias de nazistas eram casos isolados na comunidade alemã em São Paulo. Muitos pais não sabiam nem quem tinha sido Josef Mengele e acabaram descobrindo pela imprensa. Uma das mães, que frequentava a casa do sogro alemão em Bertioga, lembrou que estava na praia no mesmo dia em que Mengele morreu. Ela tinha memórias claras daquela tarde, porque o marido foi um dos que saíram correndo para ajudar o homem que tinha se afogado. Ela se preocupou em levar embora a filha pequena para que não visse aquela cena. Em nenhum momento podiam imaginar que o morto era Mengele. Só agora, com todas as notícias vindo à tona, ela tinha ligado os pontos.

Os professores não comentaram muito o que ocorrera com Liselotte. Todos eram muito próximos porque assim que contratava um funcionário, Herr Krause fazia questão de convidá-lo para uma confraternização em sua casa. Se alguém dissesse que era neonazista ou apoiava nazistas, jamais teria lugar no colégio, garantia o diretor. Foi um alívio para Evelyn. Quando soube que Liselotte não estava mais na escola, ficou satisfeita. Sua mãe, Helga, mais ainda. A única apreensão que restava era em relação à Sabine, a filha da professora. Àquela altura, ela era uma jovem que dava aulas no ensino infantil. Uma de suas

---

**27** André Bernardo, "Herberts Cukurs: O nazista que viveu por 20 anos no Brasil e foi executado no Uruguai por agentes do Mossad". BBC, 6 mar. 2022. Disponível em: <www.bbc.com/portuguese/geral-60481793>. Acesso em: 13 jul. 2023.    **28** Robert Philpot, "How the Mossad Hunted the 'Butcher of Riga,' Who Murdered Up to 30,000 Jews". *The Times of Israel*, 1 ago. 2020. Disponível em: <www.timesofisrael.com/how-the-mossad-hunted-the-butcher-of-riga-who-murdered-up-to-30000-jews>. Acesso em: 14 ago. 2023.

alunas era justamente a filha de Evelyn, e isso a deixou em dúvida. Mas acabou relevando: "Sabine é uma pessoa tão doce, o que ela tem a ver com a história da mãe dela?". E concluiu que não podia culpar a próxima geração pelo que fizera a anterior. Seus filhos continuariam na escola.

Munique, terça-feira, 11 de junho de 1985

Rolf sentia mais do que ninguém o peso da geração anterior. Cinco dias após a exumação do corpo, um porta-voz em Munique distribuiu para os jornalistas uma declaração:

> Não tenho dúvidas de que os restos exumados no cemitério do Embu, no Brasil, no dia 6 de junho de 1985, são de meu pai, Josef Mengele. Estou seguro de que os legistas confirmarão isso prontamente. A família está disposta a proporcionar as informações adicionais que forem necessárias. Eu viajei ao Brasil em 1979 para confirmar as circunstâncias de sua morte. Guardei silêncio até agora por consideração com as pessoas que estiveram em contato com meu pai nos últimos trinta anos. Recebam minhas profundas condolências, e de minha família, todas as vítimas e seus parentes.

Em Frankfurt, o advogado da família Mengele entregou o texto para o procurador-geral Hans-Eberhard Klein, responsável pelo processo contra Mengele desde 1974. Rolf não apareceu em público. Naquele dia, em Munique, cinquenta repórteres, fotógrafos e cinegrafistas esperavam por uma palavra sua, mas quem apareceu foi Sabine Hackenjos, cunhada de Rolf. "Espero que depois disso não haja mais dúvidas", ela disse. Desde que o caso Mengele ganhou as manchetes mundo afora, Rolf e sua família estavam recebendo ameaças de morte e viviam com medo.

A declaração não mudou a opinião de Menachem Russak, o chefe da divisão da polícia israelense responsável por investigar crimes nazistas. "Apenas reforçou a grande fraude", ele declarou para a imprensa. Isser Harel, o ex-chefe do Mossad, foi mais longe. "Enquanto o caso não passar para um time internacional de peritos, incluindo alemães e americanos, e eles não decidirem que é Mengele, essa história não tem base na verdade", afirmou.

Numa época em que ainda não havia exame de DNA, a pressão sobre os brasileiros era enorme. Naqueles dias, o dr. Muñoz ia para o IML às seis da manhã e só voltava para casa às onze da noite. Seu método de trabalho consistia em fazer uma investigação completa para confrontar todos os dados do esqueleto com os de Mengele. Ele partia do princípio de que alguém estava tentando enganá-lo e podia ter enterrado outro corpo naquele túmulo em Embu. Sabia também que duas pessoas podem ser muito parecidas, mas jamais iguais. Portanto, o médico-legista procurava sistematicamente alguma discordância.

Os primeiros dias foram dedicados à colagem, osso por osso, até montar todo o esqueleto. O dr. Ramón, professor de anatomia da Faculdade de Medicina de Marília, ajudou nesse árduo trabalho. Sobraram alguns pedaços de vértebra e outros ossinhos, mas que não interfeririam em nada. Com a ossada pronta, o dr. Muñoz começou a identificação pelo elementar: o diagnóstico do sexo. A bacia era tipicamente masculina. O ângulo infrapúbico tinha cerca de sessenta graus. Numa mulher, seria em torno de noventa. A medida da cabeça do fêmur também correspondia com a de um homem.

Em seguida, ele estabeleceu a cor, ou a raça, como dizem, a partir do crânio. Concluiu que se tratava de um indivíduo caucasoide, ou seja, branco. O crânio também ajudou a definir a idade, que foi confirmada pelo especialista em odontologia legal. O dr. Moacyr, da USP, examinou dentes e mandíbula e concluiu que o indivíduo estava na faixa etária entre 65 e setenta anos. Quando Mengele morreu, estava com 67. Pelo comprimento do fêmur e da tíbia, o dr. Muñoz calculou a altura do esqueleto em 1,73 metro, com erro padrão de três centímetros. Consequentemente, esse cadáver deveria ter entre 1,70 metro e 1,76 metro. Mengele media 1,74 metro. Tudo estava batendo perfeitamente até ali.

Uma das características mais marcantes do médico nazista em vida eram os dentes da frente separados. A questão era que a prótese dentária da caveira impossibilitava visualizar o chamado diastema. Porém, o crânio exumado tinha um enorme buraco, chamado pelos especialistas de forame incisal. E essa é justamente a causa principal do diastema: não existe osso para segurar os dentes na posição correta, então eles precisam nascer um pouco mais para o lado, separados, provocando um vazio no sorriso. Bingo! Estava confirmada mais uma característica em comum entre o esqueleto e Mengele. E não era uma qualquer, era algo muito específico. Mesmo assim, a perícia não terminava por aí. Tudo foi analisado na tentativa de descobrir alguma discrepância.

Ainda na análise do crânio, a equipe brasileira encontrou três fios de cabelo. O dr. Almeida, da Escola Paulista de Medicina, que tinha feito especialização na Inglaterra, concluiu que eram pelos de bigode. Bem, Mengele tinha um bigodão enorme, fazia todo o sentido. Ainda na face da caveira, havia uma pequena mancha amarela, indicando que aquela parte do osso não se formou de uma única vez, foi se formando aos poucos, em ocasiões diferentes. O que causa isso é uma infecção óssea crônica, a osteomielite. Depois de identificar essa questão no crânio, dr. Muñoz recorreu ao dossiê militar de Mengele. Lá estava registrado que ele teve osteomielite. Para muita gente, seria o suficiente para dizer que não havia mais dúvida: aquele esqueleto era de Mengele. São muitas as coincidências. A perícia, no entanto, continuou até o último detalhe.[29]

Na bacia, os peritos encontraram um esporão, uma cicatriz óssea. Como ela teria sido feita? Para o dr. Muñoz, isso aconteceu com uma luxação coxofemoral: a cabeça do fêmur saiu do acetábulo. O dossiê militar de Mengele dizia que no dia 21 de junho de 1943, Mengele andava numa motocicleta da SS pelo campo de concentração de Auschwitz quando um trator tentou ultrapassar um caminhão e acabou se chocando com a motocicleta, ferindo Mengele. Na opinião do dr. Muñoz, esse acidente provocou a cicatriz na bacia.[30]

A equipe de peritos pediu ao delegado objetos de Mengele apreendidos na casa dos Bossert, como a capa bege da Burberry. A medida do meio da gola até a manga batia perfeitamente com as medidas do esqueleto. Ou seja, a capa poderia ser dele. A equipe também averiguou com as testemunhas as questões médicas que Mengele tinha. Gitta contou que ele sofria de problemas dentários, abcessos que ele próprio drenava, enfiando uma agulha entre a gengiva e o dente. O abcesso dentário é uma situação muito comum em quem sofre de sinusite crônica. E essa doença, por sua vez, pode causar a osteomielite, principalmente se não for tratada com antibióticos. No raciocínio do dr. Muñoz, esse pode ter sido o caso de Mengele, que teve osteomielite aos quinze anos, em 1926. O uso da penicilina só se popularizou mais tarde, no fim da década de 1940.

---

**29** Os cientistas americanos que acompanhavam a perícia não encontraram sinais de osteomielite no esqueleto, e esse foi um dos fatores que deixaram dúvida, como exposto em *In the Matter of Josef Mengele: A Report to the Attorney General of the United States*, op. cit., p. 155.   **30** A fratura foi outro ponto que provocou incerteza porque o registro do acidente em Auschwitz não informa que tipo de ferimento Mengele sofreu (Ibid., p. 154).

## Quarta-feira, 12 de junho de 1985

A polícia brasileira pediu ajuda também à Áustria para averiguar a morte do verdadeiro Wolfgang Gerhard e confirmar a versão contada pelos Bossert. Um telex do Ministério do Exterior austríaco confirmava que ele tinha morrido no dia 15 de dezembro de 1978 no hospital neurológico de Graz devido a um derrame cerebral. Investigadores austríacos e alemães também foram até a casa de Adolf, o filho mais velho de Wolfgang, mais conhecido como Burli. Desde a exumação do corpo de Mengele, ele disse que mais de cem jornalistas já o tinham procurado. Os irmãos Karoline e Erwin também estavam lá. Inicialmente, tentaram se esquivar da história. Disseram que não se lembravam de Mengele. Dois dias depois, Burli confessou aos policiais que ele e os irmãos conheciam muito bem o homem apresentado nas fotos, era o "Onkel", o tio. Mas afirmou que não sabiam que era Josef Mengele.[31]

## Sexta-feira, 14 de junho de 1985

Na sexta-feira, quatro especialistas apresentaram a conclusão sobre o exame grafológico. Um brasileiro, dois americanos e um alemão analisaram a letra de Mengele, aos 26 anos, quando ele escreveu de próprio punho um requerimento para entrar na SS, em 1937. E compararam essa caligrafia com a das cartas e anotações encontradas na casa dos Bossert. "Não há dúvida de que a letra pertence à mesma pessoa", afirmou David Crown, ex-perito da CIA enviado ao Brasil pelo governo americano. Na tarde de sexta-feira, o delegado Tuma encontrou os jornalistas para uma declaração oficial. "O homem que viveu em Nova Europa, Serra Negra

---

**31** Bundeskriminalamt, *Dossiê Mengele*. Wiesbaden, 28 jun. 1985, p. 10, arq. 15.

e São Paulo, cuja vida investigamos, era Josef Mengele", disse. Mas ainda não podia afirmar com segurança que era dele o corpo enterrado no cemitério de Embu.[32]

Sexta-feira, 21 de junho de 1985

Depois de buscar sistematicamente, a equipe de peritos não encontrou nenhuma característica no esqueleto que estivesse em discordância com as de Mengele. O dr. Muñoz estava certo de que se outra pessoa tivesse sido enterrada no lugar do criminoso, eles teriam achado alguma informação conflitante. Além do mais, havia um grande número de concordâncias, algumas muito discriminantes, como uma fratura de bacia e a osteomielite.

A perícia foi conduzida pelos brasileiros, mas os cientistas estrangeiros também puderam participar. O esqueleto ficou instalado numa sala central do IML e cada equipe ganhou sua própria acomodação ao lado. Quem quisesse, podia ir até lá e analisar os ossos, fazer medições ou fotografar. Num clima amigável, brasileiros, americanos e alemães trocaram opiniões e apresentaram técnicas. Um trabalho considerado fundamental foi o do professor alemão Richard Helmer. Ele usou um método próprio em que projetou uma fotografia de Mengele sobre o crânio exumado, na posição e proporção exatas. O antropólogo forense concluiu que o encaixe era perfeito. O dr. Wilmes, que coordenava a equipe estrangeira, admirou-se de como o colega estava anos à frente em termos de técnica, observando que, na Alemanha, o profissional podia se dedicar exclusivamente a esse tipo de pesquisa.

---

[32] "A Vida na Sombra: Mengele teve a proteção de uma rede de amigos em seus dezenove anos de Brasil". *Veja*, 19 jun. 1985.

Naquele dia, parecia que o caso Mengele chegava ao clímax, depois da exumação. Às oito da manhã, jornalistas começaram a chegar ao prédio da Superintendência da Polícia Federal. Por falta de espaço, a coletiva de imprensa foi transferida para o vigésimo andar, onde funcionavam o restaurante e o salão de jogos. Quando a entrevista começou, Tuma estava cercado por mais de vinte microfones e câmeras de televisão, do Brasil e do exterior. O delegado apresentou o resultado da perícia. De acordo com os brasileiros, era muito "improvável" que a ossada fosse de outra pessoa a não ser Josef Mengele. Os americanos divulgaram um relatório preliminar que afirmava: "o esqueleto é o de Josef Mengele dentro de uma certeza científica razoável".[33] Mesmo depois do anúncio tão esperado, o governo israelense continuava descrente. O porta-voz do Ministério da Justiça afirmou que Israel manteria seus esforços para localizar o criminoso nazista e levá-lo à Justiça.[34]

## Março de 1986

Oito meses mais tarde, com muito menos interesse da imprensa, o delegado Tuma apresentou o que chamou de "última prova" de que o cadáver exumado em Embu era mesmo de Mengele: os raios X dentários.[35] A ausência desses registros abriu caminho para teorias da conspiração, que diziam que Mengele tinha montado uma farsa e ainda estava à solta. Em junho do ano anterior, Tuma tinha dito que havia 99%

---

**33** *In the Matter of Josef Mengele: A Report to the Attorney General of the United States*, op. cit., p. 152.   **34** Moshe Brilliant, "Mengele's Death Doubted in Israel". *The New York Times*, 10 jun. 1985. Disponível em: <www.nytimes.com/1985/06/10/world/mengele-s-death-doubted-in-israel.html>. Acesso em: 19 jul. 2023.   **35** "Os dentes provam: Era Mengele mesmo", *O Estado de S. Paulo*, 28 mar. 1986.

de certeza na identificação do corpo. O 1% que faltava dava margem à especulação. "Era necessário encontrar a pistola fumegante", disse Stephen Dachi, o cônsul americano em São Paulo.

Com isso em mente, o diplomata começou um trabalho de detetive por conta própria. Mengele mencionou em seu diário, encontrado na casa dos Bossert, que tinha ido duas vezes ao dentista, o dr. Gama, em "Sama". Como já vimos, Mengele usava códigos para se referir a pessoas e lugares. O cônsul não fazia a menor ideia do que seria "Sama". Como último recurso, vasculhou exaustivamente a lista telefônica e encontrou: o dentista Hercy Gonzaga Gama Angelo, em Santo Amaro. "Sama" era Santo Amaro! A secretária marcou uma consulta e Dachi compareceu acompanhado de um policial.

Olhando em seus arquivos, o dentista encontrou a ficha de Pedro Hochbichler, com endereço na estrada do Alvarenga, número 5555. Era um grande achado, mas o dentista não tinha nenhum raio X. Ele comentou que o paciente tinha sido indicado para tratar o canal por um colega, o dr. Kasumasa Tutiya, que atendia em Santo Amaro, a duas quadras dali. Dachi ficou ofegante. Essa informação coincidia com uma pista que os Bossert haviam dado: Mengele dizia ir a um dentista japonês porque achava que assim o profissional teria mais dificuldade em guardar sua fisionomia ocidental.

Uma portinha no coração de Santo Amaro, um lugar de comércio popular, dava acesso ao consultório do dr. Tutiya. O cônsul americano perguntou sobre o paciente Pedro Hochbichler. Contrariando a tese de Mengele, o dentista logo reconheceu as fotos e disse que tinha oito filmes de raio X dentários. Dachi achou que tinha ganhado na loteria. As radiografias encaixavam perfeitamente nas feitas do crânio exumado no Cemitério do Rosário. Uma declaração assinada pelo perito americano Lowell Levine e pelo brasileiro Carlos Valério afirmava que agora a certeza científica era absoluta: o corpo enterrado em Embu era de Mengele.[36]

No dia 23 de julho de 1986, Veronezzi encerrou o inquérito do caso Mengele. Além de tomar depoimentos de uma série de testemunhas na sede da PF, o próprio delegado e Calandra fizeram diligências em Nova Europa, Araraquara e Serra Negra. O objetivo era ouvir pessoas que tinham convivido com Mengele. A esse extenso trabalho, ele juntou ainda todos os laudos técnicos. Por fim, indiciou Geza, Gitta, Wolfram e Liselotte por ocultarem um estrangeiro clandestino no país. A professora também foi indiciada pelo crime de falsidade ideológica por ter enterrado o corpo de Mengele com documentos falsos e por ter inserido declaração falsa em documento público.

O fato é que ter acobertado e ajudado um criminoso nazista no Brasil por tantos anos não resultou em nada. Em outubro de 1986, a Procuradoria-Geral da República denunciou somente Liselotte ao juiz da 12ª Vara da Justiça Federal em São Paulo. E ela responderia apenas a um crime: o de falsidade ideológica. A pena prevista era de um a cinco anos de prisão, além do pagamento de multa.[37]

O processo seria longo. Na audiência em abril do ano seguinte, Liselotte admitiu que não recebeu qualquer ameaça de Mengele. Disse também que jamais se sentiu atraída pelas

---

**36** Alan Riding, "Sleuths Uncover Dental Records, Clinching Mengele Identification". *The New York Times*, 28 mar. 1986. Disponível em: <www.nytimes. com/1986/03/28/world/sleuths-uncover-dental-records-clinching-mengele-identification.html?searchResultPosition=1>. Acesso em: 16 jul. 2023.
**37** "Depoimento abre polêmica sobre caso Mengele". *Folha de S.Paulo*, 9 abr. 1987; "Caso Mengele: Processo já se aproxima do fim". *O Estado de S. Paulo*, 17 maio 1987.

recompensas que somavam milhões de dólares. Por último, Liselotte disse ao juiz que estava recebendo ameaças anônimas, por telefone e cartas.[38]

A sentença saiu só em agosto de 1994. Ela foi condenada a dois anos de prisão e uma multa, mas o advogado recorreu. Em dezembro de 1997, a Primeira Turma do Tribunal Regional Federal atestou que o crime de falsidade ideológica, cometido quase duas décadas antes, já estava prescrito. Liselotte não receberia nenhuma punição, nem nenhuma outra pessoa que deu proteção a Mengele no Brasil.[39]

Quase sete anos após a descoberta do corpo em Embu, o procurador-geral alemão Hans-Eberhard Klein finalmente anunciou o fim do caso. "Para mim, Mengele está morto", declarou para a imprensa em Frankfurt no dia 8 de abril de 1992. O governo da Alemanha tinha solicitado ao geneticista britânico Alec Jeffreys um teste de DNA. Jeffreys, professor da Universidade de Leicester, era a autoridade máxima nesse assunto, pois inventou a técnica de impressão digital genética. Ele comparou o DNA dos ossos exumados com uma amostra de sangue de Rolf. Não havia mais espaço para dúvida: o esqueleto era 99,997% de Josef Mengele.

Depois do resultado do exame, os governos da Alemanha e de Israel aceitaram, enfim, essa conclusão.[40] E em outubro de 1992, o OSI concluiu seu relatório. Os Estados Unidos

**38** "Liselotte: 'Por que protegi Mengele'". *O Estado de S. Paulo*, 10 abr. 1987.
**39** 4ª Vara Federal da Seção de São Paulo, processo crime n. 8250804.
**40** "Genetic Testing Closes the Mengele Inquiry". *The New York Times*, 9 abr. 1992. Disponível em: <www.nytimes.com/1992/04/09/world/genetic--testing-closes-the-mengele-inquiry.html>. Acesso em: 16 jul. 2023. "Germans Release Data Said to Prove Bones Exhumed in 1985 Are Mengele's". Jewish Telegraphic Agency, 9 abr. 1992. Disponível em: <www.jta.org/archive/germans-release-data-said-to-prove-bones-exhumed-in-1985-are--mengeles>. Acesso em: 17 jul. 2023.

encerravam formalmente quase oito anos de investigação sobre o caso Mengele.

O médico que fez experiências desumanas com crianças e mulheres para ter uma carreira acadêmica brilhante acabou a vida sem diplomas, rescindidos pelas universidades de Munique e de Frankfurt na década de 1960. Na avaliação desta última instituição, Mengele não era mais digno de seus títulos acadêmicos depois de ter fugido da responsabilidade de enfrentar na Justiça as graves acusações contra ele.[41]

Quase quarenta anos após sua morte, Mengele voltou à faculdade de medicina, dessa vez como objeto de estudo. Durante décadas, seu esqueleto ficou esquecido no IML paulista. Em 2017, o dr. Muñoz, agora de barba branca, achou que os ossos poderiam ser úteis aos seus alunos e pediu permissão para usá-los nas aulas de medicina forense.[42] E assim Mengele terminou sua história como esperava: em uma universidade e com fama internacional, mas de uma maneira que jamais poderia ter imaginado.

[41] David G. Marwell, op. cit., p. 192.

[42] "Ossos de médico do Holocausto são usados em aula de medicina da USP". *O Estado de S. Paulo*, 11 jan. 2017. Disponível em: <www.estadao.com.br/ciencia/ossos-de-medico-do-holocausto-sao-usados-em-classe-de-medicina-forense/>. Acesso em: 17 jul. 2023.

Epílogo

# Colocando um ponto-final
ou
# Um acordo improvável

Depois de seis anos pesquisando e escrevendo esta história, achei que tinha chegado o momento de encontrar Tante Liselotte frente a frente mais uma vez, antes de colocar o ponto-final neste livro. Precisava de algumas respostas e queria contar o que tinha descoberto, sobretudo o que ela não quis me contar. Uma frase sua sempre ressoou na minha cabeça: "É muito dinheiro que rolou. Muito dinheiro". Em minha ingenuidade, pensei que se tratava naturalmente de "muito dinheiro" da família Mengele, que sempre abrira os bolsos para ajudar os protetores do parente fugitivo. A Polícia Federal brasileira não investigou nenhuma trama financeira. Numa conversa com o dr. Veronezzi, ele havia deixado muito claro para mim que o foco de seu inquérito era determinar se Mengele tinha morado ou não no Brasil, um objetivo que cumpriu com sucesso.

Mesmo sem o respaldo de uma investigação policial, pouco a pouco fui entendendo que o dinheiro era parte importante, se não fundamental, da relação entre Mengele e as pessoas que lhe deram proteção. Pela matrícula do imóvel da estrada do Alvarenga, constatei que ele nunca teve a propriedade legal da casa onde passou seus últimos anos de vida. Primeiro, ela pertenceu a Gitta e Geza, e depois passou para o nome de Liselotte. Foi, digamos, um presente de amigo. Mengele também escreveu numa carta que ajudara na compra do sítio em Serra Negra. Anos mais tarde, ele relatou uma transação com outro imóvel: Geza vendeu um apartamento seu em São Paulo, apesar de a escritura nunca ter ficado em seu nome. A empregada Elsa Gulpian lembrou ainda que o húngaro fazia visitas mensais e, em seguida, o patrão pagava os empregados. Ou seja, era Geza quem trazia o dinheiro.

Além disso, Liselotte disse aos peritos internacionais, em 1985, ter encontrado 10 mil dólares entre os pertences de Mengele, depois que ele morreu. Ela usou cerca de mil dólares para pagar as despesas com o enterro e embolsou o restante, seguindo uma orientação de Rolf.[1] São muitas as menções a dinheiro em diversas situações, inclusive o assunto torna-se um fator de discórdia com Wolfgang, quando ele procurou diretamente a família Mengele na Baviera, o que deixou o velho nazista muito irritado. Em 2011, os diários escritos por Mengele no Brasil foram vendidos por uma casa de leilões nos Estados Unidos por 245 mil dólares. Os leiloeiros não divulgaram a identidade do comprador nem do vendedor.[2] Realmente, Liselotte tinha razão: "É muito dinheiro que rolou". Mas não era só de Mengele ou de sua família. Havia mais. E da fonte mais surpreendente de todas.

Já era tarde da noite, em um dia de semana, quando eu estava lendo um estudo do Mossad sobre a perseguição a criminosos nazistas. Um ex-agente da agência israelense e sobrevivente do Holocausto, Yossi Chen, produziu esse material com base em documentos confidenciais e dedicou um volume exclusivamente a Mengele. O trabalho, publicado em 2007, permaneceu sob sigilo por mais de uma década, e só recentemente foi revelado ao público. Eu estava muito interessada em conhecer os bastidores da

1 *In the Matter of Josef Mengele: A Report to the Attorney General of the United States* op. cit., p. 410. **2** Disponível em: <https://www.alexautographs.com/auction-lot/the-hidden-journals-of-dr.-josef-mengele-curren_43348AC2A6>. Acesso em: 28 ago. 2023.

agência. Chegando às últimas páginas, quase caí da cadeira: havia uma história secreta do Mossad envolvendo a própria Liselotte.[3]

Essa história estava relacionada à grande resistência de Israel em reconhecer que o corpo enterrado em Embu era mesmo de Mengele. Menachem Russak, o chefe da unidade de caça aos nazistas, insistia que tudo não passava de uma fraude e que Liselotte tinha inventado a história do afogamento em Bertioga.[4] Essa desconfiança tinha raízes profundas, e o governo israelense acreditava ter uma dívida moral com os milhares de vítimas do médico nazista, principalmente os gêmeos. Para declarar o caso Mengele oficialmente encerrado, não poderia restar a menor dúvida de que ele estava morto. Mas as autoridades israelenses contestavam alguns pontos da perícia — por exemplo, a osteomielite — e preferiram buscar de outra forma a certeza que tanto queriam.

É claro que um teste de DNA teria resolvido tudo rapidamente. Contudo, naquela época, isso ainda não era viável. Então, em julho de 1985, o chefe do Mossad, Nahum Admoni, decidiu que as principais testemunhas da vida de Mengele no Brasil deveriam passar por um teste de polígrafo. O famoso detector de mentiras deveria confirmar se os protetores do médico nazista tinham falado a verdade ao contar a fantástica morte na praia e o enterro com nome falso. A polícia brasileira concordou com a proposta e prometeu ajudar. Mas quem conduziria os testes seriam dois israelenses: Victor Cohen, o operador do polígrafo, e Menachem Russak, da unidade de caça a nazistas. Os dois embarcaram para São Paulo para executar uma tarefa que parecia simples e direta. No início, até foi. Gitta e Geza cooperaram prontamente. No entanto, Liselotte recusou a proposta. Os policiais brasileiros ressaltaram que,

---

**3** Disponível em: <https://www.yadvashem.org/archive/about/our-collections/mossad-documents.html>. Acesso em: 2 ago. 2023. **4** Yossi Chen, op. cit., p. 294.

sem consentimento, não haveria exame. O que deveria pôr um fim a uma incerteza acabou levantando ainda mais suspeita.

O casal de húngaros passou pelo detector de mentiras incólume, confirmando tudo o que havia contado antes. Isso não resolvia a questão porque os dois não estavam presentes no afogamento em Bertioga, muito menos no enterro em Embu. Eles poderiam até ter sido sinceros ao recontar a história, porém não testemunharam os fatos em primeira mão. Portanto, a pessoa-chave para resolver a dúvida era Liselotte, e os israelenses depositaram nela todas as esperanças.[5] O problema é que, pelo menos naquele momento, ela estava irredutível.

Quase quatro anos se passaram até Liselotte decidir mudar de ideia. E aí veio a minha grande surpresa. Ela concordou em fazer o teste de polígrafo, mas impôs um preço aos israelenses: 100 mil dólares. Após uma longa negociação mediada por seu advogado, chegaram ao valor de 45 mil. Quando finalmente passou pelo detector de mentiras, Liselotte estava muito nervosa. A primeira pergunta que lhe fizeram foi: "O homem que se afogou em Bertioga era Josef Mengele?". Ela respondeu que sim. Segunda pergunta: "O homem que você trouxe ao IML de Santos era Josef Mengele?". A resposta também foi positiva. E a última pergunta: "Josef Mengele ainda está vivo?". Ela disse que não. O resultado foi inequívoco, Liselotte tinha falado a verdade desde a descoberta do corpo em Embu.

De fato, minha professora tinha sido sincera no teste de polígrafo, com a Polícia Federal e comigo. Ela tinha mesmo dito que lhe ofereceram muito dinheiro para falar e que tinha um acordo com os judeus. Mencionou especificamente o nome de Menachem Russak. Do jeito que havia contado a história, o "acordo" parecia apenas uma intimidação para que ela ficasse quieta. Jamais pude imaginar que Tante Liselotte tinha lucrado 45

5 Yossi Chen, op. cit, pp. 217-20.

mil dólares para fechar um trato com os israelenses, justamente as pessoas mais temidas por Mengele durante o tempo todo em que viveu escondido no Brasil. Para mim, foi surpreendente.

Mesmo após essa descoberta, um ponto permanecia obscuro. Se "tinha rolado muito dinheiro", como ela mesma dizia, usando gíria, por que não aceitou logo a recompensa de mais de 3 milhões de dólares? Recorri às anotações que fiz logo depois de nossa conversa, quando estava começando as pesquisas para este livro. E então entendi por que ela não se rendeu ao prêmio milionário. No meio dos diversos telefonemas que recebeu de desconhecidos que a xingaram, havia outros que diziam: "Há pessoas que não se deixam comprar". Ela tinha ficado lisonjeada com esses comentários. "Eu sinto um certo orgulho, sabe? Não tenho razão?", me perguntou. No seu íntimo, Liselotte se sentia alguém leal. De acordo com sua lógica, pedir dinheiro aos israelenses fazia sentido, entregar o amigo às autoridades, não.

Outras questões também estavam em aberto e eu queria uma resposta. Durante a nossa conversa, repetindo sempre a gíria, ela havia me dito: "Rola muito dinheiro ainda hoje". Na hora, ponderei: "Mas ainda hoje? Ele está morto". Ela respondeu: "Ainda hoje". Insisti mais um pouco: "Tem coisas que as pessoas não ficaram sabendo? É isso?". Ela confirmou: "Eu sei, mas não vou falar. O trato que eu tenho com eles... é sério". Era óbvio que ela guardava mais segredos. Um deles, aliás, só descobri por acaso, lendo o relatório dos arquivos secretos do Mossad. O que mais ela estaria escondendo?

Confesso que depois da nossa primeira conversa sobre o assunto "Mengele", tive vontade de nunca mais falar com ela. Só quem recebe repetidas e sinistras ameaças pode entender o bloqueio. Criei uma espécie de escudo emocional e decidi tocar a pesquisa adiante sem ter que procurá-la novamente. Mas não era tão simples. Havia as perguntas sem respostas, a minha curiosidade e as frases dela, que não saíam da minha cabeça, como: "Muita, muita coisa ainda que ninguém sabe... Eu sei". O que será que ela queria dizer?

Por tudo isso, há mais de um ano tentei retomar o contato. Telefonava para seu número, mas ninguém atendia. Passei a acompanhar assiduamente o jornalzinho da igreja luterana para ver se o nome dela aparecia na sessão de falecimentos. Afinal, quando nos falamos pela primeira vez sobre essa história, ela já estava com noventa anos. Pedi para um amigo me ajudar, ligando em horários diferentes dos meus para descobrirmos alguma coisa. Nada. A solução, mais uma vez, seria ir até sua casa no Brooklin. Adiei o máximo possível essa visita. Mas não dava mais para esperar. Tomei coragem e fui até lá, mais uma vez, num sábado de manhã. Estava apreensiva, porque não sabia o que encontraria pela frente. Nunca é agradável confrontar alguém com questões espinhosas.

Antes mesmo de sair do carro, notei que a fachada da casa estava totalmente diferente. O sobrado da década de 1970 transformara-se num exemplo da arquitetura atual. Toquei a campainha. Alguém atendeu rapidamente, muito diferente da primeira vez em que estive lá. Perguntei por Liselotte. Uma mulher de voz jovem perguntou quem era. Eu disse que era uma conhecida. Lamentando, contou que Liselotte tinha falecido fazia alguns anos. Perguntei se sabia quando, e ela me respondeu: "Acho que em 2018". Foi um choque. Liselotte morreu meses depois da nossa conversa.

Tentei, então, falar com seus filhos. Sabine e Andreas eram crianças e adolescentes quando Mengele participava da vida da família Bossert e tiveram um relacionamento estreito com o "titio", como fica evidente nas fotos da época, nos depoimentos ao delegado e nas cartas. Quem sabe eles poderiam ter as respostas? Sabine foi muito gentil ao responder meu pedido de entrevista. Disse que entendia o interesse pelo assunto, mas que nem ela nem o irmão iriam falar nada a respeito, porque considerava que os pais já tinham dado todas as informações necessárias à polícia. Nem todas. A própria Liselotte reconhecia que "muita, muita coisa ainda ninguém sabe". Mas ela sabia. Portanto, a menos que apareçam novos documentos secretos, os segredos sobre o caso Mengele foram enterrados junto com ela.

Quando eu era criança e tinha de voltar de ônibus da escola, minhas irmãs e eu éramos saudadas, frequentemente, com um *"Heil, Hitler!"* pelas pessoas que encontrávamos no trajeto até o terminal. Não eram neonazistas, muito menos nós. Era gente que achava divertido associar qualquer um que tivesse alguma relação com a Alemanha ao nazismo. Como descendente de alemães, passei a vida toda ouvindo esse tipo de brincadeira disparatada. Por esse mesmo motivo, alguns conhecidos da comunidade alemã me questionaram por que iria escrever um livro sobre um assunto que poderia incitar ainda mais o preconceito. A meu ver, o preconceito vem de um lugar: o desconhecimento.

E houve, de fato, muito desconhecimento a respeito de Mengele. Seu nome alimentou especulações, teorias da conspiração e notícias falsas. Não à toa, a caçada foi tão difícil. Foram muitas as pessoas que diziam tê-lo visto nos mais diversos lugares do mundo, mesmo depois de morto. Mengele chegou a ser apontado como o responsável pela alta natalidade de gêmeos em Cândido Godói, uma cidade de colonização alemã no Rio Grande do Sul. Cogitou-se que ele passou por lá na década de 1960 para fazer experiências com mulheres. Foi necessário um estudo genético e histórico da população para constatar que ele não tinha nada a ver com aquilo. O fenômeno já existia pelo menos desde a década de 1930, quando o médico nazista nem sequer tinha pisado no Brasil.[6]

**6** Alexei Barrionuevo, "In a Brazilian Town, a Rogue Gene and a Boom in Twins". *The New York Times*, 24 mar. 2011. Disponível em: <www.nytimes.com/2011/03/25/world/americas/25brazil.html?searchResultPosition=1>. Acesso em: 28 jul. 2023.

Essas fantasias e exageros nos afastam das reflexões que realmente importam para mim: a ética nas pesquisas médicas e na medicina, os perigos da ideologia de extrema direita, a falácia do racismo biológico, a importância da punição de criminosos que cometem crimes de guerra e contra a humanidade, a reparação a vítimas, a ideia de bem e de mal. São inúmeros os aprendizados que se pode tirar dessa história. E o lado mais tocante dela são as pessoas, de carne e osso, que sofreram nas mãos de Mengele como cobaias humanas. Mesmo quando ficou evidente que a Justiça não era mais possível, porque Mengele estava morto, essas vítimas ainda tentavam saber o que foi feito com elas.

Uma representante dos gêmeos de Mengele em Israel, a polonesa Jona Laks, me contou, em tom de segredo, que procurou Rolf nos anos 2000 e trocou correspondências com ele. Foi a única sobrevivente a se encontrar com o filho de Mengele pessoalmente. Rolf lhe disse que desejava uma vida tranquila. Mas Jona queria obter alguma informação sobre o que tinha acontecido com ela e com outras vítimas em Auschwitz. Acreditava que Rolf era a única pessoa que poderia saber de algo. Tinha a esperança de que ele pudesse ter recebido algum documento do pai. Mas sua esperança foi em vão. Não descobriu nada. E assim como outros gêmeos, Jona enfrentou problemas de saúde com causa desconhecida, uma consequência direta das experiências de Mengele.[7] Enquanto suas vítimas sofreram ao longo da vida tormentos físicos e mentais, ele terminava seus dias com seus amigos, escrevendo, lendo, passeando com seus cachorros, cuidando do seu jardim, fazendo churrasco, tomando banho de cachoeira e de mar em sua *Baviera Tropical*.

7 Entrevista com Jona Laks por telefone, realizada em 12 de dezembro de 2019.

# Agradecimentos

Existe um provérbio que diz que é preciso uma aldeia para criar uma criança. Ele já virou título de livro da Hillary Clinton, pode soar batido, mas nenhuma ideia define melhor o que sinto sobre este livro: foi preciso uma comunidade para criar esta obra. Portanto, gostaria de agradecer a todas as pessoas que generosamente me ajudaram ao longo desses seis anos. Em primeiro lugar, meu marido Pablo Sgarbi, que me incentivou desde a concepção do livro até o ponto-final. Foi ele que leu cada capítulo pela primeira vez e, com sua inteligência e sensibilidade, fez observações importantes para a fluidez e clareza do texto. Minha filha Helena, que cresceu enquanto eu escrevia este livro, agradeço sua paciência e a compreensão da importância do meu trabalho. Agradeço também a Elaine Cristina Barboza, nossa querida Nani, por ter me permitido dispor de tempo para essa empreitada. Assim como minha sogra Ana Cristina Muniz Sgarbi, a Tininha, e meus amigos Marcelo do Lago, Kelly Andreoli, Santiago Fernández e Haline Medeiros, que me deram todo suporte logístico para eu poder me dedicar a este trabalho.

Outras pessoas me ajudaram de outra forma, com sua expertise. Foi o caso da escritora Luize Valente com seus conselhos e ensinamentos, que foram fundamentais, principalmente no início. O jornalista e também escritor Rodrigo Alvarez deu dicas preciosas sobre como formatar o projeto de um livro. Vários especialistas renomados compartilharam comigo seu conhecimento, como a professora e historiadora Maria Luiza Tucci Carneiro. Com sua generosidade, ela me deu aulas particulares pelo telefone e recomendou leituras. O professor de direito internacional Paulo Borba Casella me explicou conceitos complexos e esclareceu minhas dúvidas sobre crimes de guerra e crimes contra a humanidade. A professora de cultura judaica Nancy Rozenchan me auxiliou a entender um enigma sobre o Talmud, levantado por Liselotte Bossert. Michel Michaelovitch de Mahiques, professor do Instituto Oceanográfico, elucidou por que o mar de Bertioga é tão escuro, me ajudando a criar uma atmosfera mais precisa sobre o local da morte de Mengele. O médico-legista Luis Ignacio Pettoruti me explicou a dificuldade de se determinar a idade do corpo de alguém que morreu afogado, o que permitiu que os documentos falsos de Mengele passassem despercebidos no IML. O correspondente Ariel Palacios me ensinou muito sobre Buenos Aires e sua história. O jornalista César Tralli me deu um contato importantíssimo na Polícia Federal. A historiadora alemã Carola Sachse, responsável por organizar em livro um simpósio sobre a ligação entre o Instituto Kaiser Wilhelm e Auschwitz, emprestou sua vasta experiência no assunto para responder minhas perguntas e me fornecer dicas de pesquisa. O historiador americano David G. Marwell virou um amigo à distância, depois de tantas trocas que tivemos a respeito do caso Mengele.

Também agradeço quem me ajudou a resolver questões de ordem prática, como Sinésio Beghini, ex-prefeito de Serra Negra, que providenciou documentos sobre o sítio Santa Luzia, onde Mengele morou. O documentarista Marcelo Felipe Sampaio, que forneceu informações e contatos valiosos, assim como o historiador Pedro Burini. Agradeço a meu cunhado Pedro Ximenes, que pegou as cópias digitalizadas das cartas de Mengele no Museu da Academia Nacional de

Polícia, em Brasília. Minha irmã Marina Anton, que me levou até lá, e minha querida assistente, que não quer ser identificada. Foi ela quem transcreveu pacientemente dezenas de cartas em alemão. Minha irmã Carolina Anton, que é farmacêutica e advogada, não mediu esforços para encontrar o processo contra Liselotte Bossert, além de iluminar meu entendimento sobre as práticas em pesquisa clínica. Meu cunhado Fabio Horner, que é promotor, tirou minhas dúvidas sobre processos legais e legislação brasileira. Minha irmã Cristina Anton providenciou o código de ética médica adotado aqui no Brasil. Kurt Holzapfel, uma grande referência na minha vida, fez a gentileza de providenciar na Alemanha o livro de Carola Sachse, fundamental para esta pesquisa. Agradeço imensamente a todos os entrevistados e seus parentes que ajudaram a viabilizar as entrevistas. O amigo Guil Nowick teve um papel especial em encontrar Rafi Eitan, e só descansou depois de conseguirmos seu contato com um famoso apresentador de uma rádio israelense.

Agradeço ainda aos meus amigos Washington Calegari, Fernanda Sindlinger, Eva Gutjahr, Heloísa Becker Albertani, Antonio Stotz e ao meu sogro José Cesar Garcia Sgarbi, que aceitaram fazer parte do grupo de teste deste livro e leram, logo no início, os primeiros capítulos. Graças a seus comentários e observações pude corrigir alguns rumos e enriquecer esta obra. Agradeço ainda aos queridos Flávio Moura e Luisa Tieppo pelo cuidado com o texto. Aline Valli e Gabriella Gonçalles pelo empenho incansável na busca das melhores imagens para ilustrar este livro. E a Márcio Alberto Gomes Silva, delegado de Polícia Federal, chefe do Serviço de Pesquisa e Publicações da Diretoria de Ensino da Academia Nacional de Polícia, que forneceu grande auxílio para encontrar fotos e documentos do caso Mengele. Agradeço minhas agentes literárias Luciana Villas-Boas e Anna Luiza Cardoso, que foram maravilhosas desde o primeiro momento, acreditando no livro e dando sugestões com inteligência e elegância. Finalmente, agradeço a minha mãe Edla Anton e a meu pai Renato Ralf Anton (in memoriam) por terem me dado a vida, a melhor educação, inspiração e amor.

# Fontes e referências bibliográficas

Livros, teses e relatórios

ABAL, Felipe Cittolin. *Nazistas no Brasil e extradição: os pedidos de extradição de Franz Stangl e Gustav Wagner em uma análise histórico-jurídica*. Curitiba: Juruá, 2014.

ARENDT, Hannah. *Eichmann em Jerusalém: Um relato sobre a banalidade do mal*. 19. reimp. Trad. de José Rubens Siqueira. São Paulo: Companhia das Letras, 1999.

BEEVOR, Antony. *A Segunda Guerra Mundial*. Trad. de Cristina Cavalcanti. Rio de Janeiro: Record, 2015.

BERGMAN, Ronen. *Rise and Kill First: The Secret History of Israel's Targeted Assassinations*. Nova York: Random House, 2018.

BETHELL, Leslie (Org.). *A América Latina após 1930: Argentina, Uruguai, Paraguai e Brasil*. Trad. de Gilson César Cardoso de Souza. São Paulo: Edusp, 2018. (História da América Latina, X)

\_\_\_\_. *A América Latina de 1870 a 1930*. Trad. de Geraldo Gerson de Souza. São Paulo: Edusp, 2018. (História da América Latina, V)

BETHENCOURT, Francisco. *Racismos: Das Cruzadas ao século XX*. Trad. de Luís Oliveira Santos e João Quina Edições. São Paulo: Companhia das Letras, 2018.

BÜCHNER, Georg. *Woyzeck*. Berlim: Insel, 2007.

BURINI, Noedir Pedro Carvalho. *O Anjo da Morte em Serra Negra*. [S.l.: s.n., 19--].

CRASNIANSKI, Tania. *Filhos de nazistas: Os impressionantes retratos de família da elite do nazismo*. Trad. de Fernando Scheibe. São Paulo: Vestígio, 2018.

DIDI-HUBERMAN, Georges. *Imagens apesar de tudo*. Trad. de Vanessa Brito e João Pedro Cachopo. São Paulo: Ed. 34, 2020.

EGER, Eva Edith. *A bailarina de Auschwitz*. Trad. de Débora Chaves. Rio de Janeiro: Sextante, 2019.

EHRENFREUND, Norbert. *The Nuremberg Legacy: How the Nazi War Crimes Trials Changed the Course of History*. Nova York: Palgrave Macmillan, 2007.

EITAN, Rafi. *Capturing Eichmann: The Memoirs of a Mossad Spymaster*. Newbury: Greenhill, 2002.

ELIAS, Ruth. *Triumph of Hope: From Theresienstadt and Auschwitz to Israel*. Nova York: Wiley, 1999.

GUEZ, Olivier. *O desaparecimento de Josef Mengele*. Trad. de André Telles. Rio de Janeiro: Intrínseca, 2019.

HITLER, Adolf. *Mein Kampf*. Nova Delhi: Diamond, 2021.

JUDT, Tony. *Pós-guerra: Uma história da Europa desde 1945*. Trad. de José Roberto O'Shea. São Paulo: Objetiva, 2008.

KELLER, Sven. *Günzburg und der Fall Josef Mengele: Die Heimatstadt und die Jagd nach dem NS-Verbrecher*. Munique: R. Oldenbourg, 2003.

KOEHL, Robert Lewis. *História revelada da SS*. 2. ed. Trad. de Felipe José Lindoso. São Paulo: Crítica, 2021.

KOR, Eva Mozes; BUCCIERI Lisa Rojany. *Surviving the Angel of Death: The True Story of a Mengele Twin in Auschwitz*. Vancouver: Tanglewood, 2009.

KOREN, Yehuda; NEGEV, Eilat. *In Our Hearts We Were Giants, The Remarkable Story of the Lilliput Troupe: A Dwarf Family's Survival of the Holocaust*. Nova York: Carroll & Graf, 2004.

KUBICA, Helena. "Dr. Mengele und seine Verbrechen im Konzentrationslager Auschwitz-Birkenau". *Hefte von Auschwitz*, v. 20, pp. 369-455, 1997.

LANGBEIN, Hermann. *People in Auschwitz*. Chappel Hill: The University of North Carolina Press, 2005.

LARA, Fernão Lopez Ginez de. *Modernização e desenvolvimentismo: Formação das primeiras favelas de São Paulo e a favela do Vergueiro*. São Paulo: FFLCH/USP, 2012. Dissertação (Mestrado em Geografia Humana).

LEVI, Primo. *É isto um homem?*. Trad. de Luigi Del Re. Rio de Janeiro: Rocco, 2013.

LIFTON, Robert Jay. *Los médicos nazis: La ciencia de matar*. 1. reimp. Buenos Aires: El Ateneo, 2021.

MARWELL, David G. *Mengele: Unmasking the Angel of Death*. Nova York: W. W. Norton & Company, 2020.

MCDONOUGH, Frank; COCHRANE, John. *The Holocaust*. Londres: Bloomsbury, 2008.

MUKHERJEE, Siddhartha. *O gene: Uma história íntima*. Trad. de Laura Teixeira Motta. São Paulo: Companhia das Letras, 2016.

MÜLLER-HILL, Benno. *Murderous Science: Elimination by Scientific Selection of Jews, Gypsies, and Others, Germany 1933-1945*. Nova York: Oxford University Press, 1988.

NYISZLI, Miklós. *Auschwitz: A Doctor's Eyewitness Account*. Londres: Penguin, 2012.

OFFICE OF SPECIAL INVESTIGATIONS — CRIMINAL DIVISION. *In the Matter of Josef Mengele: A Report to the Attorney General of the United States — Exhibits*, relatório do Escritório de Investigações Especiais do Departamento de

Justiça dos Estados Unidos (OSI), out. 1992. Disponível em: <www.justice. gov/sites/default/files/criminal-hrsp/legacy/2011/06/06/10-30-92men-gele-exhibits.pdf>. Acesso em: 4 ago. 2023.

"OPERATION Reinhard (Einsatz Reinhard)". United States Museum of Holocaust. Disponível em: <encyclopedia.ushmm.org/content/en/article/operation-reinhard-einsatz-reinhard>. Acesso em: 20 fev. 2023.

PERL, Gisella. *I Was a Doctor in Auschwitz*. Lanham: Lexington, 2019.

PINSKY, Jaime; PINSKY, Carla Bassanezi (Orgs.). *Faces do fanatismo*. São Paulo: Contexto, 2004.

POSNER, Gerald L.; WARE, John. *Mengele: The Complete Story*. Nova York: Cooper Square, 2000.

REES, Laurence. *The Holocaust: A New History*. Londres: Penguin, 2017.

RONSEFELD, Gavriel D. *O Quarto Reich: Da Segunda Guerra Mundial aos dias de hoje, a ameaça do fantasma do nazismo e o avanço da extrema direita autoritária*. São Paulo: Cultrix, 2022.

SACHSE, Carola. *Die Verbindung nach Auschwitz*: *Biowissenschaften und Menschenversuche an Kaiser-Wilhelm-Instituten; Dokumentation eines Symposiums*. Göttingen: Wallstein, 2004.

"SINTI and Roma (Gypsies) in Auschwitz". Auschwitz-Birkenau State Museum. Disponível em: <auschwitz.org/en/history/categories-of-prisoners/sinti-and-roma-gypsies-in-auschwitz>. Acesso em: 1 jun. 2021.

SPITZ, Vivien. *Doctors from Hell: The Horrific Account of Nazi Experiments on Humans*. Boulder: Sentient, 2005.

"SIXTY-FIRST Anniversary of the Liquidation of the Gypsy Camp in Birkenau". Auschwitz-Birkenau State Museum, 1 ago. 2015. Disponível em: <https://www.auschwitz.org/en/museum/news/sixty-first-anniversary-of-the-liquidation-of-the-gypsy-camp-in-birkenau,427.html>. Acesso em: 12 jul. 2023.

STANGNETH, Bettina. *Eichmann Before Jerusalem: The Unexamined Life of a Mass Murder*. Londres: The Bodley Head, 2004.

STAUBER, Roni; VAGO, Raphael. *The Roma: A Minority in Europe, Historical, Political and Social Perspectives*. Budapeste: Central European University Press, 2007.

STEINKE, Ronen. *Fritz Bauer: The Jewish Prosecutor Who Brought Eichmann and Auschwitz to Trial*. Bloomington: Indiana University Press, 2020.

UKI, Goñi. *Perón y Los Alemanes: El espionaje nazi en Argentina*. Buenos Aires: Sudamericana, 1998. (Biblioteca Uki Goñi)

\_\_\_\_. *The Real Odessa: How Peron Brought the Nazi War Criminals to Argentina*. Londres: Granta, 2003. [Ed. bras.: *A verdadeira Odessa: O contrabando de nazistas para a Argentina de Perón*. Trad. de Berilo Vargas. Rio de Janeiro: Record, 2004.]

VÖLKLEIN, Ulrich. *Josef Mengele: Der Arzt von Auschwitz*. Göttingen: Steidl, 1999.

WACHSMANN, Nikolaus. *KL: A History of the Nazi Concentration Camps*. Boston: Little, Brown, 2015.

WILSON, Philip K. "Eugenics". In: *Encyclopædia Britannica*. Disponível em: <www.britannica.com/science/eugenics-genetics>. Acesso em: 5 fev. 2021.

YAD VASHEM. EichmannTrialEN. *Eichmann Trial — Session No. 1*. Disponível em: <www.youtube.com/watch?v=Fv6xbeVozhU>. Acesso em: 27 out. 2022.

## Artigos e reportagens

"3 NATIONS Joining to Hunt Mengele". *The New York Times*, 11 maio 1985. Disponível em: <www.nytimes.com/1985/05/11/world/3-nations-joining-to--hunt-mengele.html>. Acesso em: 13 jun. 2023.

"6 DE JUNHO de 1985". *O Estado de S. Paulo*, 7 jun. 1985.

"60 YEARS after Liberation 'It Was Skin and Bones': Soldiers Remember Auschwitz". Jewish Telegraphic Agency. Disponível em: <www.jta.org/archive/60-years-after-liberation-it-was-skin-and-bones-soldiers-remember-auschwitz>. Acesso em: 2 nov. 2021.

"A ÁUSTRIA quer nazista de volta". *O Estado de S. Paulo*, 3 mar. 1967.

"A EXUMAÇÃO do enigma: O mistério do caso Mengele pode estar chegando ao fim". *Veja*, 12 jun. 1985.

"A PRISÃO do nazista". *Jornal da Tarde*, 3 mar. 1967.

"A VIDA na Sombra: Mengele teve a proteção de uma rede de amigos em seus dezenove anos de Brasil". *Veja*, 19 jun. 1985.

"ABOUT the Eichmann Trial". Yad Vashem. Disponível em: <www.yadvashem.org/holocaust/eichmann-trial/about.html>. Acesso em: 27 out. 2022.

ADERET, Ofer. "Ultra-Orthodox Man Buys Diaries of Nazi Doctor Mengele for $ 245,000". *Haaretz*, 22 jul. 2011. Disponível em: <www.haaretz.com/jewish/1.5032917>. Acesso em: 6 jul. 2023.

ANISTIA INTERNACIONAL. *Eichmann Supreme Court Judgment: 50 Years On, Its Significance Today*. Londres: Amnesty International Publications, 2012. Disponível em: <www.amnesty.org/en/wp-content/uploads/2021/06/ior530132012en.pdf>. Acesso em: 17 jul. 2023.

"ANTES da morte, a depressão". *O Estado de S. Paulo*, 11 jun. 1985.

"APARECIDO Laertes Calandra". Memorial da Resistência de São Paulo. Disponível em: <memorialdaresistenciasp.org.br/pessoas/aparecido-laertes-calandra/>. Acesso em: 24 jun. 2023.

"ASSUSTADO, agressivo, vivia com medo". *O Estado de S. Paulo*, 7 jun. 1985. Disponível em: <acervo.estadao.com.br/pagina/#!/19850607-33823-nac-0026-999-26-not>. Acesso em: 20 jul. 2023.

BARRIONUEVO, Alexei. "In a Brazilian Town, a Rogue Gene and a Boom in Twins". *The New York Times*, 24 mar. 2011. Disponível em: <www.nytimes.

com/2011/03/25/world/americas/25brazil.html?searchResultPosition=1>. Acesso em: 28 jul. 2023.

BERNARDO, André. "Herberts Cukurs: O nazista que viveu por 20 anos no Brasil e foi executado no Uruguai por agentes do Mossad". BBC, 6 mar. 2022. Disponível em: <www.bbc.com/portuguese/geral-60481793>. Acesso em: 13 jul. 2023.

BRILLIANT, Moshe. "Mengele's Death Doubted in Israel". *The New York Times*, 10 jun. 1985. Disponível em: <www.nytimes.com/1985/06/10/world/mengele-s-death-doubted-in-israel.html>. Acesso em: 19 jul. 2023.

BYHAM, Inge. "So entkam mein Vater. Die Geheimnisse des Josef Mengele: Seine Flucht. Seine Verstecke. Seine Jahre im Untergrund". *Bunte Illustrierte*, 20 jun. 1986.

"CARRASCO empregava cobaias humanas em suas experiências". *Folha de S.Paulo*, 16 jun. 1985.

"CASA em Serra Negra, agora atração turística". *O Estado de S. Paulo*, 14 jun. 1985.

"CASO Mengele: Processo já se aproxima do fim". *O Estado de S. Paulo*, 17 maio 1987.

"CENTENAS de pessoas deixam a favela da Vergueiro e começam outra em Eldorado". *Folha de S.Paulo*, 16 abr. 1968.

"CONTROVERSY over Alleged Tribute to Dead Nazi War Hero". Jewish Telegraphic Agency, 30 dez. 1982. Disponível em: <www.jta.org/archive/controversy-over-alleged-tribute-to-dead-nazi-war-hero>. Acesso em: 13 jun. 2023.

"DEPOIMENTO abre polêmica sobre caso Mengele". *Folha de S.Paulo*, 9 abr. 1987.

"DESCOBERTO em SP corpo que pode ser de Mengele". *Folha de S.Paulo*, 7 jun. 1985.

"DER ULMER Prozess". Stadt Ulm. Disponível em: <www.ulm.de/tourismus/stadtgeschichte/schicksalstage-und-orte/der-ulmer-prozess>. Acesso em: 13 jul. 2023.

FANGERAU, Heiner; MÜLLER, Irmgard. "Das Standardwerk der Rassenhygiene von Erwin Baur, Eugen Fischer und Fritz Lenz im Urteil der Psychiatrie und Neurologie 1921-1940". *Der Nervenarzt*, v. 73, p. 1039-46, nov. 2002. Disponível em: <www.academia.edu/25603311>. Acesso em: 18 abr. 2021.

"FILHO de Gerhard acusa os Bossert". *O Estado de S. Paulo*, 12 jun. 1985.

"FILHO pode ter ido a Bertioga". *O Estado de S. Paulo*, 8 jun. 1985, p. 15.

FLOR, Ana; MICHAEL, Andrea. "Mengele trabalhou dez anos no Brasil". *Folha de S.Paulo*, 24 nov. 2004. Disponível em: <www1.folha.uol.com.br/folha/brasil/ult96u65893.shtml>. Acesso em: 20 jul. 2023.

FRIEDMAN, Thomas L. "Jerusalem Listens to the Victims of Mengele". *The New York Times*, 7 fev. 1985.

GARCÍA-MORO, María et al. "La enfermedad de Noma/cancrum oris: Una enfermedad olvidada". *Revista Española de Quimioterapia*, v. 28, n. 5, pp. 225-34, 2015. Disponível em: <seq.es/seq/0214-3429/28/5/moro.pdf>. Acesso em: 10. jul. 2023.

"GENETIC Testing Closes the Mengele Inquiry". *The New York Times*, 9 abr. 1992. Disponível em: <www.nytimes.com/1992/04/09/world/genetic--testing-closes-the-mengele-inquiry.html>. Acesso em: 16 jul. 2023.

"GERMANS Release Data Said to Prove Bones Exhumed in 1985 Are Mengele's". Jewish Telegraphic Agency, 9 abr. 1992. Disponível em: <www.jta.org/ar-chive/germans-release-data-said-to-prove-bones-exhumed-in-1985-are--mengeles>. Acesso em: 17 jul. 2023.

GRODIN, Michael A.; KOR, Eva Mozes; BENEDICT, Susan. "The Trial that Never Happened: Josef Mengele and the Twins of Auschwitz". *War Crimes, Genocide & Crimes against Humanity*, v. 5, 2011. Disponí-vel em: <heinonline.org/HOL/LandingPage?handle=hein.journals/warcrim5&div=4&id=&page=>. Acesso em: 6 jul. 2023.

GALLE, Helmut. "Os escritos autobiográficos de Josef Mengele". *Estudos Avançados*, São Paulo, v. 25, n. 71, 2011.

"GROSS-ROSEN". United States Holocaust Memorial Museum. Disponível em: <encyclopedia.ushmm.org/content/en/article/gross-rosen>. Acesso em: 12 jul. 2023.

HELLER, Aron. "Mossad Opens Archives on Eichmann Capture". *The Times of Israel*, 8 fev. 2012. Disponível em: <www.timesofisrael.com/mossad--opens-archives-on-eichmann-capture>. Acesso em: 24 out. 2022.

"HISTÓRICO". Prefeitura Municipal de Nova Europa. Disponível em: <no-vaeuropa.sp.gov.br/?pag=T1RjPU9EZz1PVFU9T0dVPU9HST1PVEE9T0dFPU9HRT0=&idmenu=214>. Acesso em: 8 dez. 2022.

"HOLOCAUST". In: *Merriam-Webster Dictionary*. Disponível em: <www.mer-riam-webster.com/dictionary/holocaust>. Acesso em: 3 jun. 2020.

HUDSON, Nicholas. "From 'Nation' to 'Race': The Origin of Racial Classifi-cation in Eighteenth-Century Thought". *Eighteenth-Century Studies*, The Johns Hopkins University Press, v. 29, n. 3, pp. 247-64, primavera de 1996.

"IG FARBEN". In: *Encyclopædia Britannica*. Disponível em: <www.britannica.com/topic/IG-Farben>. Acesso em: 10 jul. 2023.

"INTRODUCTION to the Holocaust". United States Holocaust Memorial Mu-seum. Disponível em: <encyclopedia.ushmm.org/content/pt-br/article/introduction-to-the-holocaust>. Acesso em: 13. jul. 2023.

ISRAEL STATE ARCHIVES. *Special Publication: Behind the Scenes at the Eich-mann Trial*. Disponível em: <catalog.archives.gov.il/en/chapter/behind--scenes-eichmann-trial>. Acesso em: 17. jul. 2023.

"JEWISH Survivor Stephanie Heller Testimony". USC Shoah Foundation. Dispo-nível em: <youtube.com/watch?v=0qRp5- Doroc>. Acesso em: 6 jul. 2023.

"JOSÉ ANTÔNIO DE MELLO". Memorial da Resistência de São Paulo. Disponível em: <memorialdaresistenciasp.org.br/pessoas/jose-antonio-de-mello/>. Acesso em: 2 jul. 2023.

"JUDEUS fazem julgamento simulado de Josef Mengele". *Jornal Nacional*, 6 fev. 1985.

KAMM, Henry. "Wiesenthal Lists Mengele Sightings". *The New York Times*, 15 maio 1985.

"LISELOTTE: 'Por que protegi Mengele'". *O Estado de S. Paulo*, 10 abril 1987.

MARKHAM, James M. "Mengele 'Double' Called Fervid Nazi". *The New York Times*, 13 jun. 1985. Disponível em: <www.nytimes.com/1985/06/13/world/mengele-double-called-fervid-nazi.html>. Acesso em: 20 jul. 2023.

"NAZI Hunter, in a Protest in Paraguay, Demands Mengele's Arrest". *The New York Times*, 25 maio 1985. Disponível em: <www.nytimes.com/1985/05/25/world/nazi-hunter-in-a-protest-in-paraguay-demands-mengele-s-arrest.html>. Acesso em: 8 jun. 2023.

"NAZISTA teria proteção". *O Estado de São Paulo*, 7 mar. 1967, p. 36. Disponível em: <acervo.estadao.com.br/pagina/#!/19670307-28187-nac-0036-999-36-not/busca/Stangl>. Acesso em: 18 fev. 2023.

"MENGELE Trail: Clues of Paper, then of People". *The New York Times*, 23 jun. 1985. Disponível em: <www.nytimes.com/1985/06/23/world/engele-trail-clues-of-paper-then-of-people.html>. Acesso em: 14 jun. 2023.

"MISTÉRIO, mito. Onde está Mengele?". *O Estado de S. Paulo*, 10 mar. 1985.

"O PODER das séries contra a violência institucionalizada". *Folha de S.Paulo*, 21 jul. 2019.

"OSSOS de médico do Holocausto são usados em aula de medicina da USP". *O Estado de S. Paulo*, 11 jan. 2017. Disponível em: <www.estadao.com.br/ciencia/ossos-de-medico-do-holocausto-sao-usados-em-classe-de-medicina-forense>. Acesso em: 17 jul. 2023.

PHILPOT, Robert. "How the Mossad Hunted the 'Butcher of Riga,' Who Murdered Up to 30,000 Jews". *The Times of Israel*, 1 ago. 2020. Disponível em: <www.timesofisrael.com/how-the-mossad-hunted-the-butcher-of-riga-who-murdered-up-to-30000-jews>. Acesso em: 14 jul. 2023.

"PISTA revela: Filho de Mengele em SP". *O Estado de S. Paulo*, 8 jun. 1985.

POHL, Dieter. Interview. [Entrevista concedida a] Sonia Phalnikar. Deutsche Welle, 20 maio 2008. Disponível em: <www.dw.com/en/landmark-trial-pushed-germany-to-tackle-nazi-past/a-3349537>. Acesso em: 13 jul. 2023.

"POLÍCIA prende chefe nazista". *O Estado de S. Paulo*, 2 mar. 1967.

REILLY, Andrés Lópes. "Josef Mengele: Los ocho días que el 'ángel de la muerte' vivió en Uruguay". *La Nación*, 2 abr. 2021. Disponível em: <www.lanacion.com.ar/el-mundo/josef-mengele-los-ocho-dias-que-el-angel-de-la-muerte-vivio-en-uruguay-nid02042021/>. Acesso em: 13 jul. 2023.

RIDING, Alan. "Key Man in Mengele Case: Romeu Tuma". *The New York Times*, 16 jun. 1985.

____. "Sleuths Uncover Dental Records, Clinching Mengele Identification". *The New York Times*, 28 mar. 1986. Disponível em: <www.nytimes.com/1986/03/28/world/sleuths-uncover-dental-records-clinching-mengele-identification.html?searchResultPosition=1>. Acesso em: 16 jul. 2023.

STABEI, Pedro. "A última empregada: Ele gostava do Brasil". *O Estado de S. Paulo*, 8 jun. 1985.

"READ about Eva's Road to Forgiveness". Candles Holocaust Museum and Education Center. Disponível em: <candlesholocaustmuseum.org/our-survivors/eva-kor/her-story/her-story.html/title/read-about-eva--s-road-to-forgiveness>. Acesso em: 8 jun. 2020.

ROLF MENGELE. *The Today Show*. NBC, 16 jun. 1986.

RONEN BERGMAN, "Mengeles Glück". *Zeit*, 17 set. 2017. Disponível em: <https://www.zeit.de/2017/37/josef-mengele-auschwitz-arzt-mossad--akten>. Acesso em: 28 ago. 2023.

"SEPULTADO em posição de sentido". *O Estado de S. Paulo*, 7 jun. 1985, p. 26.

"SETE dentes, chave da resposta". *O Estado de S. Paulo*, 7 jun. 1985.

"TASK/Preliminary Investigations". Zentrale Stelle der Ländesjustizverwaltungen zur Aufklarung nationalsozialistischer Verbrechen. Disponível em: <zentrale-stelle-ludwigsburg.justiz-bw.de/pb/,Len/Startpage/Arbeitsweise--Translate/Task+_+Preliminary+Investigations>. Acesso em: 13 jul. 2023.

"THE DOCTORS Trial: The Medical Case of the Subsequent Nuremberg Proceedings". United States Holocaust Memorial Museum. Disponível em: <encyclopedia.ushmm.org/content/en/article/the-doctors-trial--the-medical-case-of-the subsequent-nuremberg-proceedings>. Acesso em: 12 jul. 2023.

"THE FATE of the Children". Auschwitz-Birkenau State Museum. Disponível em: <www.auschwitz.org/en/history/fate-of-children/the-fate-of-the children>. Acesso em: 12 jul. 2023.

"THE FINAL Evacuation and Liquidation of the Camp". Auschwitz-Birkenau State Museum. Disponível em: <www.auschwitz.org/en/history/evacuation/the-final-evacuation-and-liquidation-of-the camp>. Acesso em: 4 nov. 2021.

"THE HUNT for the Nazi 'Angel of Death': How Israel Tried — and Failed — to Capture Dr. Josef Mengele". *Haaretz*, 9 set. 2017. Disponível em: <www.haaretz.com/israel-news/2017-09-09/ty-article/.premium/how-israel--tried-and-failed-to-capture-dr-josef-mengele/0000017f-db30-df9c-a17f--ff3809da0000>. Acesso em: 12 jun. 2023.

"THE MENGELE Letters". Candles Holocaust Museum and Education Center. Disponível em: <candlesholocaustmuseum.org/educational-resources/mengele-letters.html>. Acesso em: 6 jul. 2022.

"THE STORIES of Six Righteous among the Nations in Auschwitz". Yah Vashem. Disponível em: <yadvashem.org/yv/en/exhibitions/righteous-auschwitz/lingens.asp>. Acesso em: 6 jul. 2023.

"TUMA, Romeu". CPDOC-FGV. Disponível em: <www.fgv.br/CPDOC/acervo/dicionários/verbete-biografico/tuma-romeu>. Acesso em: 4 ago. 2023.

"UM COMANDANTE Nazista na Volkswagen do Brasil". Deutsche Welle, 20 jul. 2017. Disponível em: <www.dw.com/pt-br/um-comandante-nazista-na-volkswagen-do-brasil/a-39853635>. Acesso em: 20 fev. 2023.

"VEJA a lista dos 377 apontados como responsáveis por crimes na ditadura". G1, 10 dez. 2014. Disponível em: <g1.globo.com/politica/noticia/2014/12/veja-lista-dos-377-apontados-como-responsaveis-por-crimes-na-ditadura.html>. Acesso em 2 jul. 2023.

"WHAT Is the Origin of the Term Holocaust?". In: *Encyclopaedia Britannica*. Disponível em: <www.britannica.com/story/what-is-the-origin-of-the-term-holocaust>. Acesso em: 3 jun. 2020.

"WHY Did Israel Let Mengele Go?". *The New York Times*, 6 set. 2017. Disponível em: <www.nytimes.com/2017/09/06/sunday-review/israel-mengele-auschwitz-holocaust.html>. Acesso em: 13 jun. 2023.

"WIESENTHAL, o caçador contesta". *O Estado de S. Paulo*, 7 jun. 1985.

## Fontes primárias

BRASIL. Ministério da Justiça. Polícia Federal. *Inquérito policial n. 1-0097/86, livro tombo 6*.

BUNDESKRIMINALAMT. *Dossiê Mengele*. Wiesbaden, 28 jun. 1985, p. 7, arq. 15.

CHEN, Yossi. *Looking for a Needle in a Haystack: In Search of the Auschwitz "Doctor of Death"*. Jerusalém: Yad Vashem, 2007. Disponível em: <https://www.yadvashem.org/yv/pdf-drupal/he/archive/mossad-documents/mengele.pdf>. Acesso em: 22 ago. 2023.

_____.4ª Vara Criminal Federal. *Processo-crime n. 8250804, Ré: Liselotte Bossert*.

MENGELE, Josef. *Correspondência entre 1969 e 1979*. Museu da Academia Nacional de Polícia, Brasília.

OFFICE OF SPECIAL INVESTIGATIONS — CRIMINAL DIVISION. *In The Matter of Josef Mengele: A Report to the Attorney General of the United States*, relatório do Escritório de Investigações Especiais do Departamento de Justiça dos Estados Unidos (OSI), out. 1992. Disponível em: <https://www.justice.gov/sites/default/files/criminal-hrsp/legacy/2011/02/04/10-01-92mengele-rpt.pdf>. Acesso em: 20. jul.2023.

SÃO PAULO, 11o Cartório de Registro de Imóveis. Matrícula 2762, livro 2, ficha 1.

USC SHOAH FOUNDATION. Depoimentos de sobreviventes do Holocausto. Disponíveis em: <https://vha.usc.edu/search>.

### Sites

CANDLES HOLOCAUST MUSEUM
https://candlesholocaustmuseum.org/
CENTRO DE PESQUISA E DOCUMENTAÇÃO DE HISTÓRIA CONTEMPORÂNEA DO BRASIL
https://cpdoc.fgv.br/
ISRAEL STATE ARCHIVES
https://www.archives.gov.il/en/
MEMORIAL AND MUSEUM AUSCHWITZ-BIRKENAU
http://auschwitz.org
UNITED STATES HOLOCAUST MEMORIAL MUSEUM
https://www.ushmm.org/

### Arquivos de imprensa

BBC
*Bunte*
Deutsche Welle
*Folha de S.Paulo*
*Haaretz*
*La Nación*
*O Estado de S. Paulo*
*Spiegel*
*The New York Times*
*The Times of Israel*
TV Globo
*Veja*

### Documentários

*ELDORADO: Mengele Vivo ou Morto*. Direção: Marcelo Felipe Sampaio. São Paulo: Laguna Films, MS Pictures, 2019 (71 min).

"The Hunt for Doctor Mengele". *World in Action*, temp. 15, ep. 5. Produção: Michael Beckham e Brian Lapping. Edição: Ray Fitzwalter. Música: Shawm Phillips. Reino Unido: Granada Television, 20 nov. 1978 (58 min). Disponível em: <www.youtube.com/watch?v=W2UjdyZLBrs>. Acesso em: 23 ago. 2023.

*THE SEARCH for Mengele*. Direção: Brian Moser. Produção: Brian Moser, William Bemister, David Frost e Roger James. Londres: Central Television, Home Office Production, 1985 (58 min.).

# Entrevistas

ALFEO SILOTTO, morador de Serra Negra, era adolescente quando Mengele vivia na cidade e lembra de diversas histórias de "seu Pedro".

ADOLFO KRAUSE, diretor da escola onde Liselotte trabalhava quando o caso Mengele estourou em 1985.

CAROLA SACHSE, historiadora alemã que pesquisou a ligação entre o Instituto Kaiser Wilhelm, em Dahlem, Berlim, e o campo de concentração de Auschwitz.

CYRLA GEWERTZ, polonesa vítima de experimentos médicos de Mengele em Auschwitz. Por uma enorme coincidência, passava as férias em Serra Negra, a mesma cidade onde Mengele morava.

DANIEL ROMERO MUÑOZ, médico-legista do Instituto Médico Legal de SP responsável pela equipe de peritos brasileiros que fez a identificação do esqueleto de Mengele.

DAVID G. MARWELL, historiador americano que participou da investigação sobre Mengele para o Departamento de Justiça dos Estados Unidos.

ESPEDITO DIAS ROMÃO, agente policial que registrou a morte de Mengele na praia de Bertioga em 1979.

EVA MOZES KOR, vítima de Mengele e ativista que criou a associação Candles, nos Estados Unidos, para reunir os gêmeos sobreviventes.

EVELYN (não quis divulgar o sobrenome), cujos filhos eram alunos de Liselotte Bossert e cuja mãe foi vítima de Mengele em Auschwitz.

Integrantes da comunidade alemã de São Paulo, que preferiram não ser identificados.

JOANA LAKS, vítima de Mengele em Auschwitz e fundadora de uma associação de gêmeos em Israel.

LISELOTTE BOSSERT, professora de ensino infantil e protetora de Mengele, que o enterrou com nome falso no cemitério em Embu.

MARCO ANTÔNIO VERONEZZI, delegado-chefe da Polícia Federal em 1985, responsável pelo inquérito do caso Mengele.

MARIA LUIZA TUCCI CARNEIRO, professora de história na Faculdade de Filosofia, Letras e Ciências Humanas da Universidade de São Paulo.

MICHEL MICHAELOVITCH DE MAHIQUES, professor do Instituto Oceanográfico da Universidade de São Paulo.

NANCY ROZENCHAN, professora de língua e literatura hebraica e judaicas e cultura judaica da Faculdade de Filosofia, Letras e Ciências Humanas da Universidade de São Paulo.

PAULO BORBA CASELLA, professor de direito internacional da Faculdade de Direito da Universidade de São Paulo.

RAFI EITAN, comandante das operações do Mossad para sequestrar Eichmann e Mengele.

SINÉSIO BEGHINI, ex-prefeito de Serra Negra.

THOMAS WILL, promotor-chefe do Escritório Central para Investigar Crimes Nazistas, Ludwigsburg, Alemanha.

WILMES TEIXEIRA, médico-legista e ex-diretor do Instituto Médico Legal de Mogi das Cruzes, no estado de São Paulo. Coordenou a equipe de cientistas estrangeiros durante a perícia do esqueleto de Mengele.

YIGAL HAYCHUK, agente brasileiro do Mossad que participou da operação para sequestrar Mengele.

# Índice remissivo

Números de páginas em *itálico* referem-se a imagens

## A

ABC Paulista, 225
"acampamento cigano" *ver* Auschwitz, campo de concentração e extermínio de (Polônia)
Admoni, Nahum, 339
Adolph, Benno, 76
Agência Telegráfica Judaica, 155
agiota, judeu (estereótipo antissemita), 69
Água Fria, bairro da (São Paulo, SP), 251
Aharoni, Zvi, 195-7, 203-6, 210
Alemanha, 10, 19, 24, 33, 36, 48-50, 53, 55, 57, 60-1, 65-6, 69, 71-2, 74-5, 79, 82-3, 90, 106, 113-4, 133, 139-42, 144-5, 150-1, 155, 157-8, 161, 163, 165, 167-71, 193, 199, 203, 213, 217, 219, 222-3, 226-8, 235-7, 243*n*, 251, 261, 269-70, 277, 279, 281-6, 309, 315, 318-21, 324, 330, 334, 343; *ver também* nazismo; Terceiro Reich
Alex (judeu grego preso em Auschwitz), 127
Alexander, Vera, 43-4
Alexandre III, tsar da Rússia, 58
Aliados, 24, 99, 142, 146, 148, 150, 155
Almeida, Marcos de, 315, 327

Alvarenga, estrada do (São Paulo, SP), 52-3, 57, 254-5, 258, 263, 266, 283, *291*, *295*, 316, 332, 337
América do Sul, 54, 57, 157-60, 170, 191, 202, 210, 217, 236, 282
Amit, Meir, 208, 237
Anetta (gêmea de Stephanie), 43
Anézia (amiga de Cecília), 219
anões (nanismo), 12, 14, 112-3, 117-8
antissemitismo, 14, 36, 39, 58, 68-9, 129, 193, 201; *ver também* judeus/judias; Holocausto
antropologia, 64, 77-8, 105, 120
"antropologia criminal", 80
"antropologia racial", 75; *ver também* "racismo científico"
antropométricos, estudos, 85, 107
Antuérpia (Bélgica), 48
*Apollo* (nave espacial), 49
Araraquara (SP), 214, 333
Argentina, 57, 158, 160-1, 164-5, 168, 170-1, 192, 195-6, 199-200, 204, 211, 241, 282, 290, 316, 324; *ver também* Buenos Aires
"arianos", 13, 66, 70, 72, 78, 103, 108, 122, 147
Assunção (Paraguai), 171, 204, 237, 280, 317; *ver também* Paraguai
Atibaia (SP), 323
aulas de medicina forense com os ossos de Mengele (2016-7), *304*, 335
Auschwitz, campo de concentração e extermínio de (Polônia), 12-4,

20, 25, 32, 34-46, 56, 59-61, 76-
9, 82-4, 86, 88, 90, 92-7, 99, 101-
5, 108-9, 112-5, 118-25, 127, 129-38,
141, 145-6, 151-2, 154-7, 165, 168-
70, *175-7*, *184*, *186-7*, 201, 217, 220,
222, 226, 257, 271, 276-7, 279, 311,
320-1, 328, 344; "acampamento
cigano" de, 12, 44, 76, 78, 80-
1, 83, 85, 87-8, 90, 109, 113, 115-
8, 120, 154; *"Arbeit macht frei"* [O
trabalho liberta, letreiro do portão
de Auschwitz], 99, 137; artistas
presos em, 100, 101; Auschwitz I
(campo principal ou *Stammlager*),
12; Auschwitz II (Birkenau), 12, 42,
78-80, 83, 85-6, 93, 97, 103, 108,
110, 112, 115-6, 120, 128, 131-3, 135,
154; Auschwitz III (Monowitz),
12, 82, 117; câmera fotográfica
contrabandeada em, 127; "Canadá"
(depósito de coisas usurpadas dos
judeus), 136; como o principal
campo de extermínio nazista, 95-
6; crematórios de, 36, 47, 83, 95,
97, 99, 101, 118, 125-32, *184*, *186-*
7; crianças judias exterminadas
em, 84, 88, *175*; dentes de ouro de
mortos em, 98; "desinfecção" de
setores ordenada por Mengele, 42,
92, 311; *Die Rampe* (plataforma de
desembarque), 93, *184*; estrela de
davi na identificação de judeus em,
79; fotografias de, 127-8, *184*, *186-*
7; "jardim de infância" em, 84-5;
liberado pelo Exército Vermelho
(1945), 37, 43, 137-9; lista de 27
prisioneiros "protegidos" por
Mengele, 89-90; Marchas da
Morte, 134-7; mulheres grávidas
em, 45-6, 87-8, 124-7; piolhos em,
42; "sauna" (laborário) de, 85;
Sonderkommando (comando de
prisioneiros de Auschwitz), 97-9,

118, 127-30, 135; Testemunhas
de Jeová em, 119; trens de gado
transportando vítimas para,
94; triângulos coloridos na
identificação de prisioneiros
em, 79; *Zählappell* (contagem de
prisioneiros), 220-1
Áustria, 10, 24, 28-9, 31, 71, 79, 83, 132,
155, 158, 211, 213-4, 228, 238, 244,
258, 272, 329

# B

Bach, Johann Sebastian, 231
Baer, Richard, *182*
Bahamas, 33
Bálticos, países, 73
Bamm, Peter, 257
Barbie, Klaus, 280
Barbosa, Adoniran, 58
Basf (indústria química alemã), 82
Batalhão de Reposição Médica da
    Wehrmacht (Kassel, Alemanha),
    72
Bauer, Fritz, 169, 193-4, 196
Baur, Erwin, 70
Bauer, Yehuda, *188*
Baviera (Alemanha), 53-4, 63, 69, 119,
    121, 142, 145, 154, 158, 244, 249,
    278, 280, 283, 338
Bayer (indústria química alemã), 82
Beethoven, Ludwig van, 269
Begin, Menachem, 271
Bélgica, 79, 93, 146
Belzec, campo de extermínio de
    (Polônia), 96, 225
Ben-Gurion, David, 191-2, 197-9,
    204, 207
Ben-Zvi, Itzhak, 202
Berlim (Alemanha), 13, 36, 71, 74-7, 103,
    108-9, 112, 127, 140, 149, 241, 278, 311
Berta (grávida presa em Auschwitz), 46

Bertioga (SP), 10, 23, 25-7, 52, 261, 271, 275, 287, *293-4*, 318, 324, 339-40

Bíblia, 17

Billings, represa (São Paulo, SP), 58-9, 252, 260, 323

"biologia racial", 106

Birkenau *ver* Auschwitz, campo de concentração e extermínio de (Polônia)

BKA (Bundeskriminalamt, agência federal de investigações da Alemanha), 284

Boêmia (Tchecoslováquia), 79

Bolívia, 200, 280

Bom Retiro, bairro do (São Paulo, SP), 220

bombas atômicas, 143

Bonn (Alemanha), 65, 169

Bormann, Martin, 149, 191, 237

Bossert, Andreas, 23, 27, 55, *294, 296-8*, 342

Bossert, família, 25-6, 29, 51-3, 55, 57, 233-4, 236, 239, 241, 258-9, 265, 273, 275, 284, 286-7, *291, 293-9*, 322, 328-9, 332, 342

Bossert, Liselotte (Tante), 9-12, 14-20, 23-4, 26-32, 49, 51-3, 233-4, 238, 252, 254, 259, 265-6, 268, 283, 286-7, *294, 297-8, 302*, 309-11, 316-24, 329, 333-4, 337-43; "acordo" financeiro com os israelenses, 340-; casa da família Bossert em São Paulo, 10, 284, *291, 298*, 322, 342; contato inicial com Mengele (1968), 233; crime de falsidade ideológica de, 11, 51, 333-4; e o afogamento de Mengele (1979), 28, 51, 333; enterro de Mengele providenciado por, 30-2, 333; lealdade a Mengele, 341; Mengele como "tio Peter" para a família de, 24-9, 32, 51, 233-4, 254, 266, *294*, 342; morte de, 342; negando os

crimes de Mengele, 311; prescrição do crime de Liselotte (1997), 334; sobre o dinheiro envolvido no caso Mengele, 18, 337, 338, 341; teste de polígrafo de, 340-1

Bossert, Sabine, 23, *294, 296-8*, 324, 325, 342

Bossert, Wolfram, 12, 19-20, 23-5, 27, 51-4, 57, 59, 232-5, 238-9, 243-4, 248-9, 251, 254, 259-61, 264-6, 268, 274-5, 283, 285-6, *298, 302*, 309, 311, 316-7, 320, 329, 333

*Branca de Neve* (filme de animação), 88

Brandt, Karl, 150, 153, 243

Brasil, chegada de Mengele ao (1960), 200

Braun, Wernher von, 48

Brenner (Itália), 158

Bressanone (Itália), 158

Brooklin, bairro do (São Paulo, SP), 10, 57, 225, 241, 284, *291, 298*, 322, 342

Bror Hayil (kibutz israelense), 205

Brünnlitz, campo de concentração de (Alemanha), 139

Brzezinka (Polônia), 97

Buchenwald, campo de concentração de (Alemanha), 116, 151

Büchner, Georg, 255, 256

Buenos Aires (Argentina), 40, 159-71, 192-7, 199, 203, 210, 223, 241, 257-8; *ver também* Argentina

Buffon, Georges-Louis Leclerc, conde de, 67

Burberry (marca de roupas), 328

Busse, Wilfred, 270

Buxi (cachorro de Mengele em SP), 256

# C

caçadores de nazistas, 10, 13, 17, 19, 33, 49, 54, 57, 159, 194, 207, 209, 222, 237, 280, 317

Caieiras (SP), 228, 233-6, 243, 251, 270, *296*

Caim (personagem bíblica), 17

Calandra, Aparecido Laertes, 284-6, 313, 333

Câmara dos Vereadores de São Paulo, 15-6

câmaras de gás, 12, 32, 41-2, 44, 46-7, 71, 84, 88-90, 92, 95, 97-101, 112-3, 118, 121, 126-8, 132, 138, 226, 257, 276, 320

Campo Limpo, bairro de (São Paulo, SP), 211-2

campos de concentração, 37, 40, 48, 74, 95, 98, 132, 134, 146, 151, 155, 167, 192, 201, 219

campos de extermínio, 96, 122, 132, 220, 225, 323; *ver também* Auschwitz, campo de concentração e extermínio de (Polônia)

Cândido Godói (RS), 343

Candles — Children of Auschwitz Nazi Deadly Lab Experiments Survivors (Crianças de Auschwitz Sobreviventes de Experiências Mortais em Laboratórios Nazistas), 34, 38

Capri (companhia argentina), 161

Carita, Gino, 31

Casa Rosada (Buenos Aires), 161, 199

Castro, Fidel, 209

Cecília (sobrevivente de Auschwitz) *ver* Gewertz, Cyrla

Cemitério do Rosário *ver* Embu das Artes, cemitério de (SP)

Centro Simon Wiesenthal (Los Angeles, EUA), 49, 315

certidão de óbito de Mengele (1979), 30-1, 72, *305*

Charlotte (mãe das gêmeas Vera e Olga), 102-4

Chelmno, campo de extermínio de (Polônia), 96

Chen, Yossi, 338

Chile, 200

Churchill, Winston, 148, 150

CIA (Central Intelligence Agency), 48, 192, 329

Ciesielska, Romualda, 108

ciganos, 12, 72, 77-80, 85, 89, 90, 108, 115-6, 119; *ver também* Auschwitz, campo de concentração e extermínio de (Polônia)

Clauberg, Carl, 123

Código de Nuremberg (princípios básicos de ética médica), 153-4

Cohen, Victor, 339

colonialismo, 68

Comissão de Crimes de Guerra das Nações Unidas, 141, 155

comunidade alemã em São Paulo, 323-4, 343

Conferência de Wannsee (Alemanha, 1942), 198

Conselho de Segurança da Organização das Nações Unidas, 199

*Contos de Hoffmann, Os* (ópera), 256

Corfu, ilha de (Grécia), 94

Cortina de Ferro, 24, 213

Cracóvia (Polônia), 96, 127, 137, 154, 157

crematórios de Auschwitz, 36, 47, 83, 95, 97, 99, 101, 118, 125-32, *184, 186-7*

crimes de guerra, 19, 48, 149, 151, 154, 201-2, 202*n*, 344

CROWCASS (Central Registry of War Criminals and Security Suspects), 155

Crown, David, 329

Cruz Vermelha, 86, 98, 137, 158, 162, 219

Csangri, Judith e Lea (gêmeas romenas), *177*

Cuba, 209

Cukurs, Herberts, 323

Czekanowski, Jan, 105

# D

Dachau, campo de concentração de (Alemanha), 121, 151, 194

Dachi, Stephen, 332

Dagmar (recém-nascida vítima de Mengele), 108

Dantón, Helena, 127

*Danúbio Azul* (valsa), 101

Darwin, Charles, 62, 106

deficientes físicos ou mentais, extermínio nazista de, 71-2, 150, 226

dentes de ouro de mortos em Auschwitz, 98

Departamento de Estado (EUA), 280

Departamento de Justiça (EUA), 48, 315, 328n

deportações em massa para extermínio, 79, 86, 93-4, 99, 131, 192, 198, 201

desnazificação da sociedade alemã, 144, 146, 157

Diadema (SP), 52, 254

diarreia, 81, 87

diastema (dentes separados) de Mengele, 93, 101, 103, 261, 327

Diem, Rudolf, 109

Dina (artista tcheca) *ver* Gottliebová, Dina

dinheiro envolvido na relação com protetores brasileiros de Mengele, 245, 337-8

direito internacional, 202

ditadura militar brasileira (1964-85), 285, 313

DNA, exame de, 288, 326, 334, 339

DOI-Codi (Departamento de Operações de Informação — Centro de Operações de Defesa Interna), 285, 313

Dops (Delegacia de Ordem Política e Social de São Paulo), 225, 286, 313

Dreyfus, Alfred, 39

Dybbuk (codinome de Eichmann por seus caçadores), 195

Dzido, Jadwiga, *189*

# E

Eckstein, Alejandro von, 171

Edith (Eddie, prisioneira de Auschwitz), 99-102

Egito, 207

Eichendorff, Joseph Freiherr von, 255-6

Eichmann, Adolf, 13, 40, 158, 162-3, 171, *188*, 191-203, 205-6, 208, 210, 224, 236, 324

Eichmann, Klaus, 171, 192-3

*Einsatzgruppen* (unidades móveis de extermínio), 165-6

Einstein, Albert, 69, 74

Eitan, Rafi, 20, *188*, *190*, 195-7, 200, 204-6, 207n, 209-10, 224

Eixo, países do, 99

El Al (companhia aérea israelense), 196, 197

Eldorado, bairro de (São Paulo, SP), 52, 57-9, 251-2, 254, 261, 267

Elias, Ruth, 45-7, 87-8, *185*, 311

Elis Regina, 58

Elron, Yitzhak, 195

Elsa (empregada brasileira de Mengele) *ver* Gulpian, Elsa

Embu das Artes, cemitério de (SP), 10, 15, 30-1, 33, 51, 265, 287-8, *300-1*, 308-9, 312, 317, 325-6, 330-4, 339-40

Enseada, praia da (Bertioga, SP), 26, *293*

Epstein, Berthold, 81-2, 117

Escola Paulista de Medicina, 315-6, 327

*Escolha de Sofia, A* (filme), 37

*Escrava Isaura* (telenovela), 255

Escritório Central para a Investigação dos Crimes Nazistas (Ludwigsburg, Alemanha), 167, 193

Escritório de Investigações Especiais (EUA), 48, 315-6, 328n, 334

Eshkol, Levi, 237, 271

eslavos, 123

Eslováquia, 102-3, 128

Espanha, 69

esporão (cicatriz óssea) na bacia de Mengele, 328, 330

*Estado de S. Paulo, O* (jornal), 27, 227, 318

Estados Unidos, 15, 20, 34-6, 40, 48-50, 63, 101, 139, 141, 143, 149-50, 155, 156, 159, 203, 220, 280-1, 285, 314, 317-8, 322, 328n, 334-5, 338

estamparia têxtil de Wolfgang Gerhard, 212, 214, 235

Estatuto de Roma, 202n

esterilização forçada, 63, 71, 75, 123, 152

Estônia, 73, 85

eugenia, 62, 70-1, 74, 106

Europa, 15, 20, 24, 29, 36, 58, 67-9, 77, 79-81, 93, 97, 123, 129, 140, 146-7, 156-7, 159-60, 164, 191, 198, 203, 235-6, 238, 243, 245, 259, 319; Leste Europeu, 40, 123, 134, 166, 243n; "linhas dos ratos" (rota de fugas de nazistas da Europa), 157-9

eutanásia, programa nazista de, 71-2, 150, 226

Eva e Miriam (gêmeas) *ver* Kor, Eva Mozes; Mozes, Miriam

Evelyn (filha de Helga), 319-21, 324-5

evolução, teoria da, 62

Exército alemão (Wehrmacht), 72, 139, 116

Exército americano, 141, 143, 156

Exército francês, 39

Exército Vermelho (Exército soviético), 37, 43, 132-4, 136-40

extrema direita, 163, 344

Ezeiza (Argentina), 197

# F

Faculdade de Medicina da Universidade de São Paulo (USP), *304*

Faculdade de Medicina de Marília (SP), 315, 326

Fadro Farm (empresa farmacêutica argentina), 165

fake news, 155-6, 343

falsidade ideológica (crime de Liselotte Bossert), 11, 51, 333-4

Fiel Filho, Manoel, 313

Fischer, Eugen, 70, 74-5

Fischer, Georg, 145

Fischer, Maria, 145

Fischer, Mário, 207n, 266

Fischer-Schweder, Bernhard, 166

Flössenburg, campo de concentração de (Alemanha), 116

forame incisal no crânio de Mengele, 327

Foz do Iguaçu (PR), 203

França, 39, 79, 93, 99, 149, 154

Frank, Anne, 168

Frankfurt (Alemanha), 11, 13, 50, 61-2, 65, 73, 75, 84, 169, 193-4, 276, 277, 281, 285, 325, 334-5

Fredini Júnior, Eduardo, 250

Freiburg (Alemanha), 90, 168-9

Freud, Sigmund, 69, 256

Friedman, Tuviah, 33, 237

# G

Galton, Francis, 62, 106

Gama, dr. (dentista de Mengele em São Paulo), 332

gêmeos, "experimentos" de Mengele com, 14, 61, 83-5, 102-3, 105-7, 110-2, 118, *176-7*

Gênesis, Livro do, 17

genética, 61, 64, 66, 68, 73, 83, 106, 108-9, 112, 162, 334

genocídio, 202n; *ver também* crimes de guerra; Holocausto

Gênova (Itália), 158

Gerhard, Adolf (Burli), 211, 238, 244, 272-3, 329

Gerhard, Erwin, 211, 272, 329

Gerhard, Friederika (mãe de Wolfgang), 31, 265, 309

Gerhard, Karoline, 211, 258, 329

Gerhard, Ruth, 211-2, 233-4, 244, 273

Gerhard, Sieglinde, 211

Gerhard, Wolfgang, 28-31, *178-9*, 204, 207n, 210-2, 214, 216, 224, 226-8, 232-9, 241, 243-5, 258-60, 264-6, 268, 272-4, 287, *298*, 309, 316, 329, 338

Gestapo (polícia secreta nazista), 41, 149, 191, 194, 281

Gewertz, Cyrla (Cecília, sobrevivente de Auschwitz), *190*, 219-22, 311

Glasenapp, Horst von, 277

Glawe, Ernesto, 258-61, 265, 283

Glawe, Norberto, 259-65, *295*

Göbbels, Joseph, 149

Goñi, Uki, 161n

Göring, Hermann, 149

Gottliebová, Dina, 88-90, 106, 116-7, 134-5

Grawitz, Ernst, 74

Graz (Áustria), 24, 83, 273, 329

Grécia, 94

Gross-Rosen, campo de concentração de (Polônia), 138-9

*Grundriss der menschlichen Erblichkeitslehre und Rassenhygiene* [A ciência da hereditariedade humana e higiene racial] (Baur et al.), 70

Guarujá (SP), 25, 28, 271

Guatemala, 204

Guerra Fria, 24, 49, 150, 213, 243n

gueto de Varsóvia (Polônia), 86, 226

Gulpian, Elsa, 23, 53, 267-8, 272, *295*, 316, 338

Günzburg (Baviera, Alemanha), 53, 63-4, 143-4, 155, 157, 166, 168, 200, 228, 241, 246, 250, 283

# H

Hackenjos, Sabine, 325

*Handbuch der Erbbiologie des Menschen* [Manual de biologia genética humana], 66

Händel, Georg Friedrich, 231

Hannemann, Helene, 85

Harel, Isser, 192, 194-6, 207, 318, 326

Hatikva (hino de Israel), 89

Hausner, Gideon, 40, 199

Haychuk, Samário, 205

Haychuk, Yigal, 205, 209

Heinemann, Gustav, 237

Heinz, Karl, 56

Helga (sobrevivente de Auschwitz), 320, 324

Heller, Stephanie, 42

Hellmann, dr., 89

Helmbrechts (Alemanha), 142

Helmer, Richard, *304*, 330

Helmersen, Erwin von, 154

Hermann, Lothar, 192-4

Hermann, Sylvia, 192-3

Hesse (Alemanha), 194, 285

heterocromia (olhos de cores diferentes), 14, 109

"higiene racial", 62-3, 70-2; *ver também* eugenia

Himmler, Heinrich, 74, 77-8, 96, 99, 116, 123, 149

Hipócrates, juramento de (exercício ético da medicina), 47, 151

Hiroshima, bombardeio atômico de (Japão, 1945), 143

Hirsch, Fredy, 88

Hitler, Adolf, 24, 64, 66, 69-74, 77, 91, 99, 123, 133-4, 139, 147, 149-50, 159-60, 163, 191, 210-1, 227, 237, 272, 278, 318, 343; *ver também* nazismo

Hoechst (indústria química alemã), 82

Hoffmann, E. T. A, 255-6

Hohenau (Paraguai), 170, 200, 203

Holanda, 79, 93, 155

Hollywood, 210

Holocausto, 20, 28, 37, 39, 72, 149, 150, 167-9, 193, 201, 210-1, 225-6, 281, 318, 324, 338

*Holocausto* (série de TV), 36

"holocausto", uso do termo, 36-7

*holokauston* (palavra grega), 36

*Homem delinquente, O* (Lombroso), 80

*Homo sapiens*, 67

Hospital Santa Elisa (Jundiaí, SP), 250

Hospital Santa Marta (São Paulo, SP), 261

Höss, Rudolf, 122, 157, *182-3*

"hotentotes", 75

Hungria, 93, 99, 112-3, 201, 213

# I

Idade Média, 69

IG Farben (conglomerado químico alemão), 82

Igreja católica, 160

Igreja luterana, 319, 342

Ilani, Ephraim, 195

Ilona (mãe de Edith), 100-1

Iluminismo, 67, 69

IML (Instituto Médico Legal), 28-9, *303*, 308, 310, 312-4, 318, 326, 330, 335, 340

Império Austro-Húngaro, 70, 86, 213

Império Russo, 69

impressão digital genética, 334

*In the Matter of Josef Mengele: A Report to the Attorney General of the United States* (Departamento de Justiça dos EUA), 328n

Incra (Instituto Nacional de Colonização e Reforma Agrária), 266

Índia, 80

Indiana (EUA), 20, 35

indígenas, 26

Inglaterra, 69, 148, 327

injeções de fenol, 122

Instituto de Genética Humana e Higiene Racial (Universidade de Frankfurt), 62, *174*

Instituto Kaiser Wilhelm de Antropologia, Hereditariedade Humana e Eugenia (Berlim), 13, 74-6, 108-9, 112, 311

Israel, 35, 37, 40, 49-50, 89, 191, 193-200, 202-7, 209, 222, 224, 234, 237, 271, 278, 280-1, 285, 315, 318, 331, 334, 339, 344; *ver também* Mossad (serviço secreto israelense)

Isu (pai das gêmeas Vera e Olga), 102

Itália, 54, 93, 157, 158, 223, 317

Itapecerica da Serra (SP), 10, 206n, 210, 224, 235, 239, 258, 265, 271, 273

Iugoslávia, 144, 169

# J

J'Accuse (audiência no Yad Vashem, Jerusalém, 1985), 39, 47, 49, *188*

*J'Accuse* (Zola), 39

Jackson, Robert, 148, 151

Jaime (vizinho de Mengele em São Paulo), 254, 316

Japão, 142-3

Jeffreys, Alec, 334

Jerusalém (Israel), 13, 33-4, 38-9, 42, 46, 49, 87-8, 91, *188*, 191, 194, 201-2, 279

Jesus Cristo, 68
*Jornal Nacional* (telejornal), 319
judaísmo, 67, 69-70
judeus/judias, 14, 17, 35-6, 39-41, 58, 66-72, 77, 78-9, 85, 87-9, 93, 96-9, 102-3, 112, 119, 122-3, 126, 128-9, 131, 133, 135-6, 138-9, 148, 158, 166, *175-7*, *184-6*, *189-90*, 192-3, 198-202, 207, 222, 225, 272, 321, 323, 340
Jung, Werner, 171
Junkers, Werner, 169
Juventude Hitlerista, 211

# K

Kahler, Otto-Hans, 139-43
Kallás, José, 288
Kassel (Alemanha), 72
khoisan (etnia africana), 75
Khruschóv, Nikita, 192
Klabin, família, 58
Klabin, Moishe, 58
Klarsfeld, Beate, 49, 280-1, 317
Klarsfeld, Serge, 280
Klein, Hans-Eberhard, 285, 325, 334
Kleinmann, Joseph, 40
Klement, Ricardo (nome falso de Eichmann), 171, 194
Kleyer, Thea Maria, 212, 234-7
Knesset (Parlamento israelense), 197-8
Kor, Eva Mozes, 20, 34-8, 40, 110-1, 136, 138, *176-7*, *188*, 279, 311
Kramer, Josef, *182*
Krause, Adolfo, 318-9, 321-4
Kroll, Nick, 210
Krug, Alban, 170, 200, 272
Kuenzle, Anton (codinome de Yaakov Meidad), 323

# L

lábio leporino, tese de Mengele sobre, 65
Lajos (pai de Edith), 99
Laks, Jona, 344
Lameque (personagem bíblica), 17
Langbein, Hermann, 12, 120, 124, 168-9
Laureles (Paraguai), 33
Leal, Roberto, 58
Leibnitz (Áustria), 28, 211
Leipzig (Alemanha), 65, 72
Leis de Nuremberg (Alemanha, 1935), 66-7, 75, 148
Lenz, Fritz, 70
Lessman, Eric, *179*, 235
Leste Europeu, 40, 123, 134, 166, 243*n*
Letônia, 73, 323
Levi, Primo, 136
Levin, Ira, 13
Levine, Lowell, 333
*Life* (revista), 203
Lindoia (SP), 223
Lineu, Carlos, 67
Lingens, Ella, 41, 91, 108
"linhas dos ratos" (rota de fugas de nazistas da Europa), 157-9
Liselotte, Tante *ver* Bossert, Liselotte
Lituânia, 58, 73, 166
Lombroso, Cesare, 80
London School of Economics and Political Science, 62
Londres (Inglaterra), 48
Loren, Sophia, 256
Los Angeles (Califórnia, EUA), 49, 315
Lua, astronautas na (1969), 49
Lucas (guarda da SS), 88-9
Ludwigsburg (Alemanha), 167
Luftwaffe (Força Aérea nazista), 149, 161, 170, *183*, 210-1, 235
Luk, Gert, 283

# M

Magnussen, Karin, 108-9

Majdanek, campo de extermínio de (Polônia), 132

Malbranc, Gerard, 163, *290*

Malchin, Zvi, 195

Maluf, Rubens Brasil, 314

Manubens, Ramón, 315

máquinas agrícolas, 54, 64, 144, 163, 170

Marchas da Morte (evacuação de Auschwitz), 134-5, 137

Maria Theresa, imperatriz da Áustria, 86

Marin, José Maria, 313

Martha (inquilina da família Stammer), 213

Marx, Karl, 69

Mata Atlântica, 26, 239

Mauthausen, campo de concentração de (Áustria), 132

McLuhan, Marshall, 231

Mechau, família, 109, 110

Mehlich, Inês, 52-3, 272

Meidad, Yaakov, 324

Meidan, Rafi, 278

*Mein Kampf* (Hitler), 69-70, 123, 160

Melhoramentos (empresa), 234, 243

Mello, José Antônio de, *300-1*, 308, 310, 312-3

Mendonça, Jaime Edson Andrade de, 29-30

Mengele, Alois (irmão de Josef), 64, 144, 164, 246, 250, 274

Mengele, Dieter (sobrinho de Josef), 274, 280

Mengele, família, 53-4, 217, 228, 244, 249-50, 270, 280, 282, 325, 337-8

Mengele, Irene (primeira esposa de Josef) *ver* Schönbein, Irene

Mengele, Josef, *172-4, 178-9, 181-2, 190, 289, 294-8, 306-7*; a *Baviera Tropical* de, 19, 232, 344; abcessos dentários de, 328; acidente de motocicleta (1943), 328; afogamento de Mengele na praia da Enseada (Bertioga, SP, 1979), 26*n*, 27-8, 30, 55, 275-6, 283, *293*, 324, 327, 339-40; Andreas (pseudônimo autobiográfico de Mengele), 54; aniversário de 65 anos de Mengele (1976), 260; "Anjo da Morte" (apelido), 13, 56, 217; antropométricos, estudos, 85, 107; aparência física na juventude, 93, 103; arcada dentária de, 312, 327, 331-2; aulas de medicina forense com os ossos de Mengele (2016-7), *304*, 335; bebê queimado vivo em Auschwitz por, 124, 125; buscas globais pelo paradeiro de, 49-50, 155, 237, 266, 272, 318; cachorros vira-latas de Mengele no Brasil, 224, 256; cartas escritas por, 20, 90-1, *180*, 228-32, 238-46, 248-9, 257, 259, 261-4, 266-7, 269-71, 273-5, 283, *299*, 320, 329, 338; carteira de identidade de Wolfgang Gerhard usada por, 28-9, 31, 52, 258, 287; casa de Mengele na estrada do Alvarenga (São Paulo, SP), 57-9, *291*, *295*; caso Mengele, 9, 16, 18, 38, 48, 50, 170, 217, 285, 313, 315, 320, 325, 331, 333, 335, 339, 343; certeza científica absoluta sobre os restos mortais de Mengele (Alemanha, 1992), 334; certeza científica absoluta sobre os restos mortais de Mengele (Brasil, 1986), 333; certidão de óbito de, 30-1, 72, *305*; chega ao Brasil (1960), 200; círculo íntimo de Mengele no Brasil, 233-51, 253, 284, *298*; cobaias humanas para os "experimentos" de, 12-4, 42, 46, 84-5, 104-6, 138, 152, *175*, *189*, 344; códigos usados por, 232, 238, 261, 265, 284, 332; coleção de olhos de vítimas de, 108, 110; como "seu Pedro" (para os conhecidos brasileiros), 52-3, 222, 228, 254-5, 267-9, 272, *295*; como "tio bonzinho" (para as crianças ciganas de Auschwitz), 84; como "tio Peter" (para a família Bossert em São Paulo), 24-9, 32, 51, 233-4, 254, 266, *294*, 342; como Fritz Ulmann (nome falso usado no fim da Segunda Guerra), 145; como Helmut Gregor (nome falso usado na Argentina), 158, 162-4, *178*, 316; como Josef Memling (nome falso usado no fim da Segunda Guerra), 140; como *Lagerartz* (médico de campo de concentração), 12, 14, 42, 44, 46-7, 76-7, 81-2, 105, 120, 311; como Peter Gerhard (nome falso usado em São Paulo), 258-9; como Peter Hochbichler (nome falso usado no Brasil), 212, 214-6, 222, 332; conclusão do relatório do Escritório de Investigações Especiais (EUA, 1992), 334; condecorado com medalha da Cruz de Ferro de Primeira Classe (honraria militar alemã), 73; contato inicial com a família Bossert (1968), 233; crânio de, *300*, *303-4*, *306-7*, 310, 326-7, 330, 332; curando "amarelão" no interior de SP, 224; denunciado por Thea ao Mossad (1968), 234, 236; derrame (1976), 260-3; desentendimento com Wolfgang Gerhard (1972), 244-6, 248, 338; designado para o campo de concentração de Gross-Rosen

(Polônia), 138; "desinfecção" de setores de Auschwitz ordenada por, 42, 92, 311; diários escritos por, 52, 54-5, 59-60, 171, 212, 214, 216-7, 332, 338; diastema (dentes separados) de Mengele, 93, 101, 103, 327; dinheiro da Alemanha enviado ao Brasil para, 204, 217-8, 235-6, 248-9, 259, 268, 282; dinheiro envolvido na relação com protetores brasileiros de, 245, 337-8; documentos falsos de, 11, 51, 158, *178-9*, *305*, 333; doenças no fim da vida de, 252, 260-1; e o começo da Segunda Guerra Mundial, 72; egoísmo/egocentrismo de, 55, 227; em Caieiras, SP (1968-74), 228-51, *296*; em Serra Negra, SP (1961-68), 219-28, *292*; encerramento do inquérito do caso Mengele (Brasil, 1986), 333; encontrado pelo Mossad em SP, 206; encontro com o filho Rolf em São Paulo (1977), 269-70; enterro no Cemitério do Rosário (Embu das Artes, SP), 30-2, 288, *300-1*, 332; esforço global para a localização de Mengele (1985), 279, 281, 286; esporão (cicatriz óssea) na bacia de Mengele, 328, 330; exame de DNA dos osso de Mengele (1992), 334; exame grafológico da letra de, 329; experimentos "científicos" criminosos de, 12-4, 32, 35, 37, 42-7, 82-5, 104-6, 108, 111, 117, 122-4, 138, 151-3, 220-1, 272, 311, 344; exumação do corpo de Mengele (1985), 288, *300-1*, 308-10, 314, 325, 329, 331; filiado à SS (Schutzstaffel), 72; filmes antigos assistidos por, 231, 256; fim do caso Mengele na Alemanha (1992),

371

334; forame incisal no crânio de, 327; fuga para a América do Sul, 144, 158; gêmeos sobreviventes das experiências de, 33-4, 38, 43, 279, 339, 344; gêmeos, "experimentos" de Mengele com, 14, 61, 83-5, 102-3, 105-7, 110-2, 118, *176-7*; *Hauptsturmführer* da SS (patente correspondente a capitão), 25, 47-8, 73-4, 126, 130, 311; impunidade de, 15, 21, 32, 39, 154, 344; incerteza de Israel sobre a morte de, 339; ladrões invadem a casa de Mengele na estrada do Alvarenga (1976), 263-4; leilão dos diários de Mengele (EUA, 2011), 338; leituras de, 223, 231, 255-7; lista de 27 prisioneiros "protegidos" por, 89-90; Mata Atlântica descrita por, 239; matando pessoas com as próprias mãos, 124-5, 272, 276; "medalha do tifo" (Cruz de Mérito de Guerra) de, 91-2, *180*; "morte" (1946), 156; morte (1979), 26$n$, 27-8, 30, 55, 275-6, 283, 286-7, 324, 327, 339-40; Mossad no encalço de, 196-7, 200, 202, 205-6, 208-9, 234, 236-7, 250, 257, 271-2, 277; música clássica apreciada por, 223, 231, 269; na Argentina, 159-71, 197, 199, 282; nas "linhas dos ratos" (rota de fugas de nazistas da Europa), 157-8; no Batalhão de Reposição Médica da Wehrmacht (Kassel, Alemanha), 72; no fim da Segunda Guerra Mundial, 139-45; no Paraguai, 170, 200, 203; nomes falsos usados por, 10-1, 140, 145, 158, 162-4, 212, 214-6, 222, 258-9, 287, 316, 339; notícias falsas sobre, 155-6, 343; objetos de Mengele apreendidos

na casa dos Bossert (1985), *299*, 328; operado no Hospital Santa Elisa (Jundiaí, SP, 1972), 250; ordem de prisão contra Mengele (Alemanha, 1959), 169, 171, 199, 236, 276; ordem de prisão contra Mengele (Alemanha, 1981), 276-7; ordem de prisão contra Mengele (Paraguai, 1970), 238; ossada de, 17, *300-1*, *303-4*, 308-9, 312, 314, 318, 326, 328, 330-1, 335; osteomielite (infecção óssea crônica) de, 327-8, 330, 339; paixão não correspondida por Elsa Gulpian (1977), 23, 53, 268; passarinhos empalhados por, 224; pistola de Geza Stammer em posse de, 264; prótese dentária de, 261, 327; racismo de, 27, 255, 268; raios X dentários de Mengele, 331-2; recompensas milionárias oferecidas para a captura de, 49, *190*, 281, 334, 341; rede de apoio a Mengele no Brasil, 34, 53, 253, 258, 275, 284, 337, 339; retrato de Mengele pintado por Dina Gottliebová, 116; Rolf atestando a autenticidade dos restos mortais de Mengele (1985), 325; rotina de Mengele no interior de SP descrita em carta (1969), 228, 232; sadismo de, 126, 255; seleções de pessoas para a morte, 13, 46, 56, 60, 77, 80, 90, 101-2, 138, 157, 257, 272, 276; socorrendo um bêbado caído no interior de SP, 223-4; solidão no fim da vida, 274; telenovelas brasileiras assistidas por, 254-5, 272; teorias conspiratórias sobre, 33, 331, 339, 343; tese de Mengele sobre lábio leporino, 65; teste de reconhecimento de fotos de, 316; testemunhos de sobreviventes dos experimentos de, 42-7; torna-se avô (1969), 269; torre de observação construída por Mengele no sítio Santa Luzia (Serra Negra, SP), 224, *292*; trabalho publicado pelo Mossad sobre o caso Mengele (2007), 338; tricobezoar no reto de Mengele (1972), 250; último endereço de Mengele na periferia de São Paulo, 251-75, *295*; viagem à Suíça (1956), 164; vida pacata e segura em Serra Negra (SP), 223-5, *292*

Mengele, Karl (pai de Josef), 56, 64, 144, 156, 163-5, 168

Mengele, Karl-Heinz (sobrinho/enteado de Josef), 164-5, 170, 197, 200, 228, 257, 267, 273-4, 280

Mengele, Martha (cunhada e posteriormente esposa de Josef), 56, 164-5, 170, 197, 200, 235, 257

Mengele, Rolf (filho de Josef), 54-7, 59-60, 90-1, 119, 144, 164, 217-8, 228, 253, 257, 269-71, 278-9, *298*, 325, 334, 338, 344

Mengele, Walburga (Wally, mãe de Josef), 144

Mengele Jr., Karl (irmão de Josef), 56, 64, 144-5, 164

*Meninos do Brasil, Os* (Levin), 13

*Meninos do Brasil, Os* (filme de 1978), 13

*Mercador de Veneza, O* (Shakespeare), 69

Mercedes-Benz, 195

"Messer" (seção da Mossad para o caso Mengele), 272

Messerschmitt (empresa alemã de aviões), 143

Ministério da Defesa (Alemanha), 278

Ministério Público Federal (Brasil), 313

Mirambo (codinome de agente do Mossad), 236-7

miscigenações, 78

"Mistério do caso Mengele pode estar chegando ao fim, O" (*Veja*, 1985), 320

Mogi das Cruzes (SP), 314

Mollison, Theodor, 65

Monowitz *ver* Auschwitz, campo de concentração e extermínio de (Polônia)

Montevidéu (Uruguai), 323

Montoro, Franco, 313

Morávia (Tchecoslováquia), 79

Mossad (serviço secreto israelense), 19-20, 57, 192, 194-7, 199-200, 202-6, 207*n*, 208-10, 224-5, 234-7, 239, 250, 257, 266, 272, 277-9, 318, 324, 326, 338-9, 341; *ver também* Israel

Motulsky, Arno, *188*

Mozart, Wolfgang Amadeus, 223, 231

Mozes, Eva *ver* Kor, Eva Mozes

Mozes, Miriam, 35, 38, 40, 110-1, 136, 138, *176-7*, *188*

Müller, Heinrich, 191

Münch, Hans, 157

Munique (Alemanha), 62-3, 65, 121, 143, 325, 335

Muñoz, Daniel Romero, *303-4*, 308, 312, 315-6, 326-8, 330, 335

Museu da Academia Nacional de Polícia (Brasília), 20

Musikus (codinome de Wolfram Bossert), 231-2, 238

Mussolini, Benito, 160

# N

Nagasaki, bombardeio atômico de (Japão, 1945), 143

Namíbia, 75

nanismo (anões), 12, 14, 112-3, 117-8

nazismo, 12, 14, 28, 36, 40, 63-4, 66-8, 71, 75, 80, 122, 141, 146-7, 150,

153, 158, 160-1, 171, 211, 279, 321, 323, 343; alto escalão nazista, 85, 148-50; cientistas nazistas nos EUA, 48-9; comícios nazistas em Nuremberg (Alemanha), 147; crimes/criminosos nazistas, 10-1, 39-40, 141, 149, 151, 170-1, 225, 227, 236-7, 254, 272, 323-4, 326, 331, 333, 338; deportações em massa para extermínio, 79, 86, 93-4, 99, 131, 192, 198, 201; exterminío de cidadãos alemães com deficiências físicas ou mentais, 71-2, 150, 226; julgamento dos nazistas no pós-guerra, 148-50; Juventude Hitlerista, 211; Leis de Nuremberg (1935), 66-7, 75, 148; "linhas dos ratos" (rota de fugas de nazistas da Europa), 157-9; médicos nazistas, 21, 123-4, 151-2, 154, 157; neonazistas, 278-9, 283, 322, 324, 343; Partido Nazista, 25, 63-5, 121, 141, 147, 149, 211; propaganda nazista, 148; *Rassenschande* ("vergonha para a raça", relacionamento entre alemães e judeus), 66; T4 (programa nazista de eutanásia), 71, 72, 150, 226; *ver também* Hitler, Adolf; SS (Schutzstaffel, força de segurança nazista)

Neeman, Azriel, *188*

negros, aversão de Mengele a, 27, 255

neonazistas, 278-9, 283, 322, 324, 343

*Neue Weg, Der* (jornal austríaco), 155

Neurath, Constantin von, 161

*New York Times, The* (jornal), 281, 312

Nina e Tito (gêmeos vítimas de Mengele), 44

noma (doença), 14, 81-3, 117

Normandia (França), 99

*North King* (navio), 158

notícias falsas sobre Mengele, 155-6, 343

Nova Europa (SP), 214, 216, 329, 333

Nova York (NY), 156, 317

Nueva Helvecia (Uruguai), 165

Nuremberg (Alemanha), 147; Código de Nuremberg (princípios básicos de ética médica), 153-4; comícios nazistas em, 147; Leis de Nuremberg (1935), 66-7, 147-8; Tribunal de, 40, 49, 146, 149-50, 156, 160, *189*, 201-2

Nyiszli, Miklós, 113-4, 118-9, 128-31, 135

# O

O.C. (vítima sobrevivente de experimentos de Auschwitz), 45

Odessa (suposta organização para proteger oficiais da SS), 19, 142, 159

*olah* (palavra hebraica para oferenda totalmente consumida pelo fogo), 36; *ver também* Holocausto

Olga e Vera (gêmeas), 102, 104, 106-7

olhos, cor dos, 107-9

Olivos (Argentina), 162, 164-5, 168, 193

*Operação Final* (filme), 210

Operação Reinhard (plano para liquidar todos os judeus da Polônia), 225-6

Organização Sionista Mundial, 49

OSI *ver* Escritório de Investigações Especiais (EUA)

osteomielite (infecção óssea crônica) de Mengele, 327-8, 330, 339

Oświęcim (Polônia), 96, 137; *ver também* Auschwitz, campo de concentração e extermínio de (Polônia)

Otan (Organização do Tratado do Atlântico Norte), 278

Ovitz, família, 112-3

# P

Palácio da Justiça (Assunção), 280
Palácio da Justiça (Nuremberg), 150
Panamá, 204
Paraguai, 33, 163, 170-1, 197, 200, 203, 210-1, 223, 237-8, 252, 272, 281-3, 317
Paris (França), 160, 280
passarinhos empalhados por Mengele, 224
Patagônia, 33, 241
Peck, Gregory, 13
penicilina, 328
Pentágono (EUA), 48
Pérgamo, altar de, 147
Perl, Gisella, 125-7, 156
Perón, Evita, 161
Perón, Juan Domingo, 158, 160-4, 171
Planck, Max, 74
Plüschow, Gunther, 240-1
pogroms, 69
Polícia Civil, 28
Polícia Federal, 11, 20, 27, 29, 210, 217, 227, 262, 284, 287, 299, 308-9, 313, 316, 331, 333, 337, 340
Polícia Militar, 27, 241
polígrafo, teste de, 339-40
Polônia, 24, 38, 73, 79, 93, 96, 105-6, 138, 141, 146, 154, 156-7, 220, 226, 279
Portugal, 69
Portz (Romênia), 35, 110
positivismo, 64
prescrição do crime de Liselotte Bossert (1997), 334
Presidente Venceslau (SP), 205
Primeira Guerra Mundial, 69, 73
prostitutas, 79
Puzyna, Martina, condessa, 104-6

# Q

quântica, física, 74
*Quebra-Nozes, O* (balé), 256

# R

"raça", conceito de, 68
"racismo científico", 68, 344; *ver também* "antropologia racial"
raios X dentários de Mengele, 331-2
Rajsko (Polônia), 83, 112
*Rassenanthropologie* (antropologia racial), 65
*Rassenhygiene* (higiene racial), 62, 70
*Rassenschande* (vergonha para a raça relacionamento entre alemães e judeus), 66
Ravensbrück, campo de concentração de (Alemanha), 116, 135, 151, 219
Reagan, Ronald, 34
Régis Bittencourt, rodovia, 204, 210
Reichenbeg, Ephraim, 44
*Reichsartz* (médico do Reich), 74
Reichsippenamt (escritório nazista de genealogia), 66
*Reichsruf* (jornal do Partido Socialista do Reich), 213
Reino Unido, 149-50
relatividade, teoria da, 74, 232
Restaurante Santo Antônio (São Bernardo do Campo, SP), 268, *295*
Revolução Francesa (1789), 69, 256
Riefenstahl, Leni, 147
Rio de Janeiro (RJ), 200, 258, 270
Rio Grande do Sul, 170, 343
Ritter, Robert, 78
Roberto, dr. (médico de SP), 254
Röder, Manfred, 283
Rodrigues, Luís, 53, 254-6, 262-3, 268
rom (povo cigano), 80; *ver também* ciganos

375

Roma, 160
romani (idioma), 80
Romão, Espedito Dias, 27-8, *293*
Romênia, 34-5, 93-4, 110, 155
Roosevelt, Franklin D., 148
Rosenheim (Alemanha), 145-6
Röss, Rudolf, 132
Rossack, Menachem, 17
Rudel, Hans-Ulrich, 161, 163, 170, *183*, 200, 203-4, 210, 212-3, 235-6, 270, 272, 278
Russak, Menachem, 315, 326, 339-40
Rússia, 69, 73; *ver também* União Soviética (URSS)
Ruzyczka, Zdenka, 82-3

# S

SA (Sturmabteilung), 121
Saaz (Sudetos, Tchecoslováquia), 139
Sachse, Carole, 14
Sachsenhausen, campo de concentração (Alemanha), 151
sânscrito, 80
Santo Amaro, bairro de (São Paulo, SP), 9, 214, 261, 332
Santo Amaro, ilha de (Guarujá, SP), 25
São Bernardo do Campo (SP), 268, *295*
São Paulo (SP), 9, 15-7, 25, 28, 49, 52, 57-8, 210-1, 213-4, 219-20, 225-6, 234, 236, 241, 256, 258, 260, 269, 284-5, 312, 318, 320-1, 323-4, 330, 332-3, 338
São Paulo, estado de, 19, 26, 203, 205, 235, 314
Sarmiento, Domingo, 160, 168
Sassen, William, 163, 203-4
*Saturno V* (foguete norte-americano), 49
Schauenstein (Alemanha), 140, 142
Schick, Hani, 112
Schindler, Oskar, 139

Schnabel, Ernst, 168
Schönbein, Irene, 57, 72, 90, 119, 144-5, 157, 163, 169, *180-1*, 271
Schöttl, Vinzenz, *183*
Schüle, Erwin, 167, 168
Schumann, Horst, 123
Schwedes, Robert, 204
SD (Serviço de Segurança nazista), 149
Sedlmeier, Hans, 53, 54, 144, 164, 217, 251, 270, 282-6
Sedlmeier, Renate, 283
Segunda Guerra Mundial, 11, 19, 24, 33, 40, 48, 55-6, 71, 94, 96, 99, 121, 143, 155, 160, 166, 170, 192, 203, 213, 219, 222, 225, 255, 257, 262, 276, 281, 323
seleção natural, 62
Serra Negra (SP), 206, 216-7, 219, 221, 223-5, 228, 232, 245, 247, 270, *292*, 329, 333, 338
Servatius, Robert, 201
Shakespeare, William, 69
Shapiro, Anatoly, 137
Sher, Neal, 315
Shin Bet (serviço de segurança interna israelense), 196
*Shoah* ("catástrofe" em hebraico), 37; *ver também* Holocausto
Siemens, Hermann Werner, 106
Silotto, Alfeo, 223-4
Silotto, José Osmar, 224
Silva, José Clemente, padre, 160
Silva, Moacyr da, 315, 327
Silva, Walter, 27*n*
Simão (Simon, marido de Cecília), 220
*Sinfonia nº 5* (Beethoven), 269
sinti (povo cigano), 80; *ver também* ciganos
Sítio Santa Luzia (Serra Negra, SP), 222, 224, 228, 232, *292*
Slayer (banda americana de *thrash metal*), 13
Smith, William French, 48

Snow, Clyde, 314
Sobibór, campo de extermínio de
  (Polônia), 96, 225-7, 323
Sociedade Kaiser Wilhelm
  (Alemanha), 74
Sodré, Abreu, 225
Sola, rio (Baviera), 119
solidão, Mengele sobre, 274
"solução final", 96, 132, 198, 201; *ver*
  *também* Holocausto
Souza, Francisco Assis de, 215-6
Spengler, Oswald, 242
SS (Schutzstaffel, força de segurança
  nazista), 19, 25, 33, 41-2, 45, 47, 49,
  56, 72-8, 83, 85, 88, 90, 93, 95, 97-
  8, 102, 104, 110, 115-6, 121-2, 124-5,
  127-32, 134-5, 139-44, 146, 149-50,
  154, 158-9, 162-3, 166, 169-70, 194,
  226, 277, 311, 316, 328-9
Staden, Hans, 26
Stálin, Josef, 192
Stammer, família, 51, 206, 213-4, 216-7,
  221, 228, 236, 243, 249, *302*
Stammer, Geza, 51-2, 213-7, 223, 228,
  251, 260, 264-5, 268, 270, 283, *299*,
  316, 333, 337-40
Stammer, Gitta, 51-2, 213-6, 222-4, 228,
  230, 232, 235, 249, 251-3, 260, 265,
  268, *302*, 316, 328, 333, 337, 339-40
Stammer, irmãos, 223
Stammer, Robert Peter, 213, 260
Stangl, Franz, 225-7, 323
Steiff (marca alemã de bichos de
  pelúcia), 116
Steinberg, Maca, 47
*Stern* (revista alemã), 203
Streep, Meryl, 36, 37
Stroessner, Alfredo, 33, 163, 171,
  280, 317
Sudetos (Tchecoslováquia), 139-40
Sudoeste Africano Alemão (atual
  Namíbia), 75
Suécia, 219, 220

Suíça, 10, 56, 158, 164, 280
Superintendência da Polícia Federal,
  11, 287, 313, 316, 331
Suprema Corte (EUA), 148
Sussmann, Anna, 124

# T

T4 (programa nazista de eutanásia),
  71-2, 150, 226
Talmud, 17
Tante *ver* Bossert, Liselotte
tatuagem do tipo sanguíneo (em
  membros da SS), 142
Taylor, Telford, 40, 48, 151-3, 156, *188*
Tchecoslováquia, 79, 89, 139
Tchernenko, Konstantin, 34
Teixeira, Wilmes, 314, 330
Tel Aviv (Israel), 20, *190*, 199, 209
teorias conspiratórias sobre Mengele,
  33, 331, 339, 343
Terceiro Reich, 13, 21, 24, 36, 48, 61,
  65, 71, 73, 78, 93, 96, 122, 133-5,
  158, 160, 162-3, 167, 191, 193, 198,
  211, 285; *ver também* Alemanha
Terlo, Zvi, *188*
Testemunhas de Jeová, 119
Thea (cunhada de Wolfgang Gerhard)
  *ver* Kleyer, Thea Maria
Theresienstadt, gueto de
  (Tchecoslováquia), 85-90, 112, 320
tifo, 14, 42, 81, 86, 91-2, 105, 121, 153,
  222, 311
Tito e Nina (gêmeos vítimas de
  Mengele), 44
torre de observação construída por
  Mengele no sítio Santa Luzia
  (Serra Negra, SP), 224, *292*
trabalho escravo em indústrias
  alemãs, 82, 138-9
transfusões, 43, 112
Transilvânia (Romênia), 34, 110

Treblinka, campo de extermínio de (Polônia), 96, 220, 225-7, 323
trens de gado transportando vítimas para Auschwitz, 94
triângulos coloridos na identificação de prisioneiros de Auschwitz, 79
Tribunal Constitucional (Alemanha), 213
Tribunal de Justiça de Frankfurt, 11, 276
Tribunal de Nuremberg, 40, 49, 146, 149-50, 156, 160, 201-2
Tribunal Federal de Justiça (Alemanha), 169
Tribunal Penal Internacional, 202n
tricobezoar no reto de Mengele (1972), 250
*Triunfo da vontade, O* (filme), 147-8
Truman, Harry, 148
tuberculose, 137, 165
Tucumán, hidrelétrica de (Argentina), 161
Tuma, Romeu, 284, 286, *302-3*, 309-10, 312-3, 323, 329, 331
tupinambás, indígenas, 26
Tutiya, Kasumasa, 332

# U

Ubirajara, capitão (codinome de Aparecido Laertes Calandra), 285
Ulm (Alemanha), 165-7, 171
Ulmann, Fritz, 142, 145
*"Unheimliche, Das"* (conceito freudiano), 256
União Soviética (URSS), 34, 49, 96, 133, 140, 145, 149-50, 192; *ver também* Rússia
Universidade de Frankfurt, 61-2, 65
Universidade de Munique, 62-3, 65
Universidade de São Paulo (USP), *304*, 315, 327
Uruguai, 33, 165, 215, 223, 252, 323

# V

V1 e V2 (foguetes alemães), 48-9, 207
Valério, Carlos, 333
"variedades" de *Homo sapiens*, 67
Varsóvia (Polônia, 86, 157, 226
Vaticano, 159
*Veja* (revista), 320-1
Veneza (Itália), 69
Vera e Olga (gêmeas), 102, 104, 106-7
*Verdadeira Odessa, A* (Goñi), 161n
Vergueiro, favela do (São Paulo, SP), 58-9
Veronezzi, Marco Antônio, 286-8, 316, 333, 337
Verschuer, Otmar von, barão, 61-2, 65-6, 70, 73-6, 83, 103, 106-7, 139, *174*
Vexler, Iancu, 109-10
Vicek, Erica, 25
Vicente López (Argentina), 162-3, *290*
Viena (Áustria), 41, 65, 70, 155
*Vilagossag* (jornal húngaro), 155
Vístula, rio, 99, 133
Vitek, Rudolf, 82
Volkswagen, 57, 213, 225, 323

# W

Waffen-SS (braço armado da Schutzstaffel), 72-3; *ver também* SS (Schutzstaffel, força de segurança nazista)
Wagner, Gustav, 323
*Washington Times* (jornal), 49
*Weg, Der* (revista argentina de extrema direita), 163
Wehrmacht (exército alemão), 72, 139, 116
Wiesenthal, Simon, 33, 49, *188*, 194, 222, 237-8, 317

Wirths, Eduard, 12, 77, 120-2, 124, 131, 168, *183*, 311
Wolfgang (protetor de Mengele) *ver* Gerhard, Wolfgang
Wölker, Sepp, 284, 321
Wood, Natalie, 256
*Woyzeck* (Büchner), 255

# Y

Yad Vashem (memorial do Holocausto — Jerusalém, Israel), 39
Yom Kippur (Dia do Perdão), 40

# Z

Zamir, Zvi, 237
Zeppellin, campo (Nuremberg, Alemanha), 147
Zeus (divindade grega), 147
Zigan (cachorro de Mengele em SP), 256
*Zigeuner*, 79; *ver também* ciganos
Zinn, Georg August, 194
Zohar (codinome de agente do Mossad), 237
Zola, Émile, 39
Zyklon-B (gás venenoso), 98; *ver também* câmaras de gás

# Créditos das imagens

pp. 172-3: Museu Criminal da Diretoria de Ensino da Academia Nacional de Polícia, Brasília.

p. 174: [acima e no centro] Arquivo da Sociedade Max Planck para o Avanço da Ciência, III. Abt., Rep. 86A, Nr. 88; [abaixo] Arquivos da Sociedade Max Planck, Berlim. VI. Abt., Rep. 1, Verschuer_Otmar von, Nr. 11/4.

p. 175: Arquivo do Museu Estatal de Auschwitz-Birkenau em Oświęcim.

p. 176: [acima] Arquivo de Documentos Yad Vashem. Item ID 30645; [centro] Museu Memorial do Holocausto dos Estados Unidos, cortesia do Arquivo Estatal de Cinema Documentário e Fotografia da Bielorrússia; [abaixo] Museu Memorial do Holocausto dos Estados Unidos, cortesia da Administração Nacional de Arquivos e Registros — RG 60.0038.

p. 177: [acima, à esq.] Arquivo do Museu Estatal de Auschwitz-Birkenau em Oświęcim; [acima, à dir.] Indiana Historical Society, M1492; [abaixo, à esq.] Arquivo de Documentos Yad Vashem. Item ID 99568; [abaixo, à dir.] Arquivo de Documentos Yad Vashem. Item ID 13294389.

pp. 178: Museu Criminal da Diretoria de Ensino da Academia Nacional de Polícia, Brasília;

p. 179: Museu Criminal da Diretoria de Ensino da Academia Nacional de Polícia, Brasília.

p. 180: Cortesia da Florence and Laurence Spungen Family Foundation.

p. 181: Coleção Hermann G. Abmayr.

p. 182: Coleção do Museu Memorial do Holocausto dos Estados Unidos, presente de um doador anônimo.

p. 183: [acima] Coleção do Museu Memorial do Holocausto dos Estados Unidos, presente de Peter Wirths; [abaixo] Arquivo de Documentos Yad Vashem. Item ID 4613/1077.

p. 184: [acima] Museu Memorial do Holocausto dos Estados Unidos, cortesia de Yad Vashem; [centro] Arquivo de Documentos Yad Vashem. Número do Álbum FA268/10. Item ID 4522; [abaixo] Arquivo de Documentos Yad Vashem. Número do Álbum FA268/4. Item ID 4522.

p. 185: Coleção do Museu Memorial do Holocausto dos Estados Unidos.

p. 186: [acima] Arquivo do Museu Estatal de Auschwitz-Birkenau em Oświęcim (negativo Nr. 281); [abaixo] Arquivo do Museu Estatal de Auschwitz-Birkenau em Oświęcim (negativo Nr. 283).

p. 187: [acima] Arquivo do Museu Estatal de Auschwitz-Birkenau em Oświęcim (negativo Nr. 282); [abaixo] Arquivo do Museu Estatal de Auschwitz-Birkenau em Oświęcim (negativo Nr. 280).

p. 188: [acima] Foto: Dr. Nancy L. Segal; [abaixo] Foto: David Rubinger, Coleção Nacional de Fotografia da Família Pritzker, Biblioteca Nacional de Israel.

p. 189: [acima] Museu Memorial do Holocausto dos Estados Unidos, cortesia de Hedwig Wachenheimer Epstein. ID de registro da fonte: Coleções: 1994.A.117; [abaixo] Museu Memorial do Holocausto dos Estados Unidos, cortesia da Administração Nacional de Arquivos e Registros, College Park. ID do registro de origem: III-SC-275099 (Álbum 5576).

p. 190: [acima e no centro] Foto: Betina Anton; [abaixo] Registros da Agência Central de Inteligência 1894-2002; Arquivos de Nazistas Notórios 1947-1985; Mengele, Josef V. 1; Grupo de Registros 263; Arquivos Nacionais em College Park, College Park, MD/ *The New York Times*. © 1985. The New York Times Company. Todos os direitos reservados. Usado sob licença.

p. 289: Museu Criminal da Diretoria de Ensino da Academia Nacional de Polícia, Brasília.

p. 290: Foto: Betina Anton.

p. 291: Museu Criminal da Diretoria de Ensino da Academia Nacional de Polícia, Brasília.

p. 292: Foto: Betina Anton.

p. 293: [acima] Foto: Betina Anton; [abaixo] Divulgação Prefeitura de Bertioga.

p. 294: Revista *Stern*/ Biblioteca Estadual da Baviera.

p. 295: [acima] Foto: Robert Nickelsberg/ Getty Images; [abaixo] Museu Criminal da Diretoria de Ensino da Academia Nacional de Polícia, Brasília.

pp. 296-8: Revista *Stern*/ Biblioteca Estadual da Baviera.

p. 299: [acima] Museu Criminal da Diretoria de Ensino da Academia Nacional de Polícia, Brasília; [abaixo] Foto: Betina Anton/ Museu Criminal da Diretoria de Ensino da Academia Nacional de Polícia, Brasília.

p. 300: [acima] AP Photo/ Imageplus; [abaixo] Museu Criminal da Diretoria de Ensino da Academia Nacional de Polícia, Brasília.

p. 301: Museu Criminal da Diretoria de Ensino da Academia Nacional de Polícia, Brasília.

p. 302: [acima] Foto: Paulo Whitaker/ Folhapress; [abaixo] Foto: Robert Nickelsberg/ Getty Images.

p. 303: [acima] Fabio M. Salles/ Folhapress; [abaixo] Museu Criminal da Diretoria de Ensino da Academia Nacional de Polícia, Brasília.

p. 304: Foto: Matuiti Mayezo/ Folhapress.

p. 305: Museu Criminal da Diretoria de Ensino da Academia Nacional de Polícia, Brasília.

pp. 306-7: Foto: Matuiti Mayezo/ Folhapress.

*Todos os esforços foram feitos para encontrar os detentores de direitos autorais das fotos incluídas neste livro. Em caso de eventual omissão, a Todavia terá prazer em corrigi-la em edições futuras.*

© Betina Anton, 2023

Todos os direitos desta edição reservados à Todavia.

Grafia atualizada segundo o Acordo Ortográfico da Língua
Portuguesa de 1990, que entrou em vigor no Brasil em 2009.

capa
Filipa Damião Pinto | Estúdio Foresti Design
composição
Jussara Fino
tratamento de imagens
Carlos Mesquita
preparação
Gabriela Rocha
checagem
Gabriel Vituri
pesquisa iconográfica
Gabriella Gonçalles
índice remissivo
Luciano Marchiori
revisão
Jane Pessoa
Érika Nogueira Vieira

3ª reimpressão, 2024

Dados Internacionais de Catalogação na Publicação (CIP)

---

Anton, Betina
Baviera Tropical : A história de Josef Mengele, o
médico nazista mais procurado do mundo, que viveu
quase vinte anos no Brasil sem nunca ser pego / Betina
Anton. — 1. ed. — São Paulo : Todavia, 2023.

ISBN 978-65-5692-550-9

1. Guerra Mundial (1939-1945) - História. 2. Nazismo.
I. Mengele, Josef. II. Bertioga. III. Mossad. IV. Título.

CDD 940.53

---

Índice para catálogo sistemático:
1. Segunda Guerra Mundial : História 940.53

Bruna Heller — Bibliotecária — CRB 10/2348

**todavia**
Rua Luís Anhaia, 44
05433.020 São Paulo SP
T. 55 11 3094 0500
www.todavialivros.com.br

fonte
Register*
papel
Pólen natural 80 g/m²
impressão
Geográfica